第二版

中学校・高校の体育授業づくり入門

鈴木秀人・山本理人・佐藤善人・越川茂樹・小出高義　編著

学文社

執 筆 者

* ＊鈴木　秀人　　東京学芸大学
* ＊山本　理人　　北海道教育大学岩見沢校
* ＊佐藤　善人　　東京学芸大学
* ＊越川　茂樹　　北海道教育大学釧路校
* ＊小出　高義　　大東文化大学
*   杉山　哲司　　日本女子大学
*   稲垣　良介　　岐阜聖徳学園大学
*   中村　有希　　九州共立大学
*   阿部　隆行　　東京国際大学
*   小松　恒誠　　山形大学
*   谷口　善一　　東京学芸大学附属国際中等教育学校
*   上野　佳代　　東京学芸大学附属小金井中学校
*   川城　健　　　東京学芸大学
*   田口　智洋　　岐阜県清流の国推進部
*   木村健太郎　　岐阜県岐阜市立長良西小学校
*   鹿野　考史　　岐阜県教育委員会教職員課
*   古堅　秀樹　　沖縄県宮古島市立教育委員会学校教育課
*   与那覇周作　　沖縄県宮古島市立教育委員会学校教育課
*   古川　剛志　　鹿児島県薩摩川内市立東郷学園義務教育学校
*   島田左一郎　　前 文化学園長野専門学校
*   児島　里菜　　神奈川県立田奈高等学校
*   清野　宏樹　　北海道釧路養護学校
*   佐見由紀子　　東京学芸大学

（＊は編者　所属は 2021 年 9 月現在）

まえがき

　本書は，学文社から 2009 年に出版した『小学校の体育授業づくり入門』のいわば中学校・高等学校(中等教育学校)編ということになる。したがって，本書を編むことになった動機は前著と同じであり，学部の学生が教育実習に臨むに当たり，体育の授業づくりをどのように考えていったらよいのかを指導する中で，「もう少しやさしく，学生たちにとってわかりやすい体育科教育法のテキストがあれば…」という思いが本書出版の動機である。
　そして，もう少しやさしいテキストをといっても，ハウツー本のようなものを授業づくりの初学者たちに提供しようとは思っていないこと，それは，授業を支える理論的な背景をもたないままマニュアルのような知識を集めたところで，そこからよりよい授業づくりの主体者へ自ら成長していくことは難しいと考えるからであること，といった編者らの問題意識も変わっていない。
　ただし，小学校教師をめざす学生を対象にした前著とは違い，本書は中学校・高等学校の保健体育科教師をめざす学生，すなわち体育の専門家を志している学生たちを対象にしているという点において，前著とは異なった問題意識によっても支えられている。
　体育教師をめざす多くの学生の志望動機は体育の授業を行うことにあるのではなくて，運動部の指導をしたいということにあるのが現実である。本書では，こういった学生たちに，体育教師としての専門性はまず，体育の授業づくりにおいて求められているのだということを訴えるとともに，その体育の授業づくりがどんなにやりがいのある魅力に満ち溢れた営みであるかということを，本書を通じて編者らはしっかりと伝えたいと思っている。このようなメッセージが込められていることは，前著と異なる点である。
　このメッセージを，勉強を始めたばかりの若い世代の専門家予備軍の諸君たちに読み取ってもらうことができれば，いたるところで見られる，運動部で行われているような運動技術の練習をそのまま体育授業に使って事足れりとする

i

体育授業の貧しい状況を変えていく最大の原動力になるはずである．

　こういった意図をもつ本書では，理論的な内容は，初めて体育の授業づくりについて考える学生たちにとってとりあえず必要なものに精選したうえで，それらについてできるだけわかりやすく解説するように努めた．次に，授業づくりの実際については，運動領域や運動種目ごとに学習指導案や実践報告を羅列するといった従来からあるような形式はとらず，領域や種目を超えて体育の授業づくりを方向づけるいくつかのテーマをあらかじめ設定して，それぞれのテーマの下に工夫された実践例を紹介したので，それらを手がかりに，各自が教育実習で取り組む授業と関わりをもちやすいテーマから授業づくりの検討に入ってゆくことで自立的に各自の授業を構想していけるように仕組んである．

　また，これらの実践例は，できない運動技術をできるようにさせる練習をさせてしまいがちな実習生の現実を踏まえ，生徒たちが今もっている力で運動を楽しむことからスタートするという学習過程の考え方によってつくられている授業実践を選んでいる．

　各項の終わりでは，「さらに学習を深めるために」と題した参考文献の紹介を行った．そこで紹介する文献は，初学者にとって基本的なもの，入手しやすいものになるように配慮し，海外の文献については邦訳書があるものに限定した．文献の中身も簡単に記したので，本書で取り上げられている内容と対応させながら，まさに各自の学習をさらに深めていってもらえたらと思う．

　このような構成によって本書は，中学校や高等学校において体育の授業を行う際に必要となる理論的にも実践的にも基礎となる専門的知識を学びつつ，その後の勉強を進めていくための出発点を各自の中に構築してもらうことをめざしたのである．

　本書を世に送り出して早いもので4年が経とうとしているが，この第二版も，これから中学校や高等学校で体育授業づくりに挑戦しようとする多くの若い世代の方々にとって，少しでも参考になれば嬉しいかぎりである．

　　2019年初春　　　　　　　　　　　　　　　編者代表　鈴木　秀人

目　次

序　章　体育の授業を行う体育教師に必要なこととは？
1. 体育教師の専門性を問う　2
2. 小学校の教師と高校の体育教師との議論　5
3. 体育の授業を行う体育教師に必要なこと　7

第Ⅰ章　体育は何をめざすのか？――その目標について考える
はじめに　12
1. 体育の過去　15
 1.1　産業社会における体育　15
  ① 社会変化との関わりから体育の変遷をみる意義と視点　15
  ② 戦前の体育――「身体の教育」としての体育　17
  ③ 戦後の体育――「運動による教育」としての体育　21
  ④ 戦前・戦後の断絶的把握とその問題性　25
 1.2　産業社会の体育に見出された諸問題　27
  ① 運動嫌いの発生　27
  ② 超時代的な体育実践の残存　31
  ③ 人間と運動の関係のとらえ方にみられる限界　36
2. 体育の現在そして将来　41
 2.1　人間と運動の関係を考える視点　41
  ① 現代社会とスポーツ　41
  ② 生涯スポーツ論とスポーツ基本法　45
  ③ 文化論　49
  ④ プレイ論　54
 2.2　現在の中学生・高校生と運動の関係をみる視点　60
  ① 青少年の生活の変化と運動　60
  ② 中等教育期における運動（スポーツ）実施環境――学校運動部活動を中心に　65
  ③ 新たな視点――総合型地域スポーツクラブ，ジェンダー，インクルーシブ教育，
  　　アダプテッド体育・身体活動　70

2.3　体育の社会的役割と目標　76
　①体育の社会的役割　76
　②体育の目標　79

第Ⅱ章　体育は何を教えるのか？——その内容について考える

はじめに　88

1. 運動の特性と分類 ……………………………………………………………… 89

1.1　運動の特性　89
　①なぜ運動の特性が問題にされるのか　89
　②機能的特性というとらえ方　91

1.2　運動の分類　93
　①機能的特性にもとづく運動の分類　93
　②ボールゲームの分類　97
　③ボールゲームの分類論からの示唆　103

2. 体育の内容 ……………………………………………………………………… 107

2.1　体育の学習内容　107
　①教材と学習内容をめぐる議論　107
　②体育の内容　110

2.2　カリキュラムの検討　115
　①カリキュラムとは　115
　②カリキュラムをめぐる問題　119
　③青少年期の発達と「文化としての運動＝スポーツ」の学び　121

2.3　体育カリキュラムの検討　128
　①年間指導計画の検討　128
　②その他の体育カリキュラムの検討　137

第Ⅲ章　体育ではいかに教えるのか？——その方法について考える

はじめに　146

1. 体育学習の心理学的基礎 …………………………………………………… 147

1.1　体育の授業づくりと動機づけ　147
　①運動に対する動機づけ　147

② 自己決定理論　149
　　　③ フローモデル　153
　　　④ 達成目標理論と動機づけ雰囲気　154
　1.2　運動の上達　157
　　　① 運動の上達がもたらすこと　157
　　　② 運動学習のモデル　159

2. 単元計画の立案 …………………………………………………………… 163
　2.1　体育の授業づくりと単元　163
　　　① 単元計画に関わる問題状況　163
　　　② 単元計画の必要性　164
　2.2　学習過程の考え方　166
　　　① 学習過程の基本的な考え方　166
　　　② 運動の機能的特性から考える学習過程の具体化　168
　2.3　作成の手順と実践例　171
　　　① 代表的な単元計画例とその考え方　171
　　　② 運動の機能的特性を大切にした単元計画　177

3. 体育の方法 ………………………………………………………………… 185
　3.1　学習指導のあり方を考える視点　185
　　　① 子どもの自発性と教師の指導性　185
　　　② 体育の方法　186
　3.2　学習環境を整える　189
　　　① 学習形態の検討　189
　　　② 学習の場づくり　196
　　　③ 学習資料の提供　199
　3.3　体育における安全指導　202
　　　① 体育・スポーツ活動における事故の傾向　202
　　　② 水泳における安全指導　207
　3.4　体育の学習評価　213
　　　① 体育の学習評価の現状と課題　213
　　　② 体育における学習評価とは　214
　　　③ 体育における「観点別評価」について　216
　　　④ 学習カード等を活用した学習評価の実際　219

⑤これからの学習評価　221

第Ⅳ章　今もっている力で始める授業づくりの実際

はじめに　226
1. 生徒の嫌う運動の授業づくりを考える　……………………………………　228
   ジョギングの実践例　228
2. 準備運動の工夫から授業づくりを考える　…………………………………　233
   マット運動の実践例　233
3. 学習の場や学習資料を工夫した授業づくりを考える　……………………　240
   走り高跳びの実践例　240
4. 個に応じためあての持ち方から授業づくりを考える　……………………　246
   長距離走の実践例　246　　マット運動の実践例　252
5. グループ学習を大切にした授業づくりを考える　…………………………　257
   バスケットボールの実践例　257　　水泳の実践例　263
6. 生徒の実態に応じたルールや場の工夫から授業づくりを考える　………　267
   サッカーの実践例　267
7. カリキュラムの工夫から授業づくりを考える　……………………………　272
   異学年集団による選択制「球技」の実践例　272
8. 今もっている力で踊る工夫から授業づくりを考える　……………………　279
   リズムダンスの実践例　279
9. これまで教えられてこなかった運動の授業づくりを考える　……………　284
   タグラグビーの実践例　284
10. 特別に支援を必要とする生徒の授業づくりを考える　……………………　289
    知的障害特別支援学校におけるリズムダンスの実践例　289
11. 保健の授業づくりを考える　…………………………………………………　296
    保健の実践例　296

参考資料

中学校学習指導要領（平成29年告示）（抄）　303

高等学校学習指導要領（平成30年告示）（抄）　313

体育分野の領域及び内容の取扱い（中学校，高等学校，小学校）　321

索引　324

序章

体育の授業を行う体育教師に必要なこととは？

1. 体育教師の専門性を問う

■「専門家」が教えると人気が落ちていくという不思議

　小学生が好きな教科を調べたデータがいろいろなところで公表されている。どの調査結果を見てみても，体育は常に首位の座を譲らない。「運動嫌い」の子どもが増えていると言われる現在でも，体育の授業は子どもたちに一番人気があることは間違いないのである。

　ところが，学年が進むにつれてこの体育の人気には次第に陰りが出てくる。一般的に見られる傾向としては，中学生，高校生になっても体育はとくに男子にとって最も好まれる授業ではあるものの，体育を好む生徒の全体に占める割合は，小学生の頃の状況に比べると大きくその数値が低下してゆくのである。

　このことは，多くの大人にとってそれほど驚くべきことではないかもしれない。自身の学校時代を振り返ってみた時に，小学生の時期には体育が大好きだった人も，中学生や高校生になるにつれて，体育の授業が億劫に感じられるようになったり，あるいは楽しくない経験に変わってしまった経験をもつ人は決して少なくないからである。確かに，小さい頃はその発達段階からして運動あそびを好む傾向が強く，それが小学校時代の体育の人気を支えていたものの，年齢を重ねてゆくにしたがってその好みに生じる変化が体育の人気の凋落を導くという面はあるだろう。

　しかし，ここで問題にしたいのは，小学校では基本的に学級担任，つまり体育の専門家ではない先生が教えていた時には人気が高かった体育の授業が，「専門家」である体育の先生が教えるようになる中学や高校では，かつてのような圧倒的な人気を維持できないということである。その授業に精通しているはずの専門家が教えるのだから，むしろその本質に触れることで人気はさらに高まってもよさそうなものなのに……である。

　専門家とは，その人が有する専門性によって専門家と認められる。それを考

えると，専門家ではない小学校教師が教える授業ほどには人気がない授業を日々行っている体育教師の専門性を，われわれはここで問い直してみる必要があると思うのである。

■ **教育実習生のあいさつで語られる「専門性」**

　毎年，全国の中学校や高等学校で行われる教育実習の初日によく見られる光景がある。それは，体育教師の卵である保健体育担当の実習生が行う次のようなあいさつである。「○○大学から参りました××太郎です。専門はサッカーです」「△△大学から参りました□□花子です。専門はバスケットボールです」。これを聞く生徒も，他教科の教師も，そして少なくない体育の教師たちも，こういったあいさつにとくに違和感をもつことはない。

　この実習生の言葉をそのまま受けとるならば，体育の教師という専門家の「専門性」とは，各々が運動部の生活で積み重ねてきた競技経験ということになる。ここには，体育教師をめざす多くの学生の志望動機が実は体育の授業を行うことにあるのではなく，運動部の指導をしたいことが主要な動機になっているという現実が反映されていることは間違いない。ゆえにそこでは，本来は体育の授業を指導する専門家としているべきはずの体育教師が運動部を指導する監督やコーチに置き換えられてしまうことで，それをめざす実習生が自身の専門性として語るのは運動部における競技経験ということになるのだろう。

　だが，少し考えてみればこの専門性のとらえ方には大きな矛盾があることに誰でも気がつくはずだ。実習生が専門だという競技がサッカーやバスケットボールのように体育の授業でも広く教えられている種目ならばまだしも，体育の授業を行う教育実習に来た実習生が，たとえば「専門はアメリカンフットボールです」とか「専門はラクロスです」と言った場合，その実習生には，その専門性を発揮する場所が体育の授業においては全く存在しないことになるからである。発揮する専門性のない者は，少なくともそのフィールドにおいて専門家と呼ぶことはできないはずである。体育の授業では教えていない種目を運動部で行っている実習生は，専門家ではなくなってしまうのである。

■ **体育の授業を行う体育教師に必要なことを考える**

　それでは，サッカーやバスケットボール，バレーボールといった体育授業で教える種目の競技経験がある実習生には，体育教師としての専門性があるといえるのだろうか。実際のところ，心配や不安でいっぱいの教育実習生も，自分が運動部で経験してきた種目の授業ならばできると思っている者は少なくない。

　この点については，運動部で学んだ経験だけで対象が異なる体育の授業が教えられるわけはないといった理屈で否定するだけではなく，その思考に見られる問題性をここで明確にしておくことにしよう。仮に，運動部で経験した種目の授業なら教えることができるのなら，運動部経験がある人は誰でもその種目の体育の授業をできることになる。もし，他教科担当の実習生の中に，大学でサッカー部やバスケットボール部やバレーボール部に参加している実習生がいたとする。その実習生には，自分が担当する教科に加えてもうひとつ専門が存在するのだろうか。そして，それらの種目の体育授業ならば生徒たちに教えることができるのだろうか。

　こういったことを突き詰めていくと，極論すれば，運動部経験がある中学生や高校生でも，その種目ならば体育の授業を教えられるということになってしまうのである。そのような主張を肯定できる人はまずいないはずである。

　だからこそ，運動部における競技経験を体育教師の専門性と混同している思考にはここで一時ストップをかけ，改めて，体育の授業を行う体育教師に必要なこととは何かを，その専門性という見地から考えてみてほしいのである。体育教師の仕事の中心は運動部の指導にあるのではなく，体育の授業を行うことにあるのだから。

2. 小学校の教師と高校の体育教師との議論

■ 本物を教えるということ

　小学校で体育授業の実践研究を熱心に行っている教師と，中学や高校の体育教師がともに参加していたある研究会での出来事である。小学校の先生が，高学年を対象としたソフトバレーボールの実践で行ったさまざまな工夫について報告していた。小学生の子どもたちにとって扱いやすい柔らかいボールの使用はもちろんのこと，コートの広さや誰もがボールに触れる人数の工夫，そして触球の制限回数の緩和やサーブを打つ位置をコート内からも OK にするルールの工夫など，バレーボールの楽しさを運動が苦手な子も含めてどの子にも学習してほしいという教師の願いがよく伝わってくる発表であった。

小学校の授業ではよく見られるコート内からのサーブ

　さて，これを聞いていた高校の体育の先生は次のように発言したのである。「相手が小学生だからこんな取り組みが必要なんでしょうね。でも，それは小学校までにして，中学や高校では本物を教えたい」。これを聞いた発表者とは別の小学校の先生が質問した。「本物ってなんですか？」，高校の先生からの答

えは,「公式ルールでやることに決まってるでしょ」。そこで発表者の小学校の先生が尋ねた。「それでゲームが成立するんですか？」、それに対する高校の先生の答えはなんと,「バレーボールは無理だね」だったのである。

■ **人気が落ちるのは当たり前**

　ここに見られるような公式ルールを絶対視する先生は，言うまでもなく小学校より中学・高校の体育教師に圧倒的に多い。競技団体が定めた公式ルールによる運動部生活に没頭してきた自らの経験と，今もまた運動部の指導者として公式ルールによる競技生活へ生徒たちを導いている毎日がこういった姿勢の背景にあることは容易に察しがつく。けれどもその結果は，自らが認めるようにゲームが成立するのは「無理」という授業なのである。

　小学校の授業では，小学生の発達段階からして公式ルールをそのまま適用することはできないという認識は小学校教師の間で広く共有されているといってよいだろう。その反対に，中学や高校の体育授業では，公式ルールあるいはそれに近い形で運動を行うのが当たり前といった見方も，かなりの数の中学・高校の体育教師に共有されている。

　しかしながら，運動部のような活動に参加するかしないかで，個人差・男女差は中学・高校期にさらに拡大していくのだから，むしろ中学・高校の体育授業においては，小学校よりさらにさまざまな工夫が必要になるはずなのである。にもかかわらず，公式ルールを絶対視する教師が多いという現実は，冒頭に取り上げた「専門家」が教えると人気が落ちていくという中学や高校の体育授業に見られる状況とおそらく無関係ではあるまい。広がっている個人差に応じていろいろな工夫がなされるのではなくて，固定された公式ルールで運動を行うことを強制されるのだから，人気が落ちていくのは当たり前である。

3. 体育の授業を行う体育教師に必要なこと

■ 暗黙の前提

　自分が運動部で経験してきた種目の授業ならできると思っている実習生が少なくないのは，その運動ができれば教えられるという，学生たちを含めた多くの人々が何となく信じ込んでいる暗黙の前提があるからだろう。しかも，そこで教えられると学生が想定しているのは，公式ルールに則って行われる運動部における運動の仕方なのである。

　さらにこの暗黙の前提を分析してみると，運動ができれば教えられると考えるのは，「できる」＝やって見せることが「できる」がゆえに，教えることが「できる」と考えられている面があることも否めない。そしてこの飛躍した論理が，運動部活動だけでなく体育の授業にも安易に適用されてしまうのは，授業を行う実習生や体育教師が，体育授業の目標や内容を真剣に問わないからではないだろうか。体育授業で果たす自らの役割を，「うまくしてなんぼ」と言い切ってしまう体育教師は決して少なくない。そこには，体育では運動をするのだから，運動ができることが何となく体育の目標であり内容でもあるかのような曖昧な押さえで片づけてしまっている，教師の無責任な姿勢が見え隠れしている。

　そもそも，生徒たちの前に立って体育の授業を行う体育教師は，その営みが何をめざした営みなのか，そして何を教えようとする営みなのかについて明確になっていなければ授業を行うことはできないはずである。しかもその考えは，単なる個人の信念や恣意的な思いつきを超えた「専門性」に支えられていなければ専門家とはいえない。考えてみれば当たり前のことなのだが，実際にはこれらをほとんど欠落させたまま，運動部での経験を頼りに体育の授業を行っている体育の教師も多いのである。

■ 具体的な方法を支えているもの

　公式ルールを絶対視する高校の先生が「無理」と責任を放棄してしまったバレーボールの授業づくりについて，先に紹介した小学校の先生が考えた工夫の数々は，どの子にもバレーボールの楽しさを味わわせたいという教師の願いから導き出されたものであることは間違いない。

　しかしそれらは，そういった言わば情緒的な思いだけから考えられたものではなく，ネットを間にはさむ相手にじゃまされない状況を活かしながら攻撃を組み立て，お互いに返しにくいようなボールを手で打ち合い，ボールを返せないと失点になるという形で勝敗を競い合うバレーボール特有の楽しさをすべての子どもに学ばせようとする，この授業で何を子どもに教えるのかという，体育の内容についての授業者の明確な考えがあって考え出された工夫でもある。

　そして，こういった内容をなぜ体育で教えていこうとするのかというと，スポーツ全体への好意的態度を形成し，生涯にわたりスポーツと親しんでいく人間を育てていくことをめざす現在の体育の目標があるがゆえに，バレーボールの楽しさを学習することは体育の内容として位置づけられるからなのである。つまり，ここでのルールの工夫に象徴される授業の具体的な方法は，体育で何を教えるのかという内容についての考え方と，体育が何をめざしているのかという目標についての考え方に支えられているのである。「うまくしてなんぼ」というような個人の思いつきのレベルを超えたよりよい体育の授業づくりは，この目標・内容・方法の相互に関連づけられた検討を通して初めて可能になってくる。

　このように見てくると，運動部生活で積み重ねた競技経験などではない，体育の授業づくりのために学ぶべきことが鮮明になってくる。それは，まず体育とは何をめざし，何を教えようとする営みなのかを学問研究のレベルで明確にすることなのであり，そのうえで，それらと一貫性をもった授業の具体的な方法について，自らが学んできた学問的な根拠をもって考えることなのである。これらのことは，運動部における競技経験によって身につくものとは全く異なる次元にあるものと言ってよい。

■ 専門家にふさわしい体育の授業づくりを

　これまで述べてきたことを踏まえ，本書では，体育の授業を行う体育教師に必要なことを，体育は何をめざすのか（目標論），体育は何を教えるのか（内容論），体育ではいかに教えるのか（方法論）の大きく3つの領域にわけてとらえ，解説していく。第Ⅰ章，第Ⅱ章，第Ⅲ章は，それぞれこの3つの領域に対応するものである。そして第Ⅳ章では，それまでに示されてきた目標論と内容論をもとにつくられた体育授業の実践例を紹介する。

　なお，紙幅の制約もあり，本書は中学・高校における体育の授業づくりに焦点を絞り，保健の授業づくりについて取り上げることができなかったが，体育教師にとって保健の授業は体育の授業と並んで専門家として取り組む重要な対象であるため，実践例をひとつだけ紹介しておいた。

　授業づくりの勉強を始めた初学者や教育実習を目前にした実習生にとっては，どうしても第Ⅳ章の実践例で紹介される授業の具体に関心が向きがちになるだろうが，まずは第Ⅰ章と第Ⅱ章を手がかりにしながら，これから自分が取り組もうとする体育の授業という教育的営みについてじっくり考える時間をもってみてほしい。そこでの勉強の深まりこそが，自身の中で明確にされた目標と内容を拠り所に，専門家が行うにふさわしい体育の授業を考え出していく基盤を形成することになるからである。

（鈴木秀人）

【さらに学習を深めるために】

1) 永島惇正「学習指導の理論と実践」宇土正彦・高島稔ほか編著『新訂体育科教育法講義』大修館書店，2000年，pp.180-185.
　体育の授業実践を行う教師に必要なことを学習指導の理論に求め，それと実践との関係について論じている。とくに，「教育的タクト」という概念を用いた理論と実践の結びつきのあり方についての解説は，しばしば対立的に語られることがあるこの両者の関係を考える際に参考になる。

2) 武隈晃「教師に求められる資質」宇土正彦・高島稔ほか編『新訂体育科教育法講義』大修館書店，2000年，pp.189-193.
　体育の授業実践を行う教師に求められる資質を，教師一般に求められるものとは別に，体育に関わる「職能」という視点から論じている。体育の授業づくりと関

わって求められる多様な資質を理解できるとともに，その「職能」の成長が教師の専門性を保持するうえで重要であることに気づかせてくれる。

3）高橋健夫「体育科教育学でなにを学ぶのか」高橋健夫・岡出美則ほか編『新版体育科教育学入門』大修館書店，2010年，pp.1-8.
体育授業づくりを支える学問的背景である「体育科教育学」の性格と領域について論じている。3つの層に分けて示された体育授業をめぐる研究領域は，体育授業の目標論・内容論・方法論の研究的な位置づけを考えるうえで参考になる。

4）中村敏雄「体育は何を教える教科か」『体育学研究』48巻6号，2003年，pp.655-665.
体育の授業を，子どもたちを「うまくする」あるいは「強くする」ことが目的と考えるならば，体育教師はコーチャーでありトレーナーであってティーチャーとは呼べないという問題意識をもって取り組んできた著者の体育授業実践を振り返った総説論文。体育教師の専門性について考えるきっかけを与えてくれる。

5）岡出美則「体育科教育学研究のオーバービュー」杉本厚夫編『体育教育を学ぶ人のために』世界思想社，2001年，pp.300-324.
諸外国を含めたこれまでの体育授業と関連した研究成果を概観し，それらを体育授業づくりへと結びつけていく研究のあり方を論じている。研究成果を知るために紹介された文献リストも，初学者にとって役に立つだろう。

6）鈴木秀人「体育の授業を行う教師に必要なこととは？」鈴木秀人ほか編『小学校の体育授業づくり入門』学文社，2014年，pp.1-12.
自分で逆上がりをできない人は小学校で体育の授業を教えられないかという問いを手がかりに，体育授業を行う教師に必要なことを解説している。とくに，授業づくりのために学ぶことを授業の「ネタの仕入れ」に矮小化してはならないという指摘は，中学・高校の体育授業づくりを学ぶうえでも必要な視点である。

第Ⅰ章

体育は何をめざすのか？

―― その目標について考える

はじめに

　これから，体育は何をめざすのか，すなわちその目標について考えていくことになるが，その最初は，体育の過去を振り返る作業から始めることにしたいと思う。そこで，次のような疑問をもつ人もいるだろう。「われわれが知りたいのは現在の体育が何をめざすのかであって，過去の体育は何をめざしていたかではない。現在の体育の目標について考えるのに，昔のことを知る必要があるのか？」……と。

　これは体育の授業づくりだけに限って生じる疑問ではなく，教師になるための勉強をしていく過程で教育の過去について学ぶ時，「なぜ過去について知らなければならないのか？」「過去について知ることが現在の教育の在り方を考えるうえで本当に必要なのか？」といった疑問を抱く学生はきっと少なくないことだろう。学生だけではなく，すでに教壇に立つ教師たちの中にも，大学で学んだ理論的なことは教育現場の実践には役に立たないと批判する者がいて，その例として槍玉に挙げられるのは，教育史のような講義が多かったことも事実である。授業を行う教師にとって重要なのは今現在の子どもたちの現実であって，遠い昔の話などではないということかもしれない。

　確かに，目の前の子どもに対して具体的にどうするかだけに自らの関心を限定してしまう教師にとっては，その授業実践の過去について知る必要性はほとんど感じることができないだろう。このような姿勢は運動部生活で経験した練習方法を，何の疑問もなく体育の授業の方法にしてしまう姿勢とも重なり合うものだが，かかる作業の繰り返しの中に，その実践のこれまでを知識として知らなければならない必要性は決して生まれることはない。

　しかしすでに序章でみたように，授業を進めていく方法とは授業の目標と内容についての考え方に支えられるべきものであり，そのことを理解したうえで目標や内容と一貫性をもった方法を考えていこうとするならば，その授業実践の過去について知ることはむしろ必然となるだろう。なぜならば，この授業では何をめざし何を教えるかを考え，それに相応しい方法を考えようとすると，

授業者自身がなぜそのような目標と内容のとらえ方をするのかを必ず考えることになるはずであり，そして授業の実践が常にそれまでの実践の積み重ねの先に位置づくものである以上，現在の授業を支える考え方を理解するためにはそこに至るまでの経緯，すなわちその授業実践の過去について学ぶことは，授業を行う教師にとって不可欠の作業となるはずだからである。

　もちろんこれは，どの教科の授業づくりを考えるうえでも同じようにいえることであるが，とくに体育についてその過去を学ぶ意味を確認しようとする時，アメリカの体育研究者であるシーデントップ(Siedentop, D.)は，それとはまた別の視点をわれわれに示してくれている。彼によれば，学校体育プログラムの作成において「多くのプログラムが，まず哲学を論じ，次にその哲学から目標を抽出することによってつくられていることは間違いない」(Siedentop, 1972：p.61)が，その一方で，偶然の思いつきであるように思われるプログラムも数多くみられるという。つまり，多くの体育授業はその目標や内容に関する哲学的な理論構築から成る一定の考え方をもってつくられているものの，それらを全くもたないままに「偶然の思いつき」でつくられ実践されているように見受けられる体育授業も，現実には多々存在するとシーデントップはいうのである。

　そしてシーデントップは，こういった「偶然の思いつき」で生み出されたように思われる体育の授業について，「たとえ，ある特定の立場に立ってプログラムをつくろうとする意図的な企てがなかったとしても，それぞれのプログラムは，体育についての何らかの信念や思想を，暗黙の内に反映させているものである」(Siedentop, 1972：p.61)と興味深い指摘を行っている。一定の考え方を前提としない体育授業でも，その中身は，これまでに存在した過去の体育のある考え方に規定されているという，ここでシーデントップが見出した体育の現実は，日本の体育授業にも同様にみられるものといえよう。わが国で今なお広くみられる，体育と体力づくりが何の疑問もなく結びつけられ，そのためのトレーニングと化した体育の授業と，身体の鍛錬を主たる目標とした過去の体育の考え方との関係性をはじめとして，彼の指摘が当てはまる具体的な事例を探

し出すことはそれほど難しくはないからである。

　本書で強調している，体育の授業づくりのためにまず体育の目標と内容を考えることとは，シーデントップのいう「まず哲学を論じ」ることに通ずる。そして現在の体育の哲学を論じるためには，そこに至る過去について学ぶ作業が不可欠となることはすでにみたとおりであるが，さらに，哲学を論じない授業が過去の考え方に規定されてしまう現実をシーデントップから学ぶのならば，哲学を論じることなくいかに教えるのかという方法ばかりに関心を寄せる授業づくりは，それが目標や内容との一貫性がない思いつきの授業であるということのみで否定されるのではなく，そういった授業が過去の考え方に規定された体育授業を，そこに解決すべき問題が横たわっていたとしても無批判なままに再生産する危険性を孕むという意味で厳しく戒められることになる。その愚を避けるためにも，日々の授業実践に暗黙の内に反映されるという過去の体育の考え方そのものについて，授業者自身は知っていなければならないはずである。

　したがって，体育の目標について考える第Ⅰ章の前半は体育の過去を理解する作業に当てられる。そこでは，社会の変化との関わりに注目しながら各々の時代の体育が有した意味を読み解くとともに，過去の体育に見出された諸問題が明らかにされることになる。次に後半では，それらを乗り越えていくための現代的な視点を社会の変化も視野に入れつつ検討することを通して，現在，そして将来の体育がめざす目標を導くという作業を進めていくことにしよう。

（鈴木秀人）

1. 体育の過去

1.1　産業社会における体育

①社会変化との関わりから体育の変遷をみる意義と視点
■ 社会と結びついた営みとしての体育

　日本における体育授業の歴史は，1872（明治5）年の学制発布に始まる。当初「体術」と名付けられたこの教育実践はその後すぐに「体操」とよばれるようになり，そして戦時下の一時期に「体錬」と名称を変更した直後に第二次世界大戦の敗戦を迎え，戦後は「体育」となって現在に至っている。この間，体育はずっと同じ姿のまま存続したわけではなく，実際の授業に見出される特徴やそれを支えた考え方の違いから，これまでの130余年にわたる体育の歴史は大きく3つの時期に区分してみることが一般的である。

　それは，まず学制発布から第二次世界大戦に敗れるまでの時期の体育，次に敗戦後から1970年代頃までの時期の体育，そしてそれ以降現在まで続く時期の体育という3つである。

　さて，このような体育の変遷をたどる際には，社会変化との関わりに注意しながらみてみると，各々の時代の体育がどうしてそれぞれの姿で存在したのかについて理解しやすくなる。社会はその維持や発展のために多様な機能をもっていて，教育もその機能のひとつであることから，そこにはその社会のあり方や当面する課題が反映されるという特性がある。もちろん，体育もそういった教育の中に含まれる。したがってこれまでの体育の存在様式には，必然的にその時代の社会のあり方や当面していた課題が反映されるという形で，体育は社会の変化と密接な関連をもつものだからである。ここで述べられた体育と社会の関係を明らかにしたのが，図表1−1に示された竹之下休蔵による体育の社会的構造である。ここからわれわれは，変動していく社会における文化の中か

ら選択された運動が教師によって指導され，それを学習していくことで子どもたちが社会の成員になってゆくという体育の授業が，社会全体と深く結びついた営みであるということを理解できるだろう。

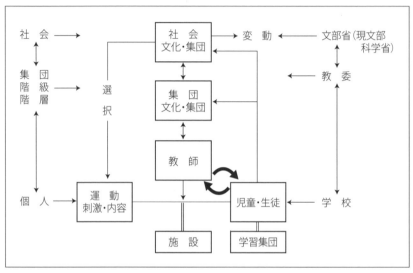

図表1-1　竹之下休蔵による体育の社会的構造
出所）佐伯年詩雄，2006：p.6 より

■ 体育の変遷をみる意義と視点

　社会変化との関わりから体育の変遷をみるということは，単にこれまでの体育についてよりよく理解するためだけに求められるのではない。現在の，そしてこれから将来に向かって体育が担う社会的役割を明らかにしつつ体育がめざすべき目標を考えるためには，現在まで社会はどのように変化してきたのかを見据えたうえで，これからの社会はどう変化していくのか，あるいは変化していくべきなのかを検討し，それとの関わりの中で体育のあるべき姿を見通すことに，さらに大きな意義が見出されるのである。

　この作業は，体育が「人間」とその人間が身体を動かすことで発現する「運動」との関係を問題にする教育であることから，社会変化と体育の変遷をとら

える視点を「人間と運動」の関係に定めて進めるとよい。各々の時代の社会では人間と運動の関係がどのようにとり結ばれ，そのことが体育における子どもと運動の関係をめぐる考え方にどのように反映され，体育の授業としてどのように具体化されていったのかを検討する。そしてそのうえで，これからの社会では人間と運動の関係がどのようにとり結ばれていくのか，あるいはいくべきなのかを展望することにより，体育における子どもと運動とのよりよい関係のあり方を探り，そこから体育授業のあるべき姿を導くのである。

■ 社会の変化を区切る指標

かかる視点から社会変化と体育の変遷をとらえようとする時に，社会の変化を区切る指標としての「産業社会」と「脱工業社会」という分け方は極めて有効なものとなる。産業社会とは，個人の価値の中心を仕事に，それらの総体として社会全体の価値の中心を産業に置く社会を，また脱工業社会とは，仕事や産業ばかりではなく，レジャーや遊びも人間にとって価値があるものと考える社会をいう。社会における人間と運動の関係のあり方はこの両者の間で大きく相違せざるをえないといえるが，その相違は，人間と運動の関係を問題にする教育である体育の考え方の違いを導く基礎となるものだからである。

冒頭で紹介した体育の歴史にみられる3つの時期区分は，この産業社会と脱工業社会という指標に従って行われている。すなわち，学制発布から第二次世界大戦に敗れるまでの時期は産業社会の前半，敗戦後から1970年代頃までの時期は産業社会の後半，それ以降現在まで続く時期は脱工業社会と考えられ，これらの社会に対応しながら，体育はそれぞれ異なる姿として存在したととらえられるのである。

（鈴木秀人）

② 戦前の体育 ──「身体の教育」としての体育
■ 小説に描かれた戦前の体育授業

それでは，産業社会の前半に位置づく戦前の社会における体育についてみていくことにしよう。1872年から第二次世界大戦に敗れる1945(昭和20)年までの期間がここでの対象になるわけだが，本書では，この時期の体育を「戦前の

体育」とよぶことにする。この戦前の体育がどのようなものだったのかを知る恰好の資料に，1922（大正11）年に発表された藤森成吉の短編小説「ある体操教師の死」がある。体育の当時の教科名は「体操」であるから，主人公は中学校で体操の授業を教える木尾先生という名の体操教師である。

そこに描かれた木尾先生が行う授業は，およそ次のようなものであった。「器械体操の時でも，何でも，先生はまず自分からやって見せた」。「鉄棒へつかまってクルクル廻ること一つでも，先生は自分で模範を示さないことはなかった」。そして，「自分がそうであるとおり，生徒達にも，出来なければ何度でもやり返させた」。また，「生徒を厳格に，規律的に，軍隊式に叩きあげるつもりだった」先生は，「時間は一時間必ずキッチリ，どうかもすればベルが鳴っても，まだ教練をつづけ」，自分の言うことをきかない生徒は裸足にさせたうえで「一面ぶっかきの小石を敷きつめた道路の上を，号令で駆け足させ」たり，「大きな声を更に大きくしてどなりつけた」が，それでも従わない生徒は「頬を掌ではたきつけ」ることもあったという。

ここには，教師の模範とそれに反応する生徒の模倣・反復という形式で進められる強力な一斉指導によって，時には体罰の行使も辞さず，身体訓練としての体操や教練を教え込んでいた戦前の体育授業の姿が鮮明に描かれている。もちろん，こういった授業が現代社会における教育として肯定されるはずもない

戦前の体操の授業
スウェーデン体操という外国から輸入された体操を行っている
出所）成田十次郎ほか，1988：p.82 より

大正時代の女学校における体操の授業
教師の模範と生徒の模倣の対応関係がよくわかる
出所）成田十次郎ほか，1988：p.98 より

が，今を生きる者の立場から過去の教育実践を批判することにはそれほど大きな意味を見出すことができないように思われる。教育には社会のあり方や当面する課題が反映されるのだから，現在からみると批判される戦前の体育も，当時の社会の中ではそれなりの正当性や妥当性をもっていたとみることができるからである。したがって，体育の過去について学ぶ者にとってより大切なことは，人間と運動との関係が，なぜこのような体育授業として具体化されたのかを，戦前の社会と関連づけて理解することなのである。

■ **戦前の社会における運動の価値**

戦前の社会は，近代国家の形成において遅れをとった日本が西欧の列強諸国に伍していかなければならない必要から，「富国強兵」「殖産興業」という二大国家政策を掲げて，天皇制絶対主義の下，軍事力の強化とその基盤となる産業の振興に邁進した時代として把握される。このような社会を支配した基本的な価値観とは，働くことは善いことでありそれに反することは善くないことという，まさに典型的な産業社会型の価値観であった。さまざまなスポーツ種目はこの時期に外来文化としてわが国に輸入されたものの，それらを生活の中で楽しむことは働くことに反する時間となるわけだから，旧制の高等学校や大学で熱心にスポーツが行われた

中学校で行われていた教練
出所）成田十次郎ほか，1988：p.85 より

小学校で行われていた教練
出所）成田十次郎ほか，1988：p.85 より

ことにみられるような一握りの学歴エリートたちを除けば，運動をすることはその他多くの一般大衆にとって，日々の生活の内容として享受しうるものではなかったといえる。

しかしながらエリート以外の人々も，主に2つの場所で運動をする機会をもったことを見逃してはならない。それは学校と軍隊であり，これらの場所で大衆にも運動をする機会が与えられたという事実から，われわれはこの時代の人間と運動の関係がどのようにとり結ばれていたのかを知ることができる。つまり戦前の社会においては，人間は産業社会を支える労働力や兵力としてその存在が位置づけられたのであり，その不可欠な資質となる強健な身体を鍛え上げる直接的な手段として，運動は人間にとって価値づけられたということである。

■ 戦前の体育の目標・内容・方法

こういった人間と運動の関係を前提に，将来の労働力や兵力を育てる場とされた学校で行われた戦前の体育は，主たる目標を身体の育成に置き，その内容は，限られた時間の中で身体を効率的に鍛えるために最も適当と考えられた体操を中心にしながら，それに軍事訓練である教練とその他の運動種目を加えて構成され，さらに方法は，画一的な体操と教練を教えるうえで都合のよい教師中心の一斉指導が採用されたのである。体育授業の構成要素を論じた高島稔は，「与えられた運動を教師に言われる通りに実行していればよく，そこには，児童・生徒の『学習』があるのではなく，からだの『トレーニング』があればよい」（高島，2000：p.11）という授業を図表1-2のように表しているが，戦前の体育はまさにこの図式に当てはまる。

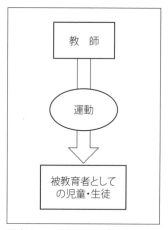

図表1-2　トレーニングがあればよい体育授業の構成要素
出所）宇土正彦ほか編，2000：p.11 掲載の図を一部修正

体育授業の歴史の中で,「身体の教育」としての体育とよばれるこの戦前の体育には,学習,学習活動,学習内容,単元といった,体育の授業を構想する際に現在では当たり前に使われている諸概念は存在しえなかった。それは,心身二元論による人間理解を前提に成立した知育・徳育・体育という三育論の中で身体を鍛える役割のみを担った体育であり,そこで必要になったものは1回の授業時間内でいかに運動させるかに着目したトレーニングのプランではあっても,学習＝ラーニングの計画は無用だったということなのである。

　そして,この戦前の「身体の教育」としての体育は,天皇を頂点とする国家体制を維持していくうえで,上長への服従の精神を身体活動の徹底的な反復を通して叩き込むという重要な役割も担っていた。大きな声で号令をかけ,命令を下し,それに子どもたちを繰り返し従わせるというこの時代の授業において教師が採った方法は,この役割を果していくこととの関係で採用された方法でもあったと理解できる。そういった意味からも,「ある体操教師の死」に描かれたような戦前の体育授業の姿は,戦前の社会のあり方や戦前の社会が当面していた課題を直截反映する教育の姿だったのであり,当時の社会の中だからこそ,正当性や妥当性をもつ教育実践になりえたといえるだろう。　　　(鈴木秀人)

③戦後の体育 ──「運動による教育」としての体育
■ 戦後の体育のはじまり

　第二次世界大戦の敗戦により,「身体の教育」としての体育は終わった。それまでの天皇制絶対主義国家から民主主義国家への再生を余儀なくされた日本は,戦後の新たな社会に相応しい教育のあり方を模索しなければならなかったが,体育の場合それは,労働力や兵力としての人間に必要とされた強健な身体をつくることと上長への服従の精神を体得させることをめざした,戦前の「身体の教育」としての体育に訣別することを意味したからである。

　社会が民主主義社会へ移行したということは,教練に代表されるような軍国主義的体育実践の否定を導き,また,日本の教育全体がアメリカの近代教育学の影響を受ける中で,体育は,運動の経験を通して子どもの全人的な発達をめ

ざすという，経験主義教育にもとづくアメリカの「新体育」とよばれた考え方を拠り所にすることとなる。1947(昭和22)年に出され，戦後の体育のあり方を初めて公に示すことになった「学校体育指導要綱」は，体育を「運動と衛生の実践を通して人間性の発展を企図する教育である」(文部省，1947：p.2)と定義づけて，身体の鍛練に明け暮れた戦前の体育からの転換を宣言した。この体育の変遷は，一般に「身体の教育」から「運動による教育」としての体育への転換といわれるものであり，これ以降およそ1970年代頃まで，「運動による教育」としての体育はわが国における体育授業の主流を形成したのである。ここでは，この時期の体育のことを「戦後の体育」とよぶことにする。

■ 戦後の体育の目標・内容・方法

目標が身体から身体を含みつつも全人的発達へと変わったことに伴い，内容は，戦前の体操や教練に偏ったものからさまざまなスポーツを中心としたものへ変化して，方法についても，教師からの一方的な運動の教授という形態から児童・生徒が主体になった学習活動を組織しようとする指導形態が研究されるようになり，やがて，学級を少人数の学習集団に分け，子どもたち相互の関わり合いを基軸にしながら，自主的で協力的な学習を導く「グループ学習」という全く新しい体育の学習指導形態が生み出されることになる。

宇土正彦(1983)は，現代的な体育授業の構造を図表1-3のように表している。ここに示された，学習の主体者としての子どもが，学習内容としての運動を学ぶ学習活動を中核に，教師が授業を計画するという体

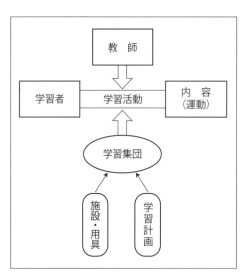

図表1-3 **体育授業の構造モデル**
出所)宇土正彦ほか，1983：p.9より

育授業の構造は，戦後の「運動による教育」としての体育を出発点に作られるようになったものといってよい。戦前の体育には見出すことができなかった学習，学習内容，学習活動，あるいは単元といった教育の諸概念が体育の授業づくりを考えるうえでも不可欠のものとなった事実に，「身体の教育」としての体育からの脱却を図り，体育という教育の民主化と科学化を進めた戦後の体育授業研究の大きな成果をみることができるだろう。

　「運動による教育」という考え方は，もともと20世紀初頭に「身体の教育」としての体育を超克することをめざして主張された「新体育」に思想としての源流を求めることができるが，わが国にはそれが第二次世界大戦後に導入されたということになる。この考え方をアメリカで主張したイデオローグの一人であるビュッチャー(Bucher, C.)は，そのめざすところを「身体的な発達の目標」「運動の発達の目標」「精神的な発達の目標」「社会的な発達の目標」という4つの面からとらえたが，ここでいう「身体的な発達の目標」とは「身体の多様な器官系の発達を通して，各人の身体的な力を形成する諸活動のプログラムを取り扱う」もの，「運動の発達の目標」とは「身体運動を有能に，そしてできるだけエネルギーの無駄なく行うことや，そこでの動きをより熟達した優雅で美しいものにすることと関わっている」もの，また「精神的な発達の目標」とは「ある知識の体系を獲得することと，その知識について思考したり，解釈したりする能力を扱う」もの，「社会的な発達の目標」とは「各人における個人的な適応や集団的な適応，そして，社会の一員としての適応を促す援助をすることと関係する」ものと定義されている(Siedentop, 1972：pp.87-88)。

■ 戦後の社会と体育

　この「運動による教育」としての体育が，第二次世界大戦後の約30年間にわたる戦後の体育の主流となったことは先に述べたとおりであり，したがって，この間のわが国における体育の学習指導要領を根底で支えた理論は，この「運動による教育」とみることができる。たとえば，1958(昭和33)年に改訂された中学校の学習指導要領では，体育科の目標が「1　心身の発達について理解させるとともに，各種の運動を適切に行わせることによって，心身の健全な発

達を促し，活動力を高める。2 合理的な練習によって，各種の運動技能を高めるとともに，生活における運動の意味を理解させ，生活を健全にし豊かにする態度や能力を養う。3 運動における競争や協同の経験を通して，公正な態度を養い，進んで規則を守り，互に協力して責任を果たすなどの社会生活に必要な態度や能力を向上させる。4 個人生活や社会生活における健康・安全について理解させ，自己や他人を病気や傷害から守り，心身ともに健康な生活を営む態度や能力を養う」(文部省，1958：p.147)といったように4つに分けて示されているが，これらがビュッチャーの設定した4つの目標とほぼ等号で結ばれることは容易に理解されるところであろう。

　ただし，この時期の学習指導要領を検討してみると，常に全人的な発達を大きな目標とし，それを4つの観点から達成しようとしていることはほぼ共通しているものの，各々の時期の社会的な要請とも関連しながら，4つの観点の何れかが強調されていることにも気がつくのである。1958(昭和33)年から，学習指導要領は「基準」として法的な拘束力をもつものとなったが，この時期の学習指導要領は，それ以前に盛んに試みられた経験主義にもとづく実践に向けられた，学習すべき内容がそれぞれの教科の系統に従って十分に教えられていないという批判を踏まえ，系統主義教育の立場の主張を反映したものになったといわれている。体育の場合はその主張を運動技術の問題として受け止めたがゆえに，各種の運動技能を高めることが学習指導要領の目標として明示さ

1960年代の小学校で行われた体力づくりの実践
出所)『学校体育』22巻11号，1969：p.2 より

1960年代の中学校で行われた全体体育の持久走
出所)『学校体育』22巻9号，1969：p.2 より

れることになった。また，1968(昭和43)年から1970(昭和45)年にかけて改訂された小・中・高等学校の学習指導要領は，第1章の総則3に体育を取り上げて，児童・生徒の体力向上については体育の授業時間以外においても積極的に取り組むよう求めたために，いわゆる「業間体育」を舞台にした体力づくりの実践を広く促すこととなった。これは，高度経済成長を進める産業界を中心に社会から逞しい子どもを求める声が強かったこととともに，1964(昭和39)年に開催された東京オリンピックが，国民の「体力論議を刺激して平和時の体力問題を提起した」ことにより，「学校体育はスポーツの大衆化に備える方向でなく体力中心の方向に転じた」(竹之下，1978：p.12)ものでもある。

　これらのことからも確認できるように，戦後の体育も戦前の体育と同様，そこでの社会のあり方や当面していた課題を反映する教育の姿としてとらえられるのである。戦争で破綻した経済の復興と発展という課題は，依然として戦後の社会を産業社会として存続させることとなり，それはまた，民主的な社会の建設という新たな国家的課題とも結びつきながら，戦後の社会における人間と運動の関係を規定した。人間は戦前と同じく産業社会を支える労働力として，またそれだけではなく戦後の民主社会のメンバーとしてもその存在が位置づけられ，運動はそういった戦後の社会が必要とする，心身ともに健康でかつ民主社会の担い手に相応しい社会性をもった国民の資質を育てる手段として，人間にとって価値づけられたのであり，かかる人間と運動の関係を前提に，「運動による教育」としての体育は，その存在を根拠づけられたわけである。

(鈴木秀人)

④戦前・戦後の断絶的把握とその問題性

　ここまで，戦前と戦後の体育をそれぞれ「身体の教育」と「運動による教育」として概観した。ここで，注意してほしいのは両者を全く異質で断絶的なものとして把握するべきではないということである。

　これまでの体育・スポーツ史研究では，「形式的な図式化によって戦前と戦後を分割する傾向が強」く，「戦前の全面否定と戦後の全面肯定」に陥ってし

まう場合が少なくなかった(高津，1982：p.381)。それは，敗戦に対する強烈な反省に立ってのことであったが，このような歴史把握は歴史像を単純化することになりかねない。

　たとえば，戦後における体育改革を牽引した代表的な人物である竹之下休蔵(1909-1988)は，上述の歴史観のもとで「ともかくもアメリカ体育を模倣しながら」(友添，1997：p.126)生活と体育の有機的結合を理念とする「生活体育」にたどり着いたとされている。確かに，戦後まもない当時，アメリカの影響は絶大であったと思われる。しかし，竹之下は全くの白紙状態から戦後の「運動による教育」への改革を出発させたわけではない。

　戦前において，竹之下は東京文理科大学で大正自由教育思想の先達であった篠原助市(1876-1957)のもとで生活教育思想を学び，多大な影響を受けながら生活体育論を展開していた。そして，その生活体育論を敗戦直後において，民主主義国家における体育のあり方を方向づけるために援用している(小松，2019)。つまり，戦前においてすでに戦後の体育改革への理論的基盤がある程度は準備されていたといえる。

　このことは，戦後の体育改革がアメリカという外圧によってのみ成し遂げられたとする歴史把握に一石を投じる。むしろ，竹之下にとっては戦時下において危険思想として抑圧された大正自由教育思想から学んだことを戦後の民主改革に乗じて復活させたいという意図があったかもしれない。いずれにせよ，戦前・戦後を断絶的に把握する歴史観からは見えてこなかったことである。

　混迷の時代にあって奮闘した先人たちが，戦前から何を受け継ぎ，何を断とうとしたのか。戦後教育の総決算がいわれる現代を生きる私たちは，自らの足場を再確認するためにも「戦前・戦後の断絶的把握」を乗り越え，より正確な歴史認識に立つことが求められる。

(小松恒誠)

【さらに学習を深めるために】

1) Siedentop, D., *Physical Education Introductory Analysis*, W. C. Brown Company Publishers, 1972.（前川峯雄監訳，高橋健夫訳『楽しい体育の創造』大修館書店，

1981年）
本書で紹介したシーデントップの見解は，上記の邦訳書で手軽に読むことができる。過去の考え方に規定されるという体育授業の特質を指摘した見解はもちろんのこと，現代の代表的な体育思想が整理された部分も，体育についての歴史的理解の前提となる基礎知識を提供してくれる。
2) 佐伯年詩雄『これからの体育を学ぶ人のために』世界思想社，2006年
この中の「運動の学習指導と社会」(pp.2-8)において，体育授業で運動を指導するということと社会とのつながりが論じられており，本書で紹介した竹之下が提示した体育の社会的構造についても解説されている。
3) 成田十次郎ほか『スポーツと教育の歴史』不昧堂出版，1988年
スポーツと教育の歴史が，豊富な写真資料によって紹介されている。とくに「大正，昭和前期の学校体操」(pp.82-86)は，本書で述べられている体育の過去を視覚的に理解するうえで役に立つ。
4) 永島惇正「体育の立場からみた社会」宇土正彦・高島稔ほか編著『新訂体育科教育法講義』大修館書店，2000年，pp.25-32
竹之下が示した産業社会と脱工業社会という社会を区切る指標を用い，社会変化と体育の変遷について論じている。人間と運動の関係のあり方が社会によって規定されるということがよく理解できる。
5) 竹之下休蔵「戦後学校体育の歩みと当面する課題〜産業社会から脱工業社会へ」『体育科教育』26巻12号，1978年，pp.9-13
産業社会から脱工業社会へという社会変化の展望を軸にして，戦後の体育を乗り越えていく新たな体育のあり方を提起している。第二次世界大戦後のわが国における体育の特質を理解するうえでも有益である。
6) 池田延行「学習指導要領の変遷と学習指導」中村敏雄ほか編『21世紀スポーツ大事典』大修館書店，2015年，pp.533-535
第二次世界大戦後から現在に至るまでのおよそ70年にわたる学習指導要領の変遷が，その内容とそこで重視された学習指導法にわけて整理されている。

1.2 産業社会の体育に見出された諸問題

①運動嫌いの発生

■ 運動嫌いとは

運動・スポーツに熱中する中高生の姿を学校，公園，競技場などさまざまな

場所でみることができるが，一方で運動が嫌いという生徒もいる。運動が嫌いな個人や態度は「運動嫌い」と呼ばれる。運動嫌いは，運動をすることに意味や価値を見出せず，運動はおもしろいものではないと感じ，積極的に取り組まないといった運動へのネガティブな考え方，感情，行動によって特徴づけられる。体育の授業はしかたなくやることとなり，この状態は，不快な感情，苦手意識をもったままの参加であり，運動嫌いの生徒にとって体育の授業は苦痛の時間となる。運動嫌いの中には，嫌いな対象の広がりやその程度によって，特定の種目だけが嫌い，運動は好きだが体育は嫌い，運動すべてが嫌いといった，さまざまなパターンが存在する(鹿島・杉原，1994：pp.68–74)。

　2014(平成26)年度の小学5年生，中学2年生の男女を対象に行われた文部科学省による運動能力，運動習慣等についての全国調査には，体力や生活習慣とともに，運動やスポーツの好き・嫌い，運動やスポーツの得意・不得意などの運動に対する意識についての調査が含まれている。運動やスポーツが好きかについての回答形式は，「好き」「やや好き」「ややきらい」「きらい」の4つである。運動嫌いの傾向をもつのは「ややきらい」か「きらい」に回答した児童・生徒であり，それぞれの集団における割合をみると，小学生では男子5.8%，女子12.4%，中学生では男子9.5%，女子20.6%である(文部科学省，2014：pp.120–139)。中学校では男子1割，女子2割くらいが運動嫌いの可能性があり，小学校よりも中学校において運動嫌いが多くなる。

■ なぜ運動嫌いになるのか

　この調査では，運動が嫌いになったきっかけも明らかにされている(文部科学省，2014：p.152)。回答は複数回答であり，「その他」を除いて嫌いになったきっかけとして割合の多い順に回答をみると，男子では「小学校入学前から体を動かすことが苦手だったから」42.0%，「小学校の授業でうまくできなかったから」28.7%，「中学校の授業でうまくできなかったから」24.5%，「友達の前で恥ずかしい・冷やかされることがあったから」16.9%となっている。女子についてみると「小学校入学前から体を動かすことが苦手だったから」49.5%，「小学校の授業でうまくできなかったから」40.6%，「中学校の授業でうまくでき

なかったから」33.8%,「友達の前で恥ずかしい・冷やかされることがあったから」17.0%となっている。この結果から，中学生の運動嫌いについては，幼児期からの苦手意識，小中の体育授業でうまくできないと感じていること，人前での恥ずかしい経験が影響していることがわかる。

運動嫌いになる原因は人それぞれ異なり，さまざまなきっかけが存在する。そのような運動嫌いになる具体的理由を指摘した報告がいくつかなされている（杉原，2003：pp.148-150 など）。それらによると，運動嫌いの形成について以下のような特徴が挙げられる。

ひとつは運動嫌いの生徒は，運動がうまくできないため自信がもてない，言い換えると，自分が有能な存在であるという有能さ（コンピテンス）が運動することによって得られていないことである。自信がない生徒にとっては体育の授業は自分の能力にあっていないと感じ，楽しいという感情を得られにくくなる。2つめは，クラスメートから低い評価を受けるのではないかという不安が生じていることである。これは，低い評価によって友だちとよい関係が保てなくなると感じることにつながる。生徒にとって自分の運動の出来・不出来は，自己評価だけでなく他者からの評価も気になる。このような不安は，失敗をなるべく回避しようという姿勢につながる。3つめは，運動に対する自信の欠如と他者からの評価に伴う不安が，運動に自発的・積極的に取り組む感覚を欠如させていることである。積極的に取り組む姿勢をもたない生徒にとっての授業は，運動を強制されるという感覚がもたれやすい。すべての生徒は，有能でありたい，仲間から認められてよい関係をもちたい，自分のことを自分で決めたいと思っているが，それらが得られないために体育において運動嫌いが生じると考えることができる。

これに関連して岡沢・北・諏訪(1996)は運動についての有能さの発達的変化を調査している。この調査では運動が得意という認知である「身体的有能さの認知」，練習すれば運動ができるようになるという「統制感」，一緒に運動してくれる友達がいると感じる「受容感」の3つが小中高大の4つの学校期で比較された。「身体的有能さの認知」と「統制感」の2つは，小学校から中学校期にかけて有意な低下を示し，「受容感」は小学校と中学校での差はなく，中学

から高校にかけて有意な低下を示している。この結果は，運動嫌いの形成において，中学校期が大きな影響を及ぼすことを示唆しており，中学生にこそ運動に好意をもつような授業が必要とされよう。

■ **運動嫌いはつくられる**

運動嫌いの生徒たちについて考える時，きっかけや理由を考えることは大事であるが，その生徒たちは本当に運動が嫌いなのかを考えてみる必要もある。体育の授業で運動嫌いと思われる生徒たちの中には，運動は好きだが体育は嫌いという生徒がいる。また，運動嫌いだった生徒が大人になり，好きなスポーツと出会い，熱心に打ち込むようになるという例は数多くある。このような例から，運動嫌いの形成は，個人の性格や，生得的な要因によるのではないと考えられる。体育や運動を取り巻く環境，目標から内容，方法に至る体育の構造が運動嫌いをつくり出すといえる。

運動嫌いをつくり出す体育の構造は，産業社会における体育において，より顕著であったと考えられる。産業社会における体育では，体力の有無，運動の出来，不出来がより重要と考えられ，それらの点から，よい－悪いという価値基準が生み出される。そのような価値基準は，授業の目標や内容，教師の指導に反映され，さらに生徒たちにも共有される。体育の授業は，運動の出来，不出来が目に見えてわかりやすく，こうした価値基準によって評価されやすいという特徴がある。そのため，運動ができないことや，そのように見られることに対する不安が生じることで運動嫌いにつながりやすい。

運動を手段とするのではない現在の体育では，すべての生徒が運動好きになるよう目標，内容，方法それぞれについてよりよい方向が考えられている。そのために個人差やレディネスを考慮した計画，学習過程が提案されている。運動嫌いを発生させないためには，こういった体育の全体の構造をよく理解したうえで，授業を実施するクラスにおける生徒の状態に応じた授業づくりが必要とされる。

（杉山哲司）

②超時代的な体育実践の残存
■体育授業にみられる超時代性
　戦前の体育，そして戦後の体育といったように体育の過去を詳しく追ってみると，そこにみられた各々の体育授業のあり方は，その背景にあったそれぞれの時代の社会と密接に関わりながら存在したということは，もはや誰にも理解されるところであろう。しかしながらその一方で，そういった時代に強く規定された体育の変遷とは奇妙なほど対照的に，時代を超え，すなわち，いついかなる時代においても，いうならば「超時代的」とでも表現すべき姿が，わが国における体育の授業にはみられるということも，また事実なのである。

　それは，日々の体育の授業において，ごく当たり前のように教師が行う指導方法の中に見出すことができる。小学校でも中学校でも高等学校でも，授業の始まりには横隊に整列をさせたうえで「気をつけ！」と大きな声で号令をかけ，子どもたちにある種の身体的な拘束を加えてから体育の授業を始める教師の姿は決して珍しくないし，また授業の中でも，大きな声での号令や指示だけでなく笛による合図も頻繁に用いながら，子どもたち全体を整然と強力に統制することを指導の常としている教師も少なくない。このようにわが国の体育授業では，多くの教師が，「気をつけ」「休め」「前へならえ」等々の特定の言語や笛の合図を頼りに指導を進めているのが現実である。

　いうまでもなく，こういった実践のルーツは戦前の体育に求められる。かかる行動様式が今なお学校教育の場に残る現実を厳しく批判した岡崎勝は，「気をつけ」をはじめとするいわゆる集団行動の起源が，明治時代に定められた歩兵操典やその流れを汲む兵式体操にあることを明らかにしている（岡崎，1987：pp.97-103）し，人間の身体を規律・訓練化する道具として体操をとらえた清水諭も，「『気をつけ』の姿勢や号令のかけ方」は明治から大正期の実践に始まるものとしている（清水，2001：pp.89-92）。すでにみたとおり，戦前の体育は当時の社会の中だからこそ正当性や妥当性をもつものであったのだから，戦前に発する実践が，その後，幾多の時代を超えてもなお現在に至るまで行われ続けている現実があるのならば，それがはたして現代社会における教育として相応し

いものなのかを、改めて問う責務がわれわれにはあると思われるのである。

■ **戦前の体育からの転換？**

　戦前の「身体の教育」としての体育は、富国強兵という当時の社会が当面していた課題への教育的対応から、軍事予備教育としての性格を強く有していたことをここでもう一度思い起こすと、教練はもちろんのこと、体操をはじめとするその他の運動を教えていく際にも、軍隊にならう行動様式がそこでの指導方法として採用されたのはむしろ自然なこととも言えるだろう。だからこそ、第二次世界大戦の敗戦によって軍事予備教育であった「身体の教育」が終わったのならば、それを支えた方法についても一新されなければならなかったはずである。確かに、「身体の教育」から「運動による教育」への転換には劇的なものがあり、体育においても民主的な人間の形成がめざされることになったし、教練は体育の内容から排除され、体操の地位は戦前の絶対的なものから大きく後退して、子どもたちはスポーツやダンスなど多様な運動を学ぶことになった。そして授業の方法についても、子どもの主体的な学習が重視されるようになったことから、グループ学習に代表される新しい学習指導の形態が開発されたことは事実である。けれども、こういった戦前の体育からの転換が、授業を行う教師の実際の指導方法においても十分進んだのかに関しては、冒頭で指摘した「超時代的」な体育実践がみられる以上、疑問をもたざるをえないのである。

　敗戦後は、授業における指導の方法も「徒手体操で、ヒザを水平まで上げちゃいけない。ヒザを上げるのは軍国主義の体育だ」といわれた(竹之下・宇土ほか、1987：p.124)、といったように、これまでのやり方に修正が迫られるなか、教育の現場には大きな混乱がもたらされた。当時の様子は、次のような回想にみることができる。「それまでの大事な道具であった号令、命令、指示、これらが全部捨てさせられた」「道具を全部捨てさせられたんで、先生たちはどうしていいか全くわからない。しょうがないから、大きな声で号令かけてたのを小さくしたり、『こうやれ』といってたのを、『こうやったほうがいい』とかということでごまかしてました」(竹之下・宇土ほか、1987：p.123)。

1970年代の小学校の授業
戦後生まれのグループ学習が行われている

ここには，敗戦に伴う外圧による変革の渦中で，新しい体育の目標に対応する何らの方法ももっていなかった当時の日本の教師たちの惨状が鮮明に示されている。つまり，それまでの体育授業の指導方法は体操や教練の指導法だったのであり，これらに代わって新たに体育の内容として大きく取り上げられることになったスポーツやダンスを教えるやり方は，そこにはなかったということなのである。こういった状況の中で，グループ学習という新しい学習指導形態が生み出されたわけだが，その一方で，慣れ親しんだ過去の方法を頼みにする教師も少なくはなかったのであろう。やがて戦後も10年を過ぎる頃には，各地で体育授業における集団行動の指導充実を求める動きが活発になっていく。

そのような動きを受けて，1964年には文部省から集団行動の手引き草案が出され，1968年の学習指導要領では，「体操」の内容の一部に「横隊の集合・整とん，方向変換，列の増減などをすること」(文部省，1968：p.183)が明記されるようになるが，こういった内容が，教師の号令とそれに対する子どもたちの反応という形で具体化されていったことは容易に察しがつく。こうして戦前に始まったかかる行動様式は，名称を「集団行動」と変えながらも戦後の「運動による教育」としての体育の中に生き残る。そして，子どもたちの自主的な学習を導こうとするグループ学習などの戦後生まれの方法とパラドキシカルに共存しつつ，今日に至ったというわけである。

■ 授業づくりの姿勢における問題

このようにみてくると，ここで改めて批判的な眼差しを向けなければならないのは，授業がめざす目標や内容と一貫性をもった方法を採用するということに不誠実ともいえる，少なくない教師にみられた授業づくりをめぐる安直な姿勢である。「身体の教育」から「運動による教育」へというドラスティックな

転換があったにもかかわらず，過去からあり続けた方法が新しい目標に向かう時に適切なものかどうか検討されることなく受け継がれたという問題は，形を変えながらも今なおみられるように思われる。1998(平成10)年に学習指導要領が改訂された際に，体育には新しく「体ほぐしの運動」という，言わば身体の癒しとかリラクゼーションをめざす運動が登場したが，癒しの経験をさせようとするその授業のはじめに，生徒たちの身体を拘束する「気をつけ」の号令をかけてもその矛盾に気がつかない教師も多い。

そしてこういった姿勢は，単に目標に対して方法の一貫性を欠くということに止まらず，癒し等々を目標とする運動を体育授業の内容とすることの是非について自ら議論することがないという点でより深刻である。それは，体育の授業を行う教師自身が，その授業では何をめざして，何を教えようとしているのかを不問に付したままで，生徒たちに向かい合っているということを意味するからである。われわれは，産業社会の体育がこうした問題をどうして導いたのかを，先に検討の俎上にのせた「運動嫌い」の問題と併せて，よく考えてみる必要がありそうである。

■ **運動部における体罰をめぐる問題**

超時代的な実践ということでは，多くの体育教師が指導している運動部における体罰について触れておかなければならない。2012年に大阪市立高校のバスケットボール部員であった生徒が繰り返される顧問教師の体罰を苦に自殺した痛ましい事件がおき，大きな社会問題ともなったが，こういった運動部にみられる暴力，またその行使の基盤となっている指導者と選手間や上級生と下級生間の封建的な上下関係は，過去の軍隊の行動様式に起源があるという俗説を多くの体育関係者が共有しているからである。

この軍隊起源説には，日本の社会全体がミリタリズムに染まっていった1930年代後半から学校全体がそのような方向へ変容していく中で運動部にも軍隊のやり方の模倣が広まっていったとする見方と，戦後になって軍隊経験者がそこで体験した理不尽な上下関係を含む行動様式を運動部に持ち込んだとする見方がある。しかしながら，実はこれらは何れも実証的に確かめられている

わけではないのである。

　そこで，過去に遡って旧教育制度の中に存在した多様な学校，すなわち旧制の中学校や高等学校，師範学校や高等師範学校，実業系の諸学校や私立大学の予科等々における運動部の状況をそれぞれ調べてみると，軍隊起源説がいうような状況が当てはまる世界もあればそういったこととは全く無縁の世界もあったことが明らかになってきている（鈴木，2014a：pp.68-71）。実態は，かなり多様で複雑なのである。

　もしかすると，それらの中から軍隊に発する暴力的行為ととくに結びつきが強い集団を発見することで，現在の運動部に見られる体罰のルーツを特定化することはできるのかもしれない。だが，われわれ体育の専門家にいま求められることは，そのようないわば犯人捜しではなくて，多くの体育関係者が共有してきた軍隊起源説そのものの問題性を問うことではないだろうか。

　この運動部にみられる体罰の起源を軍隊に求める論理は，理不尽な上下関係とそれを前提に初めて可能となる暴力の行使を，現在の自分たちとは切り離した旧軍隊の所業にすることで，体育教師が大半を占める運動部指導者の責任を曖昧にしてしまうからである。仮にかかる行為の起源が軍隊にあるとするのならば，それをなぜ，戦後の運動部を担った体育関係者たちは継承し再生産してきたのかが厳しく問われなければならなかったはずであるが，軍隊起源説を語る時，どれほどの人がその点を問題にしてきただろうか。

　これまでの軍隊に関する研究には，ともすると一般社会からは隔絶された異常な世界とされてきた旧軍隊の在り方も，実は日本の社会のある特質を反映したものとして理解されるべきであり，そこには「軍隊外の市民社会の成熟度が反映されざるをえない」という大江による興味深い指摘が見られる（飯塚，1991：pp.363-364）。この視点は，そのまま日本の学校運動部の在り方にも適用できるように思われる。つまり，軍隊に起源があるという説明を許し，それを半ば共有する，運動部とはそういうものだと考える認識を背景に存続してきた運動部の在り方には，われわれの社会のある面での成熟度が反映されているということである。

このように考えると，運動部の体罰に関する複数の先行研究がすでに明らかにしてきた，体罰を受けた者はそれを否定するよりも肯定する者が多いという事実（阿江，1991：pp.10-16ほか）は，単に個々人による体罰経験の受け止め方の問題として考えるよりも，私たちの社会全体が運動と暴力の関係をいかにとらえるのか，それに関わる成熟度を反映した結果としてみることが適切である。ここでいう成熟度とは，運動場面における挑戦や努力と暴力的行為を明確に区別することができない，あるいは区別しない，体育関係者をはじめとするわれわれの社会の認識におけるそれなのである。

（鈴木秀人）

③人間と運動の関係のとらえ方にみられる限界
■戦前・戦後の体育にみられる共通性

　ここで，戦前の「身体の教育」としての体育と戦後の「運動による教育」としての体育の考え方を振り返ってみると，そこでの人間と運動の関係のとらえ方に，ある共通性がみられることに気がつく。それは，戦前は労働者や兵士に必要となる逞しい身体をつくる「手段」として，戦後は民主社会を形成するメンバーであるとともに高度経済成長を支える労働者であることも期待された人々に必要とされた，心身の発達や社会性の育成のためのやはり「手段」として，運動は子どもたちとの関係をとり結んでいたという点である。

　この関係は，これら産業社会においてはいずれにせよ社会が尊ぶ価値の中心が産業の振興にあったため，その中で仕事を第一とする生活を送らざるをえなかった人々にとって，運動は日々の生活の内容としてそれ自体を楽しむものとしてとらえることは困難であったという，社会における人間と運動の関係を背景に成立していた。運動は，何かの目的を達成する手段としてしか，この時期の社会の中ではその存在を正当化することが難しかったのであり，それが体育という教育における，子どもと運動との関係のあり方を規定したのである。

　こういった運動を手段とする発想は，体力をつけるために運動を行う，努力すればできることを学ぶために運動を行う，礼儀やチームワークを身につけるために運動を行う……といった，伝統的な運動をめぐる教育実践を根底で支え

てきた認識であり，現在もなお，それを体育の授業づくりの基底に据える教師も少なくはない。運動を手段にしたこれらの実践がめざすところは，「身体の教育」の目標を包含しつつ，結局は「運動による教育」が目標として掲げた全人的な発達に集約されることになるといえるだろう。それらの実践は，一般に「運動手段論」の体育とよばれる。

■ 運動手段論の限界

「運動による教育」は，単なるトレーニングの次元にすぎなかった「身体の教育」を乗り越え，教育の一般目標である全人的な発達という目標を他の教科と共有したことにより，教科としての体育の地位を他教科と同じ地位にまで引き上げることには大きく貢献した。しかしながら，4つの多様な目標を追求することになった「運動による教育」では，必然的に「多くの種目を浅く学習することになり，学習者の興味を深めることができず，所期の効果をあげることもできなかった」(竹之下・宇土，1982：p.22)といわれている。われわれは，ここに手段としたがゆえに運動の本質を十分に伝えることができなかった，運動手段論の体育の限界をみるのである。

また，1968年から1970年にかけて改訂された学習指導要領によって広く促された体力づくりの実践が，少なくない数の運動嫌いの子どもたちを生み出したという歴史的事実からも，運動手段論の体育の限界を指摘することができるだろう。波多野義郎らによる「運動嫌い」の子どもに関する研究では，自身の体力や運動能力にもともと不安感や劣等感を抱いている子どもたちが，それらが増幅されてしまうような教師の指導に出会うことによって，運動場面での楽しさ経験を知ることができずに，運動嫌いの状態に陥っていくというメカニズムの存在が指摘されている(波多野・中村，1981：pp.177-187)。このメカニズムを視野に入れながら分析してみると，体力をつけるために，あるいは努力すればできることを学ぶために，と運動を行うことになる運動手段論にもとづく実践での経験が，体力や運動能力に不安感や劣等感を抱いている子どもたちのそれらを増幅してしまう危険性があることは明らかに予測できることである。

だが，体育の授業を行う教師がそこでの運動を手段として扱うならば，その

実践の中から運動を嫌う子どもが生まれても、それが授業者である教師には深刻な問題としては受け止められにくいのではないだろうか。なぜならば、体力をつけさせるために運動を教えるかぎり、体力づくりというその目標が達成されてしまえば、そこで子どもが運動を嫌いになったとしても、教師にとってそれは重大な関心事にはなかなかならないし、同じように、努力すればできることを学ばせるために運動を教えるかぎり、逆上がりや蹴上がりといった目標とする運動ができてしまえば、そこで子どもがそれらの運動を嫌いになってしまっても、教師にとってそれは大きな問題にはならないであろうからである。

■ **超時代的な体育実践が残る理由**

体育の学習において子どもが運動を嫌いになってしまうということが深刻な問題として把握されるのは、人間にとっての運動を学校期における手段に閉じ込める発想を超えて、運動が生涯にわたる大切な生活の内容として価値づけられた時である。佐伯年詩雄は、産業社会の体育授業にみられた問題点を「学習の手段化、そこから必然化する外在的報酬による動機づけと強化の指導法」が「学習という営みからの疎外を生み出し」てきたと押さえたうえで、そのような体育の学習は、「『学習からの引退を求めて学習に励む』という逆説的学習経験を蔓延させてきた」と指摘する(佐伯, 2006：p.205)。ここで運動という「学習からの引退」が問題とされるのも、運動が生涯にわたってまさに学習され続けていくものと価値づけられるからなのである。

そして、先にみた体育の「超時代的な体育実践」は、運動を規律訓練のための手段として考える認識によって導かれるものであることはもちろん、佐伯がいう、手段としての運動の学習に必然として生じる「外在的報酬による動機づけと強化の指導法」のひとつの具体化としてみることもできるのである。つまり、「身体の教育」における方法が時代を超えて引き継がれるのは、運動のとらえ方が依然として教師の中ではかつてと同じく手段の次元に留められているからなのであり、運動に対するかかる認識を自明のこととするかぎり、体育授業を行う教師が、改めて体育の目標や内容を問い、それと一貫した方法を採ろうとする道は開かれてはこないのである。

(鈴木秀人)

【さらに学習を深めるために】

1) 波多野義郎・中村精男「『運動ぎらい』の生成機序に関する事例研究」『体育学研究』26 巻 3 号,1981 年,pp.177-187
   運動嫌いがどのように生成されるのかについて明らかにした論文。体育授業のあり方が,そのメカニズムにどのように関わるのかについて考えさせられる。

2) 嘉戸脩『「楽しい体育」論の展開と生涯スポーツ』タイムス,2001 年
   この中の「明治以降における学校体育の特質～わが国の近代化の視点から」(pp.260-279)において,戦前の日本の体育がもつ特質を,日本社会の近代化に伴った特徴を視点に明らかにしている。運動手段論の体育の根源を理解できる。

3) 岡崎勝『身体教育の神話と構造』れんが書房新社,1987 年
   体力づくりや集団行動等々,過去の体育に起源がある教育実践がもつ問題に対し,現場教師の立場から厳しく批判した書。体育授業の中に当たり前のように残るそれらの実践について,改めてその意味を考え直す機会を与えてくれる。

4) 竹之下休蔵・宇土正彦ほか「戦後体育実践の成果と展望」『体育科教育』35 巻 9 号,1987 年,pp.123-133
   竹之下と宇土の対談によって,戦後の体育の姿が詳しく語られている。また,その後の体育の展開についても,その主張に至る経緯を理解しやすい。

5) 鈴木明哲「戦後日本体育・スポーツにおける自由主義教育者をめぐる問題：ミリタリズムの連続」『体育学研究』47 巻 6 号,2002 年,pp.593-606
   第 2 次世界大戦後の日本において,それ以前の体育を支配したミリタリズムがなぜ残ったのかについて,歴史研究の立場から分析した論文。初学者にとってはやや難しいかもしれないが,過去に関する研究が現在の問題を考えるうえで有益であることを改めて実感させてくれる。

6) 鈴木秀人「体育教師と体罰－軍隊起源説を超えて」『体育科教育』63 巻 1 号,2014 年,pp.28-30
   本書で紹介した軍隊起源説の概要と過去の学校教育制度における運動部の多様な実態を把握できるとともに,運動部における体罰をめぐる問題について体育の専門家が問うべきことは何かを考えるひとつの手がかりとなる。

7) 佐伯年詩雄『これからの体育を学ぶ人のために』世界思想社,2006 年
   「『楽しい体育』における『今もっている力で楽しむ』ことの意義―生涯学習の意味との関わりから」(pp.203-211)で述べられている,これまでの体育の学習が,学習からの引退を導いていたという指摘は,今後の体育学習のあり方を考えていくうえでさまざまなことを考えさせられる。

8) 鈴木秀人「『教育技術法則化運動』に見られる体育の授業づくりについての検討：過去の体育授業論との関係性に関する検討を中心に」『体育学研究』40 巻 4 号,1995 年,pp.221-233

本書でも取り上げたシーデントップの見解を援用し，過去の考え方に暗黙の内に規定されるという体育実践の例をわが国に求めて検証している。教育実践を構想する時，目標・内容・方法の一貫性がなぜ必要となるのかについて，改めて考える契機となるだろう。

9) 木下秀明『体操の近代日本史』不昧堂出版, 2015年
体操に焦点を当てて，明治期から現在に至るまでの我が国の体育やスポーツのさまざまな歴史を論じている。今日も体育実践の一部を構成する体操について，運動としてもつ意味を考えるうえで示唆に富む。

10) 田端真弓「保健体育科における集団行動の位置づけとあり方：戦後の論説にみる集団行動の必要・不要論の位相と論理」『大分大学教育福祉科学部研究紀要』37巻2号, 2015年, pp.225-240
体育授業にみられる集団行動がどのような理由で現在まで続いているのか，その歴史的経緯がよくわかる。

2. 体育の現在そして将来

2.1 人間と運動の関係を考える視点

①現代社会とスポーツ
■ 産業社会における運動の価値

　前節では，これからの体育，すなわち，体育の現在そして将来を考える前提として，「体育の過去」について整理してきた。その中で，運動の価値をめぐっては次のようにまとめられよう。

　戦前の社会においては，近代国家の形成をめざし産業社会化するために「富国強兵」「殖産興業」という2つの大きな国策のもとで，人々はそれを支える労働力や兵力としてその存在が位置づけられ，その不可欠な資質となる体と心に対して運動が価値づけられた。つまり，「保健，衛生あるいは健康の向上とともに，規則や上司に服従し，集団への従属感を高め」（清水，2001: p.83）人間を有能な国力の原素とする直接的な手段として，運動が価値づけられた。運動に，軍事力としての身体や労働力としての身体を鍛え上げる可能性や必要性が見いだされたのである。それが，戦後，社会・経済の復興に向けて，軍事的要素は減少し，民主的な社会の構築のための人間形成と経済の復興のための工業的生産労働力の強化が求められ，運動には，民主的な産業労働者の育成という教育的な可能性や必要性が付与された。つまり，運動は，産業社会に対応した「有能な」（「性能の良い」）個人を育成する手段として価値づけられた。

　このようにみてくると，人間と運動の関係について，戦前も戦後の復興期も社会において運動が人々にとって「手段」としてとらえられ，価値づけられていたことがわかる。また，そこには，社会的な「有能さ」（「性能の良さ」）を追求することが運動の可能性と必要性を充足するという理解があったと考えられる。

■ **脱工業社会における運動の価値**

　戦後の復興期を経て1960年代に高度経済成長を迎えた頃から、社会は、所得や自由時間の増大をもたらし、多くの人々が暮らしの中で運動を享受する可能性を開くとともに、生活の機械化や都市化による運動不足や過剰なストレス等による健康不安の蔓延化を常とするようになった。この頃から、運動そのものに目が向けられ、人々の暮らしの中に新たな運動の可能性と必要性が芽吹いてきた。とりわけ、仕事や産業だけではなく、レジャーや遊びも人間にとって価値があると人々が考えられるようになった時期だと一般的に認められている1970年代半ば前後から、すなわち、脱工業社会の到来とされる時期以降、スポーツの量的拡大に拍車がかかり、楽しみや健康のために自発的・自主的に運動を行う人々がつとに増えていった。運動は、すべての人々にとって生涯にわたって実践することにより健康で文化的な生活に導いてくれる重要な内容として支持されるようになり、人々の暮らしの中で運動それ自体の価値（目的的価値）が一般に認められるようになったのである。

　人々が暮らしの中で、仕事ばかりではなくレジャーや遊びにも重要な意味を見出す脱工業社会において、生涯にわたり豊かなレジャーの内容を創造していくこと、すなわち、その中身を問いこだわっていくことは自然な成りゆきであり、そこで運動との豊かなかかわりは拡がりと奥行きを増していく。その後、1990年代前半のいわゆるバブル経済の崩壊が及ぼした社会の変化や高齢化社会への突入等を背景に、人生の質や生活の質を問題とする傾向が顕著になっていくことにより、人々はさらに運動の文化的な享受の質を問うことへと向かっていった。「生涯スポーツ」という言葉には、運動をより社会的、経済的、文化的な観点から生涯にわたる生活の質との関係でとらえ、有能な個人の形成として運動に価値をみるのではなく、自己の力を存分に発揮することや自己の可能性を追求（挑戦）する場としての運動の意味を尊ぶ「人間と運動の関係」が表現されている。

　このように、生涯にわたって人々の豊かな生活に大きく貢献する「内容」として可能性を認められ、人々の暮らしの中に幅広く浸透してきたスポーツは、

スポーツ文化としてくくられつつ，現代社会において人々とさまざまなかかわりを産み出し，さらに拡がりを見せている。

■ **スポーツ文化の拡がり**

　今日，われわれとスポーツのかかわりをみると，それは「する」「みる」「ささえる」などさまざまである。そうしたかかわりが独特なスポーツ文化を形づくり，日々の暮らしに浸透している。こうした中でいわゆる「するスポーツ」としてのスポーツ文化は，スポーツ活動の量的な普及とそれに結びついた組織的・構造的変化のみによって変容するのではなく，スポーツを行う人々の動機，スポーツ観，遊びやスポーツをする意味とも連動しながら変化している（グルーペ，2004：p.19）。

　とりわけ今日においては，勝敗や記録を競うことにこそスポーツの価値があるという理解やそれにもとづく取組みからは解放され，スポーツに対するさまざまな意味づけがなされることで多様なスポーツ（文化）が生まれ拡がっている。すなわち，努力や勤勉といった近代の精神に根ざしたスポーツとのかかわりの殻を破り，「遊び心」にもとづくスポーツとのかかわりが拡がりをみせている（稲垣，1995：p.91）。

　競争を通じて人格と品性を高めようとする倫理的意味を，スポーツの語源に由来する元々の意味である気晴らしや気分転換の楽しみなどを基底とする「遊び心」が相対化し，スポーツは多様化・細分化の傾向を示しているのである。こういった動向は，これまで限定された地域の人々によってだけ行われてきた運動に注目が集まったり，数々の新しい，一風変わった，あるいは既存のものをアレンジしたスポーツが登場したりといった状況にみられる。

　たとえば，ヨガや太極拳といった自分や周りの環境との対話といった面を有した東洋の身体技法，環境に配慮し自然との一体感をも志向するエコロジカル・スポーツ，民族文化を理解し享受することを含んだエスニック・スポーツ，あるいは日常性を越えた緊張や興奮を求めるエクストリーム・スポーツなどといったジャンルが現れている。また，毎年開催されるスポーツ用具やスポーツの流行の国際見本市では，近年さまざまなローラースポーツやスラッ

クラインなどのいわゆるトレンドスポーツが用具とともに紹介されているし，ネット上では数々の目新しいスポーツを実際に行っている様子が日常的に公開されている。

■ **新たなスポーツ文化，そして生活のスポーツ化**

　今やスポーツ文化の拡がりは，スポーツ活動の多様化・細分化に留まるものではない。暮らしの中のさまざまな分野とスポーツが関連づけられて，独特のスポーツ文化も現れている。たとえば写真芸術においては，スポーツシーンの躍動する身体を芸術の対象とするスポーツ芸術という領域が生まれている。また，ゴミ拾いをスポーツ化したスポーツゴミ拾い，詩のボクシングと称して詩の朗読バトルを催すイベントや○○甲子園といった表現による特定の催しなど，スポーツの競争といった行動原理とそれに伴う徳性としてのスポーツマンシップやフェアプレイを規範と結びつけた活動が，われわれの暮らしの中にごく普通に立ち現れている。

　まさに生活のスポーツ化といった現象が日常のあちこちにみられる。それぞれの活動をスポーツと結びつけることで，それぞれがより充実し繁栄することをねらった事例によって，毎日の暮らしに対するスポーツの影響力の強さを改めて実感させられる。スポーツは世界中の至る所で，競争や達成といったこと一辺倒の伝統的なスポーツ観とは異なり，それらを取り込んだより大きな意味，あるいは新たな意味を付与されながらまとまりをもったものとしてというより，むしろそのコンセプトが多様化・細分化して，スポーツ文化という名の下にさまざまな分野と相互にかかわりながら暮らしの中に浸透している。また，暮らし自体がさまざまなありようを示しスポーツ化して，われわれを取り込んでいる。

　このように，人間とスポーツとの関係は，今日多様化・複雑化しつつ，スポーツはわれわれの暮らしに深く根ざしている。しかしながら，そのことはスポーツが暮らしに潤いや活気を与え幸せをもたらしてくれることを約束したり，暮らしがスポーツを自ずと望ましい方向へと導いたりするわけでもない。確かに，スポーツは美しく，ワクワク・ドキドキさせてくれる面を備えてい

るが，醜い面も数多く備えている(グルーペ，2004：p.24)。たとえば，人々とスポーツとのかかわりにおいてなお存在する勝利至上主義や結果至上主義，暴力や差別などの問題，スポーツを経済的な消費財としてのみとらえて購買し消費する行動様式やそこに発生する享受機会の不平等などがあげられる。それだけに，われわれにとって望ましいスポーツの文化性とは何かを考えその享受に向けて努めることは，今日ますます重要性を増している。このような課題を体育の学習は引き受けていかなければならない。

(越川茂樹)

②生涯スポーツ論とスポーツ基本法
■「生涯スポーツ」という理念

　生涯スポーツという言葉は，わが国ではすでに広く認知されている。しかしながら，この言葉の基本的な考え方が正確に理解されているかということになると必ずしもそうとはいえない。わが国においては，「競技スポーツ」と「生涯スポーツ」を明確に切り分けるような解釈の仕方が浸透しており，「生涯スポーツ」を「高齢者のスポーツ」や「軽スポーツ」「ニュースポーツ」のことであると限定的に理解している人たちも少なくない。生涯スポーツという理念は，基本的に生涯学習(生涯教育)という理念と「Sports for All」という理念をその中核としており，性別，世代，志向性(初心者からトップアスリートまで)，障害の有無を問わず，すべての人が，いつでも，どこでも，だれとでもスポーツという文化に関わることをめざすものである。

　生涯学習(生涯教育)という考え方は，比較的古い時代から存在している。この言葉は文字通り「生涯にわたって学び続けること」を意味するものであるが，近代以降は，産業構造の変化に伴う労働力の確保などの社会的な要請によって，新しい知識や技術を身につけるための成人教育として政策化される。その後，1965年にパリで行われたユネスコの成人教育に関する国際会議において，「lifelong integrated education(生涯にわたって統合された教育)」という考え方が提唱された。この中では，「生涯教育」の基本コンセプトである「人間の全生涯にわたる教育機会の確保と調和的な統合」という理念が明確に示され

ている。ここで重要なことは，この「生涯教育」というコンセプトが，「学校期と学校期以降」「学校と社会」というような時間的にも空間的にも分断された仕組みを克服し，教育システム全体の統合をめざすものであったということである。

ユネスコの会議が生涯学習(生涯教育)の枠組みづくりに寄与したとすれば，生涯学習(生涯教育)の内容に「個人の学習する権利」という視点を提供したのがハッチンス(Hutchins, R. M.)の学習社会論である。ハッチンスの考え方は，生涯学習(生涯教育)の枠組みの中で，「文化を個人の権利」として学ぶ，「人間らしく生きる」ために学ぶ(内在的価値の重視)という視点を提供するものであった。今日の生涯学習(生涯教育)は，「変化の激しい社会を生き抜くための必要を満たす」という側面をもちながら，「個人の人生をより豊かにするための欲求を満たす」という側面をその中心にして展開されていると考えられる。生涯学習(生涯教育)は，「学校期中心であった学びからの脱却」「学びへのユニバーサルな(いつでも，どこでも，だれとでも)アクセスの保証」「学習内容の内在的価値(そのものの価値)の重視」という共通の理念をもちながら，「必要を満たすこと」と「欲求を満たすこと」という2つの側面を視野に入れながら展開されているのである。

「Sports for All」という理念は，「すべての個人に身体活動を」という目標をもつ社会的ムーヴメントである。山口は，「Sport for All ムーヴメントは，一種の<u>スポーツの民主化</u>という近代思想的な特徴をもっている。すなわち，年齢，ジェンダー，体力レベル，社会経済的地位などに関わらず，すべての個人に身体活動の平等な機会を提供しようと努めている」(山口，2002: p.21)と指摘している。このムーヴメントは，近代以降，一部の人間(主に青年期の男性アスリート)に独占されていたスポーツという文化を年齢，性別，志向性，障がいの有無などに関係なく，すべての人々に提供しようという試みなのである。

図表1-4に示したように，生涯スポーツは生涯学習(生涯教育)という理念と「Sports for All」という理念をその中核としている。したがって，生涯スポーツは，生涯学習(生涯教育)の考え方から，「スポーツの内在的価値(そのも

のの価値)を重視し，学校期中心から脱却した生涯にわたる(制限や垣根のない)スポーツの経験(学び)」をその理念の中心とする言葉であると考えられる。また，具体的には，社会的要請(「医療費の削減」など)に対応した展開事例を含みながらも，「スポーツを個人の権利として学ぶ」「スポーツという文化の享受能力の育成とその発揮に寄与する」という方向性を理念の中心に据えながら展開されている。生涯スポーツは，「学校や地域で日常的に行われているスポーツ」から「オリンピックやパラリンピック」に至るまで，「すること」「みること」から「ささえること」「つくること」に至るまで，人々のスポーツへの多様な関わりを有機的に包摂する(インクルーシブな)イメージをもった理念なのである。

図表 1-4　生涯スポーツという理念

女性がラグビーをするのも珍しくなくなった

■ **学校期と生涯スポーツ**

　学校期は，単なる将来への「準備期間」ではない。前述したとおり，生涯学習は，学校期も含めて「人生のすべての時間(生涯)」において学びを継続するという考え方である。つまり，学校は「いつか役に立つかもしれないもの」を単純に蓄積する(させられる)場ではなく，「現在(いま)」「ここ」で，社会とつながりながら，主体的に学び続ける場である。学校教育が生涯学習の一部であるのであれば，当然，学校体育は生涯スポーツの一部であると見なすことができる。つまり，学校体育における運動の学びは，主体的に文化としてのスポーツを享受する生涯スポーツの1ページであり，それぞれのスポーツ固有の楽しさや喜びを味わうことを核としながら展開されることが重要なのである。

　このような文脈の中で，2006(平成18)年，教育基本法の改正が行われ，「生涯学習」が法律の条文として明確に位置づけられた。また，現在の中学・高等

学校の学習指導要領の保健体育の目標の中にも「生涯にわたって」という文言が明記してある。これからの学校教育においては，学校での学びが「生活知（生活文化の学び）」になっているのか，学校文化が地域文化と乖離していないかということに注意を払いながら，生涯学習という枠組みの中で展開されていくことになる。学校体育や運動部活動においても，運動という文化を大切にしながら，単に「医療費の削減に寄与すること」や「スポーツ消費者の育成」に陥ることなく，主体的，自立的な「文化享受能力」の育成と発揮を展望しながら，展開されることが期待されているのである。

■ スポーツ基本法の成立と生涯スポーツ

　2011（平成23）年6月，スポーツ振興法（昭和36年）が50年ぶりに全面改正され，スポーツ基本法が成立した。スポーツ基本法では，その前文において「スポーツは，世界共通の人類の文化である」と宣言するとともに，スポーツを通じて「幸福で豊かな生活を営むことがすべての人々の権利」であることを明記している。また，青少年のスポーツが「国民の生涯にわたる健全な心と身体を培い，豊かな人間性を育む基礎となるものであるとの認識の下に，学校，スポーツ団体，家庭及び地域における活動の相互の連携」が必要であること，それに伴って求められる諸事項についても言及している。

　およそ50年の間，わが国のスポーツ政策を支えてきたスポーツ振興法は，その先見性を評価する声がある一方で，その限界を指摘する声も多かった。スポーツ振興法は，1964年に行われた東京オリンピックの根拠法としての性格が強かったこともあり，義務法としてではなく奨励法として解釈されたこと，訓示的・教示的な性格が強く具体性に欠けることなどの指摘がなされていたのである。スポーツ基本法では2010（平成22）年に文部科学省から示された「スポーツ立国戦略」を踏まえながら，より具体的な内容に改正されている。とくに青少年のスポーツに関しては，スポーツ振興法において「国及び地方公共団体は，青少年スポーツの振興に関し特別の配慮をしなければならない」（第8条）と記されているだけであったのに対して，スポーツ基本法第2条（基本理念）の2において「スポーツは，とりわけ心身の成長の過程にある青少年のス

ポーツが，体力を向上させ，公正さと規律を尊ぶ態度や克己心を培う等人格の形成に大きな影響を及ぼすものであり，国民の生涯にわたる健全な心と身体を培い，豊かな人間性を育む基礎となるものであるとの認識の下に，学校，スポーツ団体(スポーツの振興のための事業を行うことを主たる目的とする団体をいう。以下同じ。)，家庭および地域における活動の相互の連携を図りながら推進されなければならない」とされ，生涯スポーツとの関係から学校の役割が明文化されるとともに，学校，スポーツ団体，家庭および地域における活動を相互に連携させることの必要性が示された。

学校体育については，スポーツ基本法第17条において「国及び地方公共団体は，学校における体育が青少年の心身の健全な発達に資するものであり，かつ，スポーツに関する技能及び生涯にわたってスポーツに親しむ態度を養う上で重要な役割を果たすものであることに鑑み，体育に関する指導の充実，体育館，運動場，水泳プール，武道場その他のスポーツ施設の整備，体育に関する教員の資質の向上，地域におけるスポーツの指導者等の活用その他の必要な施策を講ずるように努めなければならない」とし，生涯スポーツという視点から，指導，施設の充実ならびに指導者の資質向上と地域連携の必要性を指摘している。スポーツ基本法は，「スポーツが文化であること」「すべての人がスポーツという文化を享受できる権利を有すること」を明記するとともに，生涯スポーツという視点から，学校体育の充実と地域連携の重要性を示しているのである。

(山本理人)

③文化論
■ 体育で取り扱う運動とは，文化としての運動＝スポーツ

体育が，人間と運動の関係を問題にする教育である以上，「人間にとって運動とは何か」についての教師の理解が大切となる。なぜなら，教師の理解如何によって，青少年と運動とのどのような関係を授業の中で問題にするかに偏りを生み，青少年の運動の学びにひずみを与えて運動に対する偏見や誤解を生んだり，運動に対する消極的な態度を助長したりという危険性が大きくなるから

である。

　ここでいう運動とは，楽しみや健康を求めて行う自発的な身体活動の総称であり，最も広い意味における「スポーツ」と同義である。近年，「文化としてのスポーツ」や「スポーツ文化」といった言葉を日常的に目にしたり，聴いたり，使ったりということは珍しくはない。しかしながら，こうした認識は以前から当たり前のことではなかった。むしろスポーツが社会全体の中で文化として認められてこなかった歴史の方が長かったのである。というのも，伝統的な文化の概念は，心身二元論にもとづく人間理解を前提にして，その精神的活動を文化としてとらえることで文学，音楽，芸術などを文化とみなす一方で，精神と切り離された身体だけが関与する活動とみなされたスポーツは，文化の外へと追いやられてきたからである。それが，人類が自らの手で築きあげてきた有形・無形の成果の総体であり，生活様式の全体として文化をとらえる広い文化概念の普及により，スポーツは文化とみなされるようになった。

　こうして今日，「すべてが文化になり，したがって文化は一定の生活領域ならびにその特殊性を表す一種のおおまかな方向づけの尺度であることにより，スポーツも文化の一部，ないしは文化的な（日常）生活の一部」(グルーペ，1997：p.30)になったということは一般に広く認められている。また，「文化としてのスポーツ」や「スポーツ文化」といった言葉は日常的であり，スポーツを文化としてとらえることに違和感はないかもしれない。しかしながら，スポーツにおける差別や暴力，不正，スポーツへの差別や偏見・蔑視は依然として存在している。それゆえ，スポーツにかかわり，スポーツを指導する者として，体育教師には，「スポーツを文化としてとらえ，文化として主張し，文化として指導すること」(佐伯，1981：p.206)が求められるのである。

（越川茂樹）

■ スポーツの文化的性格

　ではスポーツにはどのような文化的性格があるのか。佐伯(1981：pp.208–213)は，文化人類学が示すより広い文化概念に依拠したうえで，文化を，人間が生存を維持するために必要な工夫として形成してきた文化と，そういった直接的な実用性をもった手段的工夫のレベルを超えて，それ自身の中に喜びや楽しさ

を求めて行われる自己目的的な活動の工夫として生み出されてきた文化に大別し，スポーツは後者に属する文化であると指摘する。つまりスポーツとは，「競争や挑戦の性格を持つ運動の様式を通して，人間の身体的諸能力と諸資質が自己目的々に，自立的に展開される工夫として創られ，育てられてきた文化」(佐伯，1981：p.212)ととらえられるのである。

　かかるスポーツの文化的性格は，その歴史を逆上ることによっても確認することができる。現在ある種々さまざまなスポーツは，古くから人々の生活の中にあった何かを投げたり蹴ったりする遊びが，たとえばサッカーをはじめとするボールゲームに発展していったようなものと，戦闘や狩猟に象徴されるような生きていくうえで必要であった技術が，ある時期にその必要性は失われたにもかかわらずその身体操作自体が目的化して，たとえばレスリングや柔道や剣道などの格闘技あるいはアーチェリーや弓道などの射的競技に発展したといったようなものの，大きく2つにわけてみることが可能である。このようなスポーツの発生論から明らかにされることは，何れにせよスポーツとは，自らの身体を動かしてそれを行うことそれ自体が目的となった活動だということなのである。
　　　　　　　　　　　　　　　　　　　　　　　　　　　　　　（鈴木秀人）

■ **スポーツの文化的理解**

　とはいえ，日本においては，こうした，スポーツがそれ自身の中に歓びや楽しさを求めて行われる自己目的的な活動の工夫として生み出された文化であるといった性格について，これまで公の場において確固たる理解が得られてこなかったといってよい。公的な文書等においても，常にスポーツによる健康の維持や体力の向上，人格形成など副次的・手段的な価値が期待され強調されてきた。

　ところが，2011年日本体育協会・日本オリンピック委員会の創立100周年記念行事において『スポーツ宣言日本〜21世紀におけるスポーツの使命』が採択され，風穴が開いた。この中で，「スポーツは，自発的な楽しみを基調とする人類共通の文化である」と定義された。そしてそれに続けて「スポーツのこの文化的特性が十分に尊重されるとき，個人的にも社会的にもその豊かな意義と価値を望むことができる」と宣言されている。つまり，自発的に運動を楽

しむことが人とスポーツとのかかわりの中で尊重されなければ，真に副次的・手段的な意義や価値が実現されないと規定され，スポーツの目的的価値の大切さの共通理解へとようやくわが国のスポーツ界は歩み始めたのである。これは，スポーツ界自らがスポーツを文化として理解し，それを育む営みを絶やさないことを確認し，それに従事していくことの宣言であり，市民への呼びかけでもあるといえる。

　この定義にもみられるように，文化としてのスポーツとは，自発的な楽しみを基調とする。また，それはスポーツが自己目的的な営みであることを意味してもいる。ここでいう「自発的な楽しみ」とはプレイの根本的な要素であり，「自己目的的な営み」とはプレイの形式的特徴から導かれる。それを主張した人物として，プレイとは何かについて究明したオランダの文化史家，ホイジンガ(Huizinga, J.)を挙げることができる。「プレイとは何か」については次節に譲るとして，以下では，永島(1998, 2000)が体育における運動という文化を学習するうえで，また，スポーツやスポーツ指導をめぐって重要な視点になると指摘した，ホイジンガの文化論を確認し，それにもとづいて「文化としての運動＝スポーツ」を教える体育の授業のあり方に触れていくこととする。なぜなら，スポーツの文化的性格を認めたとしても，われわれのスポーツとのかかわりにおいて，スポーツという文化を享受しつつ育んでいく(創造していく)配慮や努力が必要であると考えるからである。

■ **文化の根本条件**

　ホイジンガは，文化の言語概念の精緻な検討を行う中で，文化とは「激しく流動する概念であ」り(ホイジンガ，1991：p.31)，それは「常に抽象であり，一つの歴史的連関に対して我々が与えた名称」(ホイジンガ，1991：p.33)であると述べている。それゆえ，文化という概念は曖昧模糊としてはいるが，文化という現象が存在する以上，そこにあるに違いない根本条件を挙げることは可能であるとして，彼は「精神的価値と物質的価値の一定の均衡」「方向づけられた存在」ならびに「自然の制御」の３つの根本条件を挙げる(ホイジンガ，1990：pp.26-35)。「精神的価値と物質的価値の一定の均衡」とは，特定の文化的原動力を一面的

に評価しないで，さまざまな文化活動が互いに尊重し認め合いつつも，それぞれが独自にできるだけ活発に営まれる際に真の文化が育まれ認められるという条件である。「方向づけられた存在」とは，個人の理想ではなく，特定の集団に限定されない共同体の理想に向かうという条件である。ここでいう理想とは文化の担い手にとっては常に穏やかで平和な幸せを意味し，特定の場所に限定されない，また現在だけでなく未来における幸せを指す。そして「自然の制御」とは，敵対的であるとともに，恩恵を与えてくれる自然（環境）を人間が支配することが文化であるという認識に加えて，人間自身の支配をも意味している。人間自身の支配とは，自己の欲望やエゴをコントロールするという倫理観を意味している。

　以上のようなホイジンガの規定した根本条件からみえる文化とは，極めて「人間的な文化」（磯見，1991：p.331）である。そして，それは，決して静的にとらえるものではなく，人間が自己の欲望やエゴをコントロールして，それぞれの文化活動（つまり，それぞれに携わる人々）が互いに尊重し認め合い，みなが平穏で幸せな状態に向かって行動している過程にこそ生じ育まれると動的にとらえることが必要である。

■「文化としての運動＝スポーツ」を教える体育授業のあり方をめぐって

　こうしたホイジンガの文化理解は，永島（1998）がすでに指摘しているように，現在もそしてこれからも体育において参考となる。

　まず「精神的価値と物質的価値の一定の均衡」にかかわって，生徒一人ひとりは固有の文化的背景をもっているゆえ，文化的存在として個々人が仲間に対する慈愛を欠くことなく，授業における仲間との関係の中で，独自に，できるだけ活発な働きをする際に認められること，つまり，授業の中で一人ひとりを認めるということが大切となる。また，多くの体育教師は運動部に所属し特定のスポーツ経験を有している。そうした運動部の経験という特定の集団やその文化的要素のみが一面的に評価され，文化的原動力となってしまっては，青少年の「文化としての運動＝スポーツ」の学びが偏ったりゆがんだりしてしまう。また，学校とは，それぞれの教科においてさまざまな文化を仲間とともに共有し

学びながら，それぞれの文化の意味や価値に向けた教育的営みが行われる場である。特定の文化を一面的に評価するのではなく，それぞれの文化の学びを大切にし，その中のひとつに体育の授業が存在するという理解が大切である。

次に「方向づけられた存在」，つまり文化は理想に方向づけられた存在であり，その理想は文化の担い手にとってはつねに共同体を超えても通用する幸せに向かうという点については，授業では誰もがいやな思いをしない，仲間との穏やかで豊かな運動とのかかわりをめざすこととして理解され得るのではないだろうか。こうした観点から，学校体育全体の方向性や日々の実践を考え，行い，そして，ふりかえることが大切であると思われる。体育という教科が個人や社会にとって重要な意味をもち，「文化としての運動＝スポーツ」を青少年が学ぶことを柱とするのであれば，共同体を超えても通用する幸せ(楽しさ)とは何かを授業を通じてみながともに考え，それへ志向していくことが求められる。

さらに，「自然の制御」をめぐっては，文化が制御する自然とは人間的自然をも意味するが，それは各人が自分で自分自身を制御することであると，その倫理性が説かれている。授業において一人ひとりを認め，誰もがいやな思いをしないでみながみなの運動の喜びを保障し運動の学びに邁進するためには，一人ひとりがエゴをコントロールしなければならない。この点が「文化としての運動＝スポーツ」を教えるうえで大切な倫理観とされなければならない。

このように，ホイジンガの文化の根本条件から体育授業のあり方を読み解くと，そこから，一人ひとりを尊重し認め，みんなにとっての楽しさを求めること，そしてそのために一人ひとりのエゴをコントロールすることにより，スポーツ文化が育まれていくといった観点が「文化としての運動＝スポーツ」を教えるうえで大切な前提になり得ると考えられるのである。 　　　　　(越川茂樹)

④プレイ論
■ 人間にとって運動＝スポーツとは何か，2つめの答え

人間にとって運動とは何か，すなわち，最も広い意味でのスポーツとは何かという問いに対しては，すでに明らかにした「文化」であるという答えに加え

て，さらに2つめの答えを用意することができる。それは，人間にとってスポーツとは，身体を大きく動かして行う遊び，いいかえれば「プレイ」であるというものである。かかる見方の根拠は，ホイジンガ(Huizinga, J.)やカイヨワ(Caillois, R.)らによる，人間にとって遊びがもつ意味を探究したプレイ論とよばれる一連の見解に求めることができる。

　ホイジンガは，その考えを主張した書を自ら「ホモ・ルーデンス(遊ぶ人)」と名づけたことからも理解されるように，人間という存在の根源を遊ぶ存在という一点に集約した。そしてそこでの人間にとっての遊びを，「本気でそうしているのではないもの，日常生活の外にあると感じられているものだが，それにもかかわらず遊んでいる人を心の底まですっかりとらえてしまうことも可能な一つの自由な活動である，と呼ぶことができる。この行為はどんな物質的利害関係とも結びつかず，それからは何の利得も齎されることはない。それは規定された時間と空間のなかで決められた規則に従い，秩序正しく進行する。またそれは，秘密に取り囲まれていることを好み，ややもすると日常生活とは異なるものである点を，変装の手段でことさら強調したりする社会集団を生み出すのである。」(ホイジンガ，1973：p.42)といったように描き出してみせた。

　このホイジンガの見解を継承したカイヨワは，より明確に遊びを次のように定義している。「(1)自由な活動。遊ぶ人がそれを強制されれば，たちまち遊びは魅力的で楽しい気晴らしという性格を失ってしまう。(2)分離した活動。あらかじめ定められた厳密な時間および空間の範囲内に限定されている。(3)不確定の活動。発明の必要の範囲内で，どうしても，或る程度の自由が遊ぶ人のイニシャティヴに委ねられるから，あらかじめ成り行きがわかっていたり，結果が得られたりすることはない。(4)非生産的な活動。財貨も，富も，いかなる種類の新しい要素も作り出さない。そして，遊ぶ人々のサークルの内部での所有権の移動を別にすれば，ゲーム開始の時と同じ状況に帰着する。(5)ルールのある活動。通常の法律を停止し，その代りに，それだけが通用する新しい法律を一時的に立てる約束に従う。(6)虚構的活動。現実生活と対立する第二の現実，あるいは，全くの非現実という特有の意識を伴う。」(カイヨワ，

1970：pp.13-14)。

■ **プレイの特徴とスポーツ**

　これらを踏まえてスポーツを眺めてみるならば，ホイジンガやカイヨワが挙げた遊びの特徴の多くをスポーツが備えていることに誰もが気がつくことだろう。最後に挙げられている虚構性は，その前の規則やルールの存在と「相互に殆ど排他的なものとして現れる」(カイヨワ, 1970：p.14)ということだから除くとして，多くのスポーツに特有のルールの存在はもちろんのこと，それ以外の自由，分離，不確定，非生産的といったプレイ論がいうところの遊びの諸特徴も，われわれが行うスポーツの中には一般的に見出されるからである。

　なかでも，遊びとは非生産的な活動であるとした指摘には注意を払っておく必要がある。というのもこの裏には，人間がなぜ遊ぶのかを考える時，遊ぶことで何か利益が得られたり遊ばないと何か損失を被るから人間は遊ぶのではなくて，遊びがもつ「面白さ」が人々を遊びに夢中にさせるのだという重要な解釈が準備されているからである。ホイジンガは『ホモ・ルーデンス』の中で，それ以前からあった「遊びは遊び以外の何ものかのために行われる」という伝統的な解釈に疑問を提示し，遊びとは何かのためではなく，遊びにある面白さを求めて行われる活動であると述べている(ホイジンガ, 1973：pp.16-21)。つまり，人間は面白いから遊ぶのであって，遊ぶことそれ自体が人間にとって目的となっているということなのである。

　このようにみてくると，先にスポーツを「文化」としてとらえる際に把握された，自らの身体を動かしてそれを行うことそれ自体が目的となった活動というスポーツの文化的性格は，プレイ論を根拠に，スポーツを人間が生み出してきたさまざまな遊びのひとつととらえることによって，再び確認されることになる。そこから，プレイとしてのスポーツを生徒たちに教えていこうとする体育の授業は，そこでの生徒と運動との関係を，運動が生徒たちにとってそれ自身の中に喜びや楽しさを求めて行われる自己目的的な活動になることをめざして構築していくという点で，文化としてのスポーツを教えていこうとする授業のあり方と完全に一致するのである。

■ プレイの消失した体育授業がもたらすもの

　ところで近年，かつての子どもたちには異なる年齢で構成された集団で日々行われる路地裏や空き地での外遊びがあったのに，それらが崩壊したことによって，遊びの中で自然に保障されていた子どものさまざまな面での発達が欠落してしまった，という指摘があちこちで聞かれる。具体的には，遊びの崩壊によって子どもたちの体力，運動能力，そして社会性の発達が犠牲になったといわれることも多い。もちろん，遊びにはこれらの発達を促す機能があることは確かだから，その崩壊が子どもたちの発達に大きなダメージを与えたことは間違いないだろう。

　けれども，このような問題把握を根底で支えているものは，子どもの遊びがもちうる機能を，ほとんど無意識の内に手段的な効用性から語ることを導いてしまう，人間の遊びをその次元でしかとらえていない大人による遊び観である。そういった意味では，子どもにとっての遊びの大切さを語ろうとしながら，それは，かつてホイジンガが探究した人間存在の根源に関わる遊び理解とは相容れるものではなく，したがって，教師がそのような遊び観を授業づくりの前提に据えるのならば，子どもたちが学ぶ体育授業でのスポーツは，プレイの世界からどんどん遠ざかってゆくことにならざるをえない。

　今から40年以上も前に，イギリスの体育・スポーツ研究者であるマッキントッシュ（McIntosh, P. C.）は，「大人の内のある者がスポーツを嫌悪するのは，疑いもなく，彼らが受けた児童期や青年期の体育においてプレイの要素が消失していたことに起因している」（McIntosh, 1968：p.118）と指摘していた。体育の授業で学ぶスポーツが児童・生徒にとって魅力あるものになっていない，それゆえそこでの経験は，学校卒業後のスポーツをめぐる行動に結びついていないという現実を「プレ

小さい子どもは鉄棒で遊ぶのが大好き。いつから，なぜ，鉄棒を嫌いになってしまうのだろう。

イ」という視点から問題にしたこの指摘は，生涯スポーツとのつながりを謳いながら，その理想との間に決して短くはない距離が横たわるわが国の体育授業の現状を省みる時，今なお示唆に富むものである。

（鈴木秀人）

【さらに学習を深めるために】

1) 金崎良三『生涯スポーツの理論』不昧堂出版，2000年
   生涯スポーツの背景に触れながら，生涯スポーツの理念から生涯スポーツの具体的なシステム構築のあり方まで広範に解説している。とくに，生涯スポーツの理念については，これまでの研究者の成果をレビューしながら，丁寧に解説している。
2) 永島惇正編著『生涯学習生活とスポーツ指導』北樹出版，2000年
   生涯学習とスポーツの関係について，イギリスやドイツにおける事例を紹介しながら，各発達段階におけるスポーツ指導のあり方について詳述している。
3) 佐々木正治編著『21世紀の生涯学習』福村出版，2000年
   生涯学習に関わるこれまでの議論を整理しながら，わが国における生涯学習の現状と今後の展望について解説している。
4) グルーペ，O.（永島惇正・岡出美則ほか訳）『文化としてのスポーツ』ベースボール・マガジン社，1997年
   非文化とされていたスポーツが文化として理解されるようになった歴史的経緯や，文化としてのスポーツに見出される多様な意味が明らかにされている。また，スポーツとプレイとの関係についても論じられている。
5) 佐伯聰夫「文化としてのスポーツとその指導」勝部篤美・粂野豊編『コーチのためのスポーツ人間学』大修館書店，1981年，pp.203-242
   スポーツが文化としてとらえられなかった背景，スポーツの文化的性格，スポーツという文化の構造，文化としてのスポーツの学習のあり方等々がわかりやすく述べられている。スポーツと文化との関係について考えていくうえで，必読の文献と言えるだろう。
6) ホイジンガ，J.（藤縄千艸他訳）「文化の根本条件」『明日の蔭りの中で』河出書房新社，1990年，pp.26-35
   人間にとっての遊びの意味を探究したホイジンガにおける文化論である。文化としての運動の学びにおいて大切な指針を与えてくれる。
7) ホイジンガ，J.（磯見昭太郎他訳）「文化の言語概念」『汚された世界』河出書房新社，1991年，pp.16-33
   「文化」を表すヨーロッパの言語の成立過程をたどり，文化の言語概念および文化現象の本質について考察している。文化としての運動を考えるうえで基本的な

解釈の枠組みとして参考になる。
8) 中村敏雄『近代スポーツの実像』創文企画, 2007 年
とくに競技スポーツに焦点を当てつつ, スポーツという文化について批判的に検討した書。日本人にとっては外来文化であるという視点から, 改めてスポーツについて考えるきっかけを与えてくれる。
9) ホイジンガ, J.（高橋英夫訳）『ホモ・ルーデンス』中公文庫, 1973 年
人間にとっての遊びについて, それまでの伝統的解釈に異議を唱えた歴史的大著。ホイジンガ自身は, スポーツは遊びの領域から去ってゆくと警告していたことにも注意しながら読むことで, 人間にとってのスポーツをプレイという視点から考えてみるうえで重要な理解を提供してくれることになるだろう。
10) カイヨワ, R.(清水幾太郎・霧生和夫訳）『遊びと人間』岩波書店, 1970 年
ホイジンガの見解を批判的に踏襲しつつ, 遊びの分類を行うなど遊びの解釈をさらに理論的に広げた書。本書を読んだ後にホモ・ルーデンスへ読み進むと, カイヨワがホイジンガの見解の何を継承し, 何を批判しているのか予めわかっているため, やや難解なホモ・ルーデンスを理解しやすいかもしれない。
11) 竹之下休蔵『プレイ・スポーツ・体育論』大修館書店, 1972 年
ホイジンガらによるプレイ論を, わが国において体育授業のあり方を構想していく際の理論的根拠として導入した竹之下が, プレイとスポーツ, そしてそれを教えていく体育について論じた書。
12) 菊幸一「ホイジンガを読み直す〜『ホモ・ルーデンス』を対象に〜」『子どもと発育発達』3 巻 5 号, 2005 年, pp.140-144
スポーツを遊びとしてとらえていくうえで, ホモ・ルーデンスにおいて提起された重要な示唆を改めて明確にした論文。体育授業をつくっていく時に, プレイ論が提起した何が大切にされなければならないのか, 再考する手がかりとなる。
13) 杉原隆・河邉貴子編著『幼児期における運動発達と運動遊びの指導』ミネルヴァ書房, 2014 年
遊びとしての運動に, なぜ教育的な価値があるのかを心理学の視点から明確にしている。幼児期が対象だが, ここで示されている知見は, 小学校や中学校・高校において運動を指導する意味を考えるうえでも有益である。

2.2　現在の中学生・高校生と運動の関係をみる視点

①青少年の生活の変化と運動
■ **インターネットの急速な普及**

　以前なら通勤・通学時間帯の電車の中では，新聞を読んだり読書をしたりする人が多かった。しかし，最近の車内では，スマートフォンやタブレット型端末を触っている姿を観ることの方が多い。もちろんスマートフォン等で新聞記事を読んだり読書をしたりすることもできるが，通信型ゲームに没頭している人，FacebookやTwitterなどのSNS(ソーシャル・ネットワーク・サービス)を利用している人は多い。

　内閣府(2018)の調査によると，中学生の58.1％，高校生の95.9％がスマートフォンを所持しているという。昔の電車の中では参考書や単語帳を用いて勉強をしたり，読書をしたりする高校生の姿をみることができたが，現在では，その割合よりもスマートフォンを触る姿の方が多いと思われる。すなわち，中学生・高校生であっても手軽にインターネットを活用することで，世界中の情報や人とつながることができるのである。

　このようなインターネットの普及は，私たちの生活を便利にしたといえる。たとえば，以前は分厚い英和辞典を持ち歩く必要があったが，GoogleやYahoo!といった検索サイトを用いることで，簡単に英単語を日本語に訳すことができる。また，百科事典を用いて動物について調べなくても，インターネットから詳細な情報を得ることができるし，YouTubeによりその生態や鳴き声までも映像で確認できる。SNSの広がりにより，直接会ったことはない相手ともインターネット上で交流できる。昔であれば遠方にいるペンフレンドと，直筆の手紙によって文通することにより成立していた友達関係が，今やSNSサイト上の相手のコメントに対して返信する(される)，「いいね」を押す(押される)ことにより，簡単に成立している。

　一方で，インターネットが普及したことによる弊害もある。ある大学の入学試験に携帯電話を持ち込んだ受験生が，インターネット上の掲示板を利用して

違反行為をしたニュースは記憶に新しい。高校生や大学生がレポート作成の際に，インターネット上の文章をコピー&ペーストすることも問題化しており，学生の学力，およびモラルの低下が懸念されている。また，SNSサイトで知り合った他人とトラブルになる事件もしばしば報道される。インターネットの普及は私たちの生活を便利にはしたが，その半面使い方を間違えるとさまざまな問題を生じさせている。こういった実態を踏まえ，2009年に文部科学省は「教育の情報化に関する手引」を作成し，ICTリテラシー教育の充実を教育現場に強く訴えている。

■ インターネットの普及が生活習慣に及ぼす影響

　第二次性徴期にある青少年の生活を支えるうえで，正しい食生活と睡眠時間の確保は必要不可欠である。文部科学省は，それぞれについて中学2年生を対象に調査をしている。朝食摂取状況は男子で，「毎日食べる」は82.5%，「食べない日もある」は12.7%，「毎日食べない」は1.6%であった。女子は順に79.6%，16.0%，1.1%であり，男子とほぼ同じ数値であるが，男子よりも欠食率がやや高いといえる。15%前後の生徒が朝食を欠食して登校するという事実は看過できない(スポーツ庁，2018：p.132)。

　次に睡眠時間を見てみる。2017年の調査では，睡眠時間が「8時間以上」は28.1%，「6〜8時間未満」は62.8%，「6時間未満」は9.1%である。女子は順に，22.0%，67.3%，10.6%であり，男女とも70%以上が8時間未満の睡眠時間であり，短い傾向にある(スポーツ庁，2018：p.30)。とくに，男子よりも女子に夜更かしする傾向が見られる。中学生女子の58.8%が，高校生女子の63.2%が寝不足を感じているという調査結果もあり，睡眠時間の不足は学校生活を送るうえで，また発育を促すうえでも大きな問題となっている(愛育研究所，2016：p.94)。

　朝食の摂取や睡眠時間の確保は家庭環境に負うところが大きいと思われる。とくに睡眠時間の減少は翌日の学校生活での取り組みに大きく影響を及ぼすであろうし，寝坊することによってますます朝食の欠食率が高くなる恐れがある。では，なぜ睡眠時間が減少傾向にあるのか，中学生の生活習慣から考えて

みたい。

　まずは，テレビの視聴時間の変化である。平日に2時間以上視聴する中学生は，56.8％（2012年）から49.5％（2015年），とここ数年で低下している。運動部活動や地域スポーツクラブへの所属状況は，2015年で男子は約85％，女子は約60％であり，ここ数年間は男女ともほぼ横ばいで推移している(愛育研究所，2017：p.256, 308)。笹川スポーツ財団によると，習いごとの実施状況は，男子で48.0％（2005年）から50.5％（2015年）とやや増加しており，女子は51.6％（2005年）から46.7％（2015年）と低下傾向である(笹川スポーツ財団，2015：p.102)。

　この数値だけをみると，最近の中学生の自由時間の量には大きな変化はない，もしくはややゆとりが生まれているといえる。それでも睡眠時間が減少している理由のひとつに，インターネットの普及があるとは考えられないだろうか。インターネットが一般家庭に普及を始めたのは2000年代に入った頃であるが，当初は家庭にあるパソコンでの閲覧が中心であった。当時，携帯電話によるインターネット接続は高額な通信料や通信速度の遅さの問題から十分には浸透していなかったからである。しかし先述のように，ここ数年でスマートフォンやタブレット型端末が広く普及し，生徒の多くが手軽にインターネットに接続できる環境となった。携帯電話やスマートフォン，タブレット型端末を用いてインターネットに接続する1日の平均時間が2時間を超える生徒は，中学生で56.7％，高校生で74.2％に上る。さらに高校生は，26.1％が1日に5時間以上もインターネットを使用するという(内閣府，2018：p.5)。つまり，テレビの視聴やスポーツ活動，習いごとといった保護者の目につきやすい行動ではない，自室で保護者の干渉なく使用できるスマートフォン等によるインターネットとのつながりが，生徒の睡眠時間の減少を招いているとみることもできよう。

■ 体力・運動能力の低下と生活習慣の関係

　このような生徒の生活習慣の変化は，体力・運動能力の低下の一因になったと考えられている。たとえば，スマートフォンの普及によって固定電話まで移動しなくても電話をかけることができる。図書館に行かなくてもさまざまな情報に触れることが可能である。リアルな運動・スポーツによって真剣に遊

んでいた生徒らは，スマートフォンやタブレット型端末などでバーチャルなゲームをすることによって，汗をかかなくても楽しく遊ぶことができるし，失敗すればすぐにリセットできる。私たちの社会は，可能な限り身体活動を行わなくても生活できるように変貌しつつあるように思われる。その結果，ピークであった1985年と2017年で中学2年生の新体力テストの平均値を比較すると，たとえば50m走のタイムは，男子で7.90秒が8.00秒に，女子は8.57秒が8.81秒に低下している。またハンドボール投げの記録は，男子で22.10mが20.51mに，女子は15.36mが12.88mに低下している。この数値を見てわかるように，女子の体力・運動能力の低下がいちじるしいといえる（スポーツ庁，2018：p.128）。

　中学生になると運動部活動に入部し，日常的に運動する生徒は多いと思われる。もちろん，熱心に運動部活動に取り組む，運動・スポーツ好きの生徒がたくさん育っているのも事実である。一方で文部科学省によると，体育授業を除いて1週間の総運動時間が60分未満の女子生徒は11.6％にも上るという（スポーツ庁，2018：p.16）。これでは，体力・運動能力の平均値が低下するのは当然の結果であろう。このように，日常的に運動をする習慣が形成されていない中学生が増加している。とくに女子生徒では顕著であり，運動・スポーツをする生徒としない生徒の二極化傾向が拡大している。

　ただし，体力・運動能力の低下は中学生から始まっているのではなく，すでに幼児期から問題となっている。たとえば中村らの調査によると，2007年の5歳児女子の基本的な動きの動作得点は，1985年の同じ調査の3歳児女子の得点よりも低いことが明らかにされている。つまり，幼児期から子どもの体力・運動能力は低下しているのであり，根本的には幼児期の子どもの運動習慣のあり方を検討することが求められる（中村ほか，2011：pp.1-18）。

　一方で，目の前にいる生徒へのアプローチも検討しなくてはいけない。幼児期から長い時間をかけて運動をしない生活習慣を形成してきた生徒に対して，中等教育ではどのような取組みができるのであろうか。そこで，こういった問題状況に対応する体育授業の役割について考えてみたい。

■ **体育授業の役割**

　中学校学習指導要領が2017年に，高等学校学習指導要領が2018年に文部科学省から示された。それに伴い，各校種ともに解説保健体育編が提示されたが，前回のそれと比べると示されている内容が大きく増加している。それは「指導内容の明確化」という方向性のもと，何を教えるのかを以前のものよりも詳細に示したことによる。さらに学習指導要領に準じて指導する教師には，生徒が何を学び取ったのかという成果を示すアカウンタビリティ（説明責任）が求められるようになった。つまり，生徒が「できた」や「わかった」という成果を姿や数値として，保護者や地域に対して示す必要性が生じている。

　一方で，次のようなデータがある。保健体育の授業は楽しいかを現在の中学2年生に尋ねたところ，「そう思う」「ややそう思う」と答えた生徒は，男子で87.9％，女子で83.0％であり，その人気の高さが伺える（スポーツ庁，2018：p.133）。しかし，裏を返せば，15％前後の生徒は楽しさを感じていないといえる。この要因のひとつに，「できた」「わかった」を強く求めている現在の体育授業のあり方があるとはいえないであろうか。この傾向が続くのであれば，生涯にわたってスポーツに親しむ基礎的な力を育もうとする学校期の体育授業の役割を果たせない危険性がある。ましてや，インターネットの普及による生活習慣の変化，朝食の欠食率の増加や睡眠時間の減少，女子生徒を中心とする運動習慣の欠如といった問題状況は改善には向かわないであろう。

　体育授業の内容は，学習指導要領においては，保健と体育理論をのぞくと，体つくり運動，陸上競技，器械運動，水泳，球技，武道，ダンスの7つの運動領域で構成されている。もちろん，これら既存の運動・スポーツを楽しむ方策を考えることは重要である。選択制授業で，生徒の興味関心を引き出して大単元で学習を進めることもこれまで実施されてきた。しかし，現在の生徒の実態を踏まえると，新しい体育授業の内容も並行して検討しなくてはならないと考えられる。

　たとえば，社会人女性がスポーツクラブ等で行うダイエット・エクササイズやエアロビクスダンス，ヨガ，ジョギングなどといった健康や美容に関する運

動・スポーツへの中学生・高校生女子の興味関心は高いといえる。こういったこれまであまり実践されてこなかった運動・スポーツに目を向け，生徒の学習に対する意欲を高めることは必要であろう。また，積極的に地域とのつながりをつくる体育授業も検討されるべきである。たとえば，長野県のある高等学校では，「スポーツレストラン」という学習を展開した（全国体育学習研究会，2006：pp.302-309）。これは，生徒がさまざまなニュースポーツを学び，それを地域の方に紹介してともに楽しむという学習である。体育授業での学びを校内に留めず，地域とつながりをもつ内容とすることは，インターネットというバーチャルな世界での生活に慣れた生徒らにとって新鮮な取り組みであろう。教師が提示する運動・スポーツのみを消費して楽しむのではなく，自身が提供する側となることで，運動・スポーツは人と人とをつなぎ，社会を明るくしていく可能性があることに気づくことができる。

　もちろん，実技の授業だけでなく，体育理論の学習によって客観的に運動・スポーツの価値や可能性，問題点を理解することは大切である。また，保健学習によって心身の健康に対する正しい知識を得ることで，自らの生活習慣をふり返り，食生活の改善や睡眠時間の確保に向けて取り組むことは，ヘルスプロモーションの力を育むことにもなる。青少年の生活習慣を改善するために，それらの授業が果たす役割は少なくなく，運動・スポーツの楽しさに触れさせつつ，その効果の獲得もねらった授業実践の広がりが待たれている。　　　（佐藤善人）

②中等教育期における運動（スポーツ）実施環境
―学校運動部活動を中心に
■ 中等教育期における運動（スポーツ）実施の意味

　中等教育期の生徒たちにとって運動（スポーツ）の経験は，多くの意味や価値を有する。心身の発達がいちじるしいこの時期は，生涯にわたってスポーツに親しみ，楽しむ態度を培う好機であると同時に，体力も競技力も大きく伸びる可能性を秘めた重要な時期でもある。また，この時期は心理的，精神的にも重要な発達の時期であり，主体的に物事に取り組み，自立を獲得する大切な時期

でもある。中等教育期における運動・スポーツ活動は，生徒の心身の発達に配慮しながら，スポーツという文化への深い関わりを保障し，生徒が主体的に取り組むことができる環境を整える必要がある。中等教育期においては，体育の授業だけでなく，運動部活動や地域におけるスポーツ活動などを通して，生涯にわたってスポーツと自立的に関わる基礎を培うことが重要なのである。

　このような環境を実現するためには，教師の関わり方も重要である。文部科学省は，運動部活動に関するガイドラインにおいて，「個々の生徒が，技能や記録等に関する自分の目標や課題，運動部活動内での自分の役割や仲間との関係づくり等について自ら設定，理解して，その達成，解決に向けて必要な内容や方法を考えたり，調べたりして，実践につなげる，また，生徒同士で，部活動の方向性や各自の取組姿勢，試合での作戦や練習にかかる事柄等について，筋道立てて話し合う活動などにより目標達成や課題解決に向けて必要な取組を考え，実践につなげるというような生徒が主体的に自立して取り組む力を，指導者は，指導を通して発達の段階に応じて育成することが重要」であるとしている（文部科学省，2013b: p.10）。また，自立に関わっては，他者を理解するプロセスが重要であり，多様な人たちとの出会いと関わりが大きな意味をもつ。このような関わりについては，中学校，高等学校年代以外のスポーツ愛好者と交流できる「総合型地域スポーツクラブ」が意味や価値をもつ可能性も高い。

　前節で取り上げたとおり，近年，青少年の生活は大きく変化し，中学生，高校生の心身の状態には多くの課題が存在する。これらの課題は，体力低下だけでなく，直接的コミュニケーションの減少から身体の軽視に至るまで多様である。一方で，体育の授業だけでこのような課題を克服することは困難であり，運動部活動や地域スポーツクラブに寄せられる期待も大きい。

■ わが国における学校運動部活動

　わが国において，中等教育期の運動実施（スポーツ実践）を支えてきた環境は，「学校運動部活動」である。日本人にとって中等教育期に運動部活動が存在することは，ほぼ自明のことであり，その存在自体に違和感を感じる人はほとんどいないであろう。しかしながら，海外に目を向けてみると中等教育期に

図表 1-5　各国の中等教育段階のスポーツの場に関する類型

学校中心型	学校・地域両方型		地域中心型
日本	カナダ	ポーランド	ノルウェー
中国	アメリカ	ソ連(現ロシア)	スウェーデン
韓国	ブラジル	イスラエル	フィンランド
台湾	スコットランド	エジプト	デンマーク
フィリピン	イングランド	ナイジェリア	ドイツ
	オランダ	ケニア	スイス
	ベルギー	ボツワナ	ザイール(現コンゴ)
	フランス	マレーシア	イエメン
	スペイン	オーストラリア	タイ
	ポルトガル	ニュージーランド	

出所）中澤篤史，2014：p.48

　運動部活動を中心として運動実施の環境を整えている国はむしろ少数である。中澤は，中等教育段階におけるスポーツの場に関して，「学校中心型」「学校・地域両方型」「地域中心型」の3つに類型化(図表1-5)したうえで，「『学校中心型』の国は，日本を含むアジア5カ国と最も少ない」(中澤，2014: p.47)と指摘している。また，「中国や韓国の運動部活動がわずか一握りのエリートだけしか参加していないように，運動部活動そのものの規模は日本と比較して小さい。青少年のスポーツの中心が運動部活動にあり，かつ，それが大規模に成立している日本は，国際的に特殊であることがわかる」(同上：p.47)と述べている。日本人にとって慣れ親しんでいる運動部活動は，国際的な視点から見ると「特殊」な環境なのである。中等教育期における運動・スポーツ活動を地域スポーツクラブが担っているドイツでは，15歳～18歳人口のおよそ6割(男性のおよそ7割，女性のおよそ5割)が地域スポーツクラブの会員である(図表1-6)。

図表 1-6　ドイツにおける年齢区分別スポーツクラブ登録会員数

区分	スポーツクラブ登録会員数(人)			年齢・性別人口(人)			対人口比(%)		
	男子	女子	計	男子	女子	計	男子	女子	計
7～14歳	2,618,779	1,904,597	4,523,376	3,178,755	3,018,516	6,197,271	83.4	63.1	73.2
15～18歳	1,186,549	779,096	1,965,645	1,713,643	1,627,432	3,341,075	69.2	47.9	58.6

出所）DOSB/Bestandserhebung 2010，より筆者作成

■ わが国における学校運動部活動の現状と課題

　運動部活動は，学習指導要領においても「教育課程外の学校活動」であると示されたうえで，「学校教育の一環として，教育課程との関連が図られるように留意すること。その際，学校や地域の実態に応じ，地域の人々の協力，社会教育施設や社会教育団体等の各種団体との連携などの運営上の工夫を行い，持続可能な運営体制が整えられるようにするものとする」(文部科学省，2018: p.246)とされている。しかしながら，その位置づけに関しては時代とともに変容し，現場のレベルでは曖昧な部分も存在する。

　わが国の運動部活動は，戦後，民主主義を推進する政策の中で，「生徒の主体性を育む活動」として学校教育の中に位置づけられた。宮坂は，「スポーツ政策」という視点から，戦後の運動部活動の変遷について「基盤形成期(戦後～1964年頃)」「普及・拡大期(1960年代後半～1980年代前半)」「転換・創造期(1980年代後半～現在)」という3つの時期に区分し，学校教育の中でその位置と役割を変化させながら拡大し続け，現在は，多くの課題を抱えながら，転換を模索している時期であると指摘している(宮坂，2011: pp.257-264)。また，中澤は，戦後の運動部活動について，「自治／統制の二重性の制度化(終戦直後～1950年代前半)」「統制の緩和と競技性の高まり(1950年代後半～1960年代)」「大衆化の追求と教師の保障問題(1970年代～1980年代前半)」「多様化＝外部化の模索(1980年代後半～2000年代)」に区分し，生徒の主体的な活動であった運動部活動が，競技性，勝利志向の高まりとともにその性格を変容させてきたと指摘している(中澤，2014: pp.114-139)。

　それでは，実際の運動部活動の現状に目を向けてみよう。図表1-7からもわかるとおり，近年は，中学生のおよそ6割(男子生徒のおよそ7割)，高校生の4割(男子生徒のおよそ5割)が運動部活動に参加(中体連・高体連に加盟)している。中学校においては，「少子化による生徒数の減少」「学校小規模化」の進展はあるが，生徒の参加率(中体連への加盟率)は，2009(平成21)年度のデータ(全体で64.9％，女子は53.8％)と比較しても大きな減少はみられない。しかしながら，人口減少が進む地方の市町村や競技人口が少ない競技種目などでは運動

図表 1-7　2018 年度(公財)日本中学校体育連盟・(公財)全国高等学校体育連盟加盟者数

区分	加盟生徒数(人)			生徒数(人)			所属率(%)		
	男子	女子	計	男子	女子	計	男子	女子	計
中学校	1,187,442	842,170	2,029,612	1,662,468	1,589,202	3,251,670	71.4	53.0	62.4
高等学校	786,172	439,229	1,225,401	1,633,989	1,601,672	3,235,661	48.1	27.4	37.9

出所）文部科学省　学校基本調査　平成 30 年度結果の概要，(公財)日本中学校体育連盟　加盟校調査集計(平成 30 年度)，(公財)全国高等学校体育連盟　加盟登録状況(平成 30 年度)より筆者作成

部の休廃部が相次いでおり，高等学校においても同様な課題が存在する。とりわけ，多くの人数を要するチームスポーツは，少子化の影響を強く受けている地方の市町村において，その存続が困難になってきている傾向がみられる。少子化が進む地域では，「少子化に伴う学級減」「それに伴う教師の定員削減」によって部活動数を削減しなければならず，サッカー部を廃部にせざるを得なかったという事例もある。また，指導者に目を向けると中学校，高等学校ともに「顧問教師の高齢化傾向」「運動部活動顧問の敬遠傾向」「専門的指導のできる教師の減少傾向」「運動部顧問の絶対数の不足」「指導の過熱化傾向」「勝利至上主義的傾向」「体罰や暴力」などの課題がみられる。

　これらの課題に対しては，「合同部活動」「外部指導者」という対策も試みられてきているが，「六・三・三制」という教育システムにより，中学校，高等学校がそれぞれ 3 年間で結果(勝利)を求められることから生み出される根本的な課題の解決には至っていない。「指導の過熱化傾向」「勝利至上主義的傾向」「体罰や暴力」などの問題は，単に教師一個人の資質や能力だけの問題ではない。生徒が主体性を発揮できるスポーツ環境として，運動部活動というシステムそのものを再検討する必要があるのである。また，クラブ内の志向性(クラブに期待するもの，勝利の水準など)の多様化も大きな課題のひとつである。とくに，少子化が進む地方の市町村においては，運動部活動を構成する生徒数が少なく，志向性の違いから部員が離脱することによって休廃部に至る事例もある。これらの課題の解決には，生徒同士が多様性を理解すること，話し合いを通じて自ら課題を解決していくことが重要であると同時に，地域スポーツクラブとの連携なども検討する必要がある。

学校運動部活動は，わが国における中等教育期の運動（スポーツ）実施環境として重要な役割を果たしてきた。今後は，地域スポーツクラブをはじめとした学校外の組織・団体との連携も視野に入れながら諸課題を解決し，生徒たちが主体的にスポーツ文化との関わりを深めていける学びの場として機能していくことが期待される。

（山本理人）

③新たな視点——総合型地域スポーツクラブ，ジェンダー，インクルーシブ教育，アダプテッド体育・身体活動

■ 総合型地域スポーツクラブ

　近年，中等教育期における生徒たちの運動（スポーツ）実施環境のひとつの選択肢として，「総合型地域スポーツクラブ」という環境が考えられるようになってきている。2000年に当時の文部省（現文部科学省）が策定した「スポーツ振興基本計画」には，「総合型地域スポーツクラブ」の特徴として，「複数の種目が用意されている」「子どもから高齢者まで，初心者からトップレベルの競技者まで，地域の誰もが年齢，興味・関心，技術・技能レベルなどに応じて，いつまでも活動できる」「活動の拠点となるスポーツ施設及びクラブハウスがあり，定期的・継続的なスポーツ活動を行うことができる」「質の高い指導者の下，個々のスポーツニーズに応じたスポーツ指導が行われる」「以上のようなことについて，地域住民が主体的に運営する」ことが示されるとともに，政策目標として「2010年までに，全国の市区町村において少なくとも一つは総合型地域スポーツクラブを育成する」ことが示された。また，スポーツ基本法第21条においても「国及び地方公共団体は，国民がその興味又は関心に応じて身近にスポーツに親しむことができるよう，住民が主体的に運営するスポーツ団体（以下，「地域スポーツクラブ」という）が行う地域におけるスポーツ振興のための事業への支援，住民が安全かつ効果的にスポーツを行うための指導者等の配置，住民が快適にスポーツを行い相互に交流を深めることができるスポーツ施設の整備その他の必要な施策を講ずるよう努めなければならない」としている。

　「総合型地域スポーツクラブ」は，図表1–8からもわかるとおり，2014年

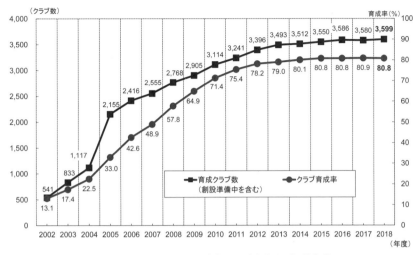

（文部科学省・スポーツ庁「総合型地域スポーツクラブ育成状況調査」結果に基づき集計）
※総合型地域スポーツクラブ数については、創設準備中も含む。

図表 1-8　総合型地域スポーツクラブ育成状況の推移
出所）スポーツ庁　平成30年度総合型地域スポーツクラブ育成状況調査

7月1日現在、全国に3,512存在し、その育成率は80.1％である。「総合型地域スポーツクラブ」は、多様性（「多種目」「多世代」「多志向」など）をその特徴のひとつとしており、スポーツ以外の文化活動を含む多様な事業を展開している。また、クラブの運営にあたっては「会員（地域住民）の参画」を謳っており、中学生や高校生がその運営に参画している事例もある。このような特徴から、中等教育期の生徒たちにとって新たなスポーツ経験（学び）の場となる可能性も高い。群馬県にある「新町スポーツクラブ」では、「ユースボランティア」という中学生・高校生を中心とするクラブ内組織が、プログラムの企画・立案から指導にいたるまで積極的に関わり、クラブ運営において重要な役割を担っている。運動部活動や体育授業との関わりについては、北海道の北広島市にある「よりづか☆ちょいスポクラブ」が、中学校運動部活動や小学校体育授業への指導者派遣を中心に積極的な連携を図っている。今後は、地域の特性を踏まえながら、中学校・高等学校と地域スポーツクラブがさまざまな連携の取り組

みを行っていくことが期待される。

■ ジェンダー

　ジェンダーとは，生物学的な「性」ではなく，文化的・社会的に決められた「性」のあり方である。わが国におけるスポーツ環境においては，とりわけジェンダーによる役割分業や種目の偏りが明確であった。運動部活動における「女子マネ」の存在は，男性は「戦うもの（選手）」で女性は「支えるもの（マネージャー）」という，「性」による役割分業の典型である。中等教育期の体育授業においても，男性は武道，女性はダンスというような「性」による種目の区分が当たり前であった。また，かつては身体コンタクトの強いサッカーやラグビーなどの種目は，「女性らしくない」という理由から女性を遠ざける傾向があった。これらは，文化的・社会的文脈の中で生みだされた「男性らしさ」「女性らしさ」という「性」のあり方を反映したものであり，わが国におけるスポーツの環境にさまざまな「偏り」を生み出してきたのである。

　しかしながら，近年，このような構図は是正される傾向にある。「なでしこジャパン」の活躍をみても明らかなように，女性がサッカーやラグビーに親しむことは当たり前になってきている。中等教育期の体育授業においても，男女共修の授業展開例が数多く実践されるようになってきていることに加え，武道とダンスの必修化によって，男子生徒も女子生徒もそれぞれ武道とダンスを履修することとなるなど，「性による偏り」は緩和されつつある。いうまでもなく，スポーツという文化を享受するうえで，「性」による差別があってはならない。体育の授業はもちろん，運動部活動や地域のスポーツ活動においても「性」によって役割分業を行うことや種目の制限を行うことは許されない。今後のスポーツ環境を考えるうえでは，スポーツという文化が男性中心に形成された歴史を有することに鑑み，とりわけ女性に対する配慮が必要であると考えられる。前述した役割分業や種目制限だけでなく，プログラムのあり方や施設のあり方についても「女性の目線」を活かしていくことが重要である。

　一方，スポーツ環境と「性」をめぐっては，新たな課題も浮かび上がってきている。近年は，生物学的な「性」の多様性（両性具有や性別判定ができない生

殖器構造をもつ人)についてどのような配慮を行うべきか,「性」に対する自己意識であるジェンダー・アイデンティティ(心理的な性)に関する課題(性同一障害など)についてどのような配慮を行うべきかなど, 解決すべき課題も多い。これからのスポーツ環境を考えるうえでは, 人間の多様性を十分に理解し, 多様な人々がともにスポーツ文化を享受できる環境のあり方を考える必要がある。

■ **インクルーシブ教育**

多様性を理解するという視点に立つと, わが国においては, 障がい者の運動(スポーツ)実施環境について課題が多いことがわかる。これまで, わが国の教育は, 学校体育を含め基本的に障がい者を「分離分立」するという方策をとってきた。しかしながら, 近年, 障がい者の権利に関わる社会的な要請から, 教育の現場においても新たな視点が求められている。

2014年1月, わが国は, 「障害者の権利に関する条約」の批准書を国際連合事務総長に寄託し, 同年2月19日にわが国において効力を生ずることとなった。この障害者権利条約第24条第1項において「あらゆるレベルでインクルーシブ教育のシステムを確保する」とある。それでは, これまでわが国で展開されてきた「インテグレーション(統合)」と「インクルーシブ教育」にはどのような違いがあるのだろうか。清水は,「インテグレーションは, 障害児教育の分離分立を前提にして, 通常学級や通常学校との『交流および共同学習』で可能な限り接近していくというアプローチである。それに対してインクルーシブ教育は, 人権を基礎にして共生・共学の確保をめざすことを最優先に考え, その上で, それが不適切になる事案に対応して, 例外的に同一システム内での分立を容認する立場である」(清水, 2012:p.27)としている。これは, 運動(スポーツ)に関わる教育においても例外ではなく, 可能な限り同一システム内で教育を行うことが求められているのである。

また, そのような環境の実現にあたっては, 第24条第2項(c)「個人の必要とされる合理的配慮が提供されること」, 第5条「平等及び無差別」第3項「平等を促進し, 及び差別を撤廃することを目的として, 合理的配慮が提供されることを確保するためのすべての適当な措置をとる」ことが明記されている。つ

まり，どのような事情があろうと，それぞれの障がい者に対する合理的配慮がなされないのであれば，それは「障害者権利条約」に違反し，障がい者の権利を妨げる「差別」となるということである。体育の授業だけでなく，学校教育の一環として行われる運動部活動においても，地域のスポーツクラブにおいても，障がい者に対する合理的配慮を提供するための措置が求められているのである。

■ アダプテッド体育・身体活動

　近年，障がい者を取り巻くスポーツ環境にも大きな変化がみられる。わが国においても障がい者がスポーツに触れる機会は増え，これまでメディアで取り上げられることが少なかったパラリンピックなどの競技大会もテレビ中継されるようになってきている。2014(平成26)年度からは，厚生労働省が管轄していたパラリンピック関係の事業も文部科学省が管轄することとなり，関係予算も大幅に増加した。しかしながら，パラリンピックの視聴者や観戦者の中には「障がいがあるのに頑張っている」「障がいという壁を乗り越えて，成果を出した」というような反応をする人々も少なくない。このような反応は，障がいのある人を「特別な人」であると理解していることに他ならない。当たり前のことであるが，障がいの有無に関係なく，人間は運動やスポーツに対する欲求を有しており，それを充足する権利がある。パラリンピックで活躍するアスリートたちは，自分が求めている水準のスポーツ欲求を充足させるために全力を尽くしているのであり，オリンピックの出場者と何ら変わるところがない。「特別な人」が「頑張っている」ということではないのである。さらにいえば，今現在，生活環境に対して「障がいを感じない(健常である)」と思っている人も長い人生の中で「障がいを感じる」可能性は否定できないし，高齢になったときに身体的な機能が低下すること(それによって車いすで生活することなど)も否定できない。障がい者がスポーツを行うことは「当たり前のこと」であり，障がいの有無によってスポーツとの関わり方や環境を切り分けることは「不自然なこと」なのである。

　このような動きの中で，「アダプテッド体育・身体活動」という考え方が注

目されている。「アダプテッド体育・身体活動」とは，「スポーツに身体を合わせるのではなく，スポーツをその人の身体状況や発達状況に合わせるということ」（藤田，2011：p.25）である。この考え方は，障がいを個人の「特性」としてとらえ，スポーツを行う人の心身の状態にスポーツのルールや道具を合わせていくという考え方であり，障がいの有無だけでなく，高齢者や初心者にも適用できる考え方である。

　さて，人数が6人しかいないときにどのようにバスケットボールを楽しむか。多くの人は，ひとつのゴールを使って「3 on 3」を行うかもしれない。それでは10人の仲間がいて，その中にひとりだけ「下肢が不自由な人」がいたときにどのようにバスケットボールを楽しもうとするのか。車いすを1台準備して不自由のある人に特別な配慮をしながらバスケットボールをすることも考えられる。しかしながら，これでは多くの人が「思い切り楽しむことができない」可能性が高い。一方で，「全員」が車いすでバスケットボールを楽しむという方法も考えられる。後者は，車いすの人に特別な配慮をしながらバスケットボールをするのではなく，「車いすという道具を使ったバスケットボール」を障がいの有無に関係なく全員が同じ条件で楽しむという考え方である。このような考え方に立てば，「車いすバスケットボール＝障がい者のバスケットボール」ではない。車いすを使ったバスケットボールは「障がいの有無」ということには関係していないのである。このような視点は，体育授業だけでなく，運動部活動においても，また，地域のスポーツクラブにおいても不可欠であり，今後の運動・スポーツの環境づくりと指導の実践においてきわめて重要である。

（山本理人）

【さらに学習を深めるために】

1) 愛育研究所編『日本子ども資料年鑑』KTC中央出版，（毎年発刊）
　　発育・発達，生活習慣，運動習慣など，子どもに関わるさまざまなデータが紹介されている。年度ごとに出版されており，現在の子どもの生活の実態を知るうえで参考になる。
2) スポーツ庁『全国体力・運動能力，運動習慣等調査』（毎年発表）

小中学生に実施した新体力テストの結果，さらには生活習慣に関わるアンケート結果を報告している。年度ごとにまとめられており，子どもの体力・運動能力，生活習慣の現状を知るうえで参考になる。なお，この報告書はスポーツ庁のホームページからも閲覧できる。
3) 藤田紀昭『障害者(アダプテッド)スポーツの世界』角川学芸出版，2011年
本書は，アダプテッド・スポーツという言葉の意味や背景について丁寧に解説するとともに，実践事例についても紹介している。
4) 中澤篤史『運動部活動の戦後と現在』青弓社，2014年
本書は，戦後の学校運動部活動について，時代背景を分析しながら丁寧に記述している。質的な調査による具体的な事例も報告されている。
5) 清水貞夫『インクルーシブ教育の提言』クリエイツかもがわ，2012年
本書は，インクルーシブ教育の基本的な考え方について丁寧に解説しているとともに，教育現場における環境づくりの在り方についても述べられている。

2.3 体育の社会的役割と目標

①体育の社会的役割
■ 社会的役割から導かれる体育の目標

　先に体育の過去についてみた際に，教育とは社会がその維持や発展のためにもっている多様な機能のひとつであり，体育もその一部を成すものであるということを確認した。ここで改めてそのことを想起するならば，体育の授業が学校教育制度の中に公的に位置づけられているのは，それぞれの社会の維持や発展において，一定の社会的な役割を果たすことが体育に期待されているからだと考えることができる。

　そこで，中学や高等学校の学校教育の場において体育授業の指導にあたろうとする教師は，まず，それらがどのような社会的役割を期待されて学校教育制度の中に位置づいているのかを理解しておくことが必要となる。なぜならば，それが担うべき社会的役割を理解することから体育授業のめざす目標が導き出され，その実現に向けて，授業の実際を計画していくことになるからである。

■ **体育に期待される社会的役割**

　さて，ここでわれわれが考えていこうとしている現在，そして将来における体育授業のあり方は，これまでの実践の積み重ねのうえに構想されるものであることは今さら言うまでもない。しかしながらそれは，過去の実践をそのまま無批判に継承することでつくられるものでもない。むしろこれまでの実践は，そこにみられた諸問題の把握とその解決へ向けての努力を通し，今後のよりよい実践を生み出していくうえで，言わば乗り越えられていく対象として位置づくものともいえるのである。

　そういった意味で，すでにみてきたような産業社会における人間と運動の関係を基礎に共有されてきた体育の社会的役割は，今後の体育が担うべき役割としてはもはや相応しいものとはいいがたい。複雑な様相を呈してはいるものの，大きな流れとしては脱工業社会への移行がさらに進んでいる現在，人間は自らが手にしている多大な自由時間を主体的な学びによって意味のあるものにつくりあげていく生涯学習の主体者なのであり，そういった人間にとって，本来，文化でありプレイである運動は，まさにその文化・プレイとしての本質を享受することそれ自体が，人々の生涯学習の内容そのものとなるのである。つまり運動は，生涯にわたる大切な生活内容として人間にとって価値づけられ，かかる人間と運動の関係を前提に体育の社会的役割を考えてみるならば，運動，すなわち最も広い意味でのスポーツの，文化的な享受能力を育むことが体育には期待されているということになる。

　こういった観点から構想される体育の授業には，スポーツという文化の人間にとって固有の価値を伝えていく役割が自覚されていなければならない。文化論やプレイ論のところでも詳しく述べたように，人間にとってスポーツが有する固有の価値とは，生物として生きていくために必要であるというレベルを超えた，より豊かな生活を営む工夫として存在するところにある。たとえスポーツがこの世からなくなったとしても，生物としての人間は生きていくことはできるが，他の活動では味わうことのできない喜びや生きている実感をスポーツの中で経験することは，ただ単に生きていくということを超越した豊かな生活

を実現するがゆえに人々はスポーツを生み出し，今日に至るまで継承してきたはずである。体育授業は，まずこのスポーツ固有の価値をすべての子どもたちに教えていかなければならないのである。

■ **もうひとつの役割**

そして，大きくは先の役割の中に含まれることになるが，運動の文化的享受に伴って促される心身の発達も，体育に期待される社会的役割として忘れることはできない。現代社会において，人々が運動を行うことを求める要求の総体として生じているいわゆる運動需要は，運動をすることから得られる喜びを求めてそれ自体を楽しもうとする面と，心身の健康を維持し改善する必要性から運動を求めるという面の，2つの観点からとらえることができる。

都市化や機械化やオートメーション化といったキーワードによってその特徴が描かれる現代の社会では，人々はただ普通に毎日の生活を送っているだけでは運動不足に陥り，精神的なストレスも増大し，その結果，健康が脅かされてしまうという，人類がかつて経験したことのない難しい環境の中に生きざるをえないのが現実である。さまざまな運動は，生活の中に定期的に位置づけられ，文化的に豊かな享受という形態を大切にして行われるのならば，健康や体力の維持・改善に役立てることが十分にできるし，また，自らの身体を動かすことから生まれる直接的な経験や他者との交流，自分を取り巻く自然的環境との関わりなどは，現代社会に特有の精神的ストレスを解消させることに対しても貢献しうるであろう。人々は，このような心身の健康をめぐる問題を解決していく有力な手がかりとしても，日常的に運動することを求めているのである。

もちろん，このように健康をめぐる問題を解決する手がかりとして運動を行うことは，学校卒業後の生活に限られるわけではない。現在の子どもの生活のところでも述べられているように，子どもたちを取り巻く現在の環境は，残念ながら，子どもたちの健やかな心身の発達を促すことに対してマイナスに働く場合が少なくない。学校における体育の授業は，このことに関しても大きな役割を期待されているのであり，子どもたちの運動への深い関わりは，彼らの心身の多様な発達に貢献できる可能性があることは誰もが認めるところであろ

う．過去の体育が運動を手段として果たそうとしてきたこういった面は，これからの体育授業においてもその役割から短絡的に排除したりする必要はなく，運動の文化的な享受の中で配慮されるべきものと考えられるのである．

(鈴木秀人)

②体育の目標
■「スポーツによる教育」と「スポーツにおける教育」

このように，現在そして将来の体育に期待されている社会的役割が大きく2つに整理された．第1に，人間にとってスポーツが有する固有の価値を伝えていくことを核にした，運動の文化的な享受能力を育むという役割，第2に，そのような学習が進められていく中で，子どもたちの心身の健やかな発達を促すという役割である．これらは，どちらも人間にとって運動がもちうる価値を伝えていく教育的営みを導く出発点となるが，とくに前者は運動の本質的な価値の学習に関連が深く，後者は運動の本質ではないがその行い方によって期待できる成果，すなわち手段的な価値の学習と関連が深いものといえるだろう．

こういった見方は，社会が脱工業社会へと移行し，しかもそれが生涯学習社会という姿で具体化されつつあるわが国や欧米諸国において広くみられる考え方である．たとえば，多くのスポーツ種目を生み出したスポーツの母国とよばれるイギリスでは，学校体育について次のような説明が国家レベルで行われている．「学校体育のプログラムの中で取り上げられる競争的ゲームや水泳，陸上競技のようなスポーツ活動は，教育のための手段である－これはスポーツによる教育(Education through Sport)．そしてこれらのスポーツ活動はまた，それ自体が行う価値のある活動として取り上げられる－これはスポーツにおける教育(Education in Sport)」(Department of Education and Science, 1991：p.12)．

先に整理した体育の2つの社会的役割に対応させれば，ここでいわれる「スポーツによる教育」は，子どもたちの心身の発達を促そうとする運動の手段的な価値の学習と，そして「スポーツにおける教育」は，運動の文化的な享受能力を育もうとする運動の本質的な価値の学習と，それぞれ向かい合うことは容

易に理解される．だが，この2つは言わば異なる次元の教育といえるので，それらを個々に抽出しただけではひとつの体育授業がめざす目標を導き出すことは難しい．したがって，次に明確にされなければならないのは，この「スポーツによる教育」と「スポーツにおける教育」をどのように関係づけて，体育の目標として設定していくのかということになる．

■ 2つの教育の関係をめぐって

この点については，学問的な立場からすでに相当な議論の蓄積をみることができる．その中からここでは，早くから「〜による(through)」「〜における(in)」という視点を提示し，この議論において積極的に発言してきたイギリスのスポーツ哲学者であるアーノルド(Arnold, P. J.)の見解を紹介してみよう．

アーノルドは運動と教育との関係を，運動についての知識や理解を発達させることに関わる「運動についての教育(Education about Movement)」，運動それ自体の価値とは関係なく教育的な目標達成のために手段的に利用することに関わる「運動による教育(Education through Movement)」，さらに，子どもたちを文化的に価値のある運動それ自体へ導くことに関わる「運動における教育(Education in Movement)」という3つの次元に分けてとらえている．ここでアーノルドがいう「運動(Movement)」は，スポーツやダンスといった身体活動を総称したものなので，広い意味での「スポーツ」と置き換えてよい．つまり，アーノルドがいう3つの次元はそれぞれ，「スポーツについての教育」「スポーツによる教育」「スポーツにおける教育」ともいいうるということである．

そしてアーノルドは，「教育とは，本質的な価値がある活動と手続きから構成される(べき)もの」であり，「手段的な価値は，もしそれが本質的に価値があるものを促すことと直接関係しないのであれば教育の関心事にはならない」(Arnold, 1988：pp.10-14)とする．彼が分けた3つの次元の中で，本質的な価値がある活動とは，実際の運動への参加を必ずしも伴わないが，そこで追求される運動に関する知識や理解がそれ自体で価値あるものと見なされる「運動についての教育」と，固有の価値がある多くの身体活動から成る「運動における教育」であり，とくに「運動における教育」は，固有の価値を求めて実際の活動

への参加を伴うことになるがゆえに，カリキュラムの中心として位置づけられることになる (Arnold, 1988：pp.115-135)。

したがって，手段的な価値と関わる「運動による教育」は，本質的な価値を追求しようとする，とくに「運動における教育」との関わりの中で一定の位置を与えられるのである。というのも，「手段的な価値は，もしそれが本質的に価値あるものを促すことと直接関係しないのであれば教育の関心事にはならない」からである。この点について，アーノルドは次のようにも述べている。「運動における教育」に付随して生じるであろう教育的な成果として，体力や健康の改善，道徳的・社会的責任の自覚などが期待できるが，「これらは意識された目標として定式化されるのではなく，活動の自然な結果として生じるものである」(Arnold, 1979：p.180)。つまり，「運動による教育」が期待するものは，「運動における教育」の活動との関わりの中で現実になりうるとアーノルドは指摘するのである。

■ 中心的目標と周辺的目標

紙幅の制約から，他の研究者の見解を紹介することはできないが，アーノルドをはじめ，この点についての諸見解を総括してみると，個々の論者の間に細かな視点の相違はみられるものの，体育の目標のとらえ方に関してある大きな共通の方向性を見出すことができる。それは，そこでの運動を他の目的を達成するための直接的な「手段」としてみるのではなく，人間にとっての運動そのものの本質的な価値を全面的に認めることで，それを子どもたちに学ばせることを最大の目標に置くという方向であり，併せて，健康の維持・増進や社会性の発達といった手段的な価値は，運動の本質的な価値を追求する活動の中で，付随的また結果的に現実化されていく目標として考えるということである。

日本でも永島惇正が，体育の目標を「生涯にわたる生活内容としての運動」についての基礎的学習を保障するという中心的目標と，運動による心身の発達などの付随的・周辺的目標に構造化するという提案をしている (永島, 2000：p.47)。何れにせよ，現在そして将来の体育の目標は，「スポーツによる教育」と「スポーツにおける教育」をこのように関係づけることで考えられるという

ことになる。この両者は，切り離されて別個に存在しているわけではなく，また，同次元の並列的な目標としてあるわけでもない。中心と周辺という関係を結びながら，体育授業がめざす目標を構成するのである。

　運動の本質的な価値を学習することは，その活動の中で子どもたちの心身の発達を可能にするが，心身の発達を直接的にねらった運動は，その本質的な価値の学習をその中に取り込むことは難しい。とくにこの点についての理解は，教師が体育授業のあり方を構想していくに当たり，授業の実際に決定的な影響を与えるがゆえに極めて重要である。2008年告示の学習指導要領では，小学校1年から4年と中学校の全学年において体育授業の時間数が増やされ2017年の改訂でも同様であるが，これは児童・生徒の体力・運動能力低下に対する直接的対応とみることができる。ここで述べてきた体育の目標についての考え方をもし教師が欠いてしまうならば，体育の授業は単なるトレーニングの時間に堕する危険を孕んでいるといわざるをえない。

（鈴木秀人）

【さらに学習を深めるために】

1) 佐伯年詩雄「脱規律訓練をのぞむ未完のプロジェクト」全国体育学習研究会編『「楽しい体育」の豊かな可能性を拓く』明和出版，2008年，pp.25-36
　今後の体育を考える理論的根拠として，運動と人間の関係，社会変化と運動需要，生涯学習論と生涯スポーツ論など，本書でも触れてきた重要事項の関係性が詳しく解説されている。
2) 高橋健夫「体育科の目的・目標論」竹田清彦・高橋健夫ほか編著『体育科教育学の探究』大修館書店，1997年，pp.17-40
　体育の目標について，わが国の学習指導要領，民間教育研究団体の主張，諸外国の見解など，さまざまな考え方が紹介されており，また，そこでの議論の焦点も整理されているので，初学者の理解にとって役立つと思われる。
3) 鈴木秀人・越川茂樹「諸外国に見られる『スポーツ教育』をめぐる見解の検討─新たな理論モデルにおける運動の手段的な価値のとらえ方に焦点を当てて─」『鹿児島大学教育学部教育実践研究紀要』4号，1994年，pp.111-130
　本書で紹介したアーノルドをはじめ，ドイツのグルーペ，アメリカのシーデントップといった研究者たちの，運動の手段的な価値のとらえ方に関する見解を詳しく紹介している。
4) 永島惇正「体育の目標」宇土正彦・高島稔ほか編著『新訂体育科教育法講義』大

修館書店，2000 年，pp.41-48
体育の社会的役割を，子どもの現在と将来に対する役割に分けたうえで，体育の目標を構造化という概念を用いて示している。本書でも取り上げた，中心的目標と周辺的目標というとらえ方を理解するうえで有益である。

【第 I 章・引用文献】

愛育研究所編『日本子ども資料年鑑 2016』KTC 中央出版，2016 年
阿江美恵子「暴力を用いたスポーツ指導の与える影響─学生への追跡調査より─」『東京女子体育大学紀要』26 巻，1991 年，pp.10-16
飯塚浩二『日本の軍隊』岩波書店，1991 年
磯見昭太郎「解説」ホイジンガ，J.（磯見昭太郎他訳）『汚された世界』河出書房新社，1991 年，pp.330-336
稲垣正浩「後近代のスポーツ」稲垣正浩・谷釜了生『スポーツ史講義』大修館書店，1995 年，pp.81-92.
井上健「1. 子どもの生活と遊び」『モノグラフ・小学生ナウ』19 巻 1 号，ベネッセコーポレーション，1999 年，pp.14-24
宇土正彦ほか『体育科教育法入門』大修館書店，1983 年
宇土正彦・高島稔ほか編著『新訂 体育科教育法講義』大修館書店，2000 年
岡崎勝『身体教育の神話と構造』れんが書房新社，1987 年
岡沢祥訓・北真佐美・諏訪祐一郎「運動有能感の構造とその発達及び性差に関する研究」『スポーツ教育学研究』16-2，1996 年，pp.145-155
カイヨワ，R.（清水幾太郎・霧生和夫訳）『遊びと人間』岩波書店，1970 年
鹿島敬子・杉原　隆「運動好きの体育嫌い」『学校体育』47 巻 6 号，1994 年，pp.68-74
グルーペ，O.（永島惇正・岡出美則ほか訳）『文化としてのスポーツ』ベースボール・マガジン社，1997 年
グルーペ，O.（永島惇正他訳）『スポーツと人間［文化的・教育的・倫理的側面］』世界思想社，2004 年
小松恒誠「竹之下休蔵の体育観に関する研究─戦前期に着目して─」『体育科教育学研究』35 巻 1 号，2019 年，pp.1-16
佐伯聰夫「文化としてのスポーツとその指導」勝部篤美・粂野豊編『コーチのためのスポーツ人間学』大修館書店，1981 年，pp.203-242
佐伯年詩雄『これからの体育を学ぶ人のために』世界思想社，2006 年
笹川スポーツ財団「青少年のスポーツライフ・データ」2015 年
清水貞夫『インクルーシブ教育の提言』クリエイツかもがわ，2012 年
清水諭「係留される身体～身体加工の装置としての学校と消費社会における身体」杉本厚夫編『体育教育を学ぶ人のために』世界思想社，2001 年，pp.81-101
杉原隆『運動指導の心理学』大修館書店，2003 年

鈴木秀人「運動部における体罰のルーツを問い直す」『体育科教育』62巻3号，2014a年，pp.68-71

鈴木秀人「体育教師と体罰－軍隊起源説を超えて」『体育科教育』63巻1号，2014b年，pp.28-30

スポーツ庁「全国体力・運動能力，運動習慣等調査」2018年

全国体育学習研究協議会「つみかさね」2006年

高津勝「日本近代体育・スポーツ史研究における歴史意識と歴史像」『体育史の探求』岸野雄三教授退官記念論集刊行会，1982年，pp.371-389

竹之下休蔵「戦後学校体育の歩みと当面する課題～産業社会から脱工業社会へ」『体育科教育』26巻12号，1978年，pp.9-13

竹之下休蔵・宇土正彦編『小学校体育の学習と指導』光文書院，1982年

竹之下休蔵・宇土正彦ほか「戦後体育実践の成果と展望」『体育科教育』35巻9号，1987年，pp.123-133

谷口勇一「部活動と総合型地域スポーツクラブの関係構築をめぐる批判的検討：『失敗事例』からみえてきた教員文化の諸相をもとに」『体育学研究』第59巻，第2号，2014年

友添秀則「B型学習論の背景」中村敏雄編『戦後体育実践論 第1巻』創文企画，1997年，pp.229-246

中澤篤史『運動部活動の戦後と現在』青弓社，2014年，p.47

永島惇正「学校体育のこれまでとこれから　スポーツ教育の視点から」『学校体育』51巻3号，1998年，pp.18-21

永島惇正「体育の目標」宇土正彦・高島稔ほか編『新訂体育科教育法講義』大修館書店，2000年，pp.41-48

永島惇正「二一世紀におけるスポーツ指導」永島惇正編『スポーツ指導の基礎―諸スポーツ科学からの発信―』北樹出版，2000年，pp.14-36

内閣府「平成29年度青少年のインターネット利用環境実態調査」2018年

中村和彦ほか「観察的評価法による幼児の基本的動作様式の発達」『発育発達研究』51，2011年，pp.1-18

成田十次郎ほか『スポーツと教育の歴史』不昧堂出版，1988年

日本子ども家庭総合研究所『日本子ども資料年鑑』2013年

波多野義郎・中村精男「『運動ぎらい』の生成秩序に関する事例研究」『体育学研究』26巻3号，1981年，pp.177-187

藤田紀昭『障害者（アダプテッド）スポーツの世界』角川学芸出版，2011年

ホイジンガ，J.（高橋英夫訳）『ホモ・ルーデンス』中公文庫，1973年

ホイジンガ，J.（藤縄千艸他訳）「文化の根本条件」『明日の蘰りの中で』河出書房新社，1990年，pp.26-35

ホイジンガ，J.（磯見昭太郎他訳）「文化の言語概念」『汚された世界』河出書房新社，1991年，pp.16-33

宮坂雄悟「運動部活動の政策的展開」菊幸一他編『スポーツ政策論』成文社，2011年，

pp.257-264.
文部省『学校体育指導要綱』東京書籍，1947 年
文部省『中学校学習指導要領』大蔵省印刷局，1958 年
文部省『小学校学習指導要領』大蔵省印刷局，1968 年
文部科学省『中学校学習指導要領解説　保健体育編』東山書房，2008 年
文部科学省『中学校学習指導要領(平成 29 年度告示)解説　保健体育編』東山書房，2018 年
文部科学省「教育の情報化に関する手引」2009 年
文部科学省　運動部活動の在り方に関する調査研究協力者会議「運動部活動の在り方に関する調査研究報告書～一人一人の生徒が輝く運動部活動を目指して～」2013b 年
文部科学省「全国体力・運動能力，運動習慣等調査」2014 年
山口泰雄「世界の生涯スポーツの潮流」池田勝編著『生涯スポーツの社会経済学』杏林書院，2002 年
Arnold, P.J., Meaning in Movement, Sport and Physical Education, Heinemen, 1979.
Arnold, P.J., Education, Movement and the Curriculum, Falmer Press, 1988.
Department of Education and Science, National Curriculum Physical Education Working Group Interim Report, HMSO, 1991.
DOSB/bestandserhebung 2010（http://www.dosb.de/fileadmin/fm-dosb/downloads/bestandserhebung/Bestandserhebung_2010_Heftvorlage_-_Version_01_10_2010-Druck.pdf　最終アクセス 2015 年 2 月 5 日）
Siedentop, D., Physical Education Introductory Analysis, W.C.Brown Company Publishers, 1972.（前川峯雄監訳，高橋健夫訳『楽しい体育の創造』大修館書店，1981 年）

第Ⅱ章

体育は何を教えるのか？

――その内容について考える

はじめに

　体育では何を教えるのか？そう問われれば，多くの人が「運動を教える」あるいは「スポーツを教える」などと答えるだろう。実際，中学校・高等学校の体育授業でも，器械運動，サッカー，水泳…と，まさにさまざまな運動が教えられているわけだから，そういった答えはとりあえず間違ってはいないのかもしれない。

　しかしながら体育の内容が運動だとはいっても，戦前の体育，戦後の体育，そして現在の体育の内容が同じである，とは決していえないはずである。第Ⅰ章で詳しくみたように，各々の時代における人間と運動の関係のあり方の違いは，体育授業で行う運動が子どもにとってもつ意味をそれぞれに異なるものとし，体育で子どもたちが学ぶ内容の明らかな違いを導いてきたからである。たとえ同じ鉄棒運動が教えられるとしても，体力をつけるために鉄棒を行う授業や努力すればできることを学ぶために鉄棒を行う授業と，運動それ自体の楽しさを求めて鉄棒を行う授業では，体育の内容は同じではないということである。

　そういった意味で，現在のそして将来の体育が教えていこうとする内容は，そこでの，運動の本質的な価値を学習して運動の文化的な享受能力を育むという中心的な目標から考えてみて，生徒にとって学ぶ意味のある運動こそを体育の内容としなければならないはずである。

　そこで，体育の内容について考える第Ⅱ章ではまず，それぞれの運動に特有の性質である特性を，生徒たちからみて学ぶ意味のある運動という観点から検討し，またそれにもとづいて多種多様に存在する運動の分類を行うことによって，体育の内容を考える基礎を確認する。一般に体育の内容は，しばしば運動の技術や作戦，ルールやマナーといった要素に矮小化されてしまいがちであるが，それらとは異なる視点から体育の内容を考えるための作業である。そのうえで，生徒たちが体育で学ぶ内容を明らかにしつつ，さらに，それを体育のカリキュラムとして具体化していくために必要な検討を行うことにしよう。

（鈴木秀人）

1. 運動の特性と分類

1.1 運動の特性

①なぜ運動の特性が問題にされるのか
■ **運動に特有の性質を考える3つの観点**

　体育は人間と運動の関係を問題にする教育であり，しかも，そこで取り上げられる運動は実に多様である。この多様性は，ある運動と他の運動を区別する特有の性質＝特性によって生まれるものである。ただ，運動の特性と一口にいっても，それぞれの運動にある特有の性質を，どのような観点からみるかによって，異なる特性のとらえ方が考えられてきた。運動が心身の発達に与える効果に着目した「効果的特性」，運動の形式や技術の仕組みに着目した「構造的特性」，そして運動がそれを行う人の欲求や必要を充足する機能に着目した「機能的特性」という3つは，よく知られる特性のとらえ方である。

　体育が運動を主たる内容とするからには，そこで教えられる運動の特性に教師から関心が向けられるのは当たり前のことではある。しかし，現在は「機能的特性」を中心に語られることが多い運動の特性も，過去の体育においては，先に上げた3つの特性のとらえ方でいえば，もっぱら効果的特性や構造的特性を教師は問題にしてきたと理解できることには注意しておきたい。

■ **運動の特性のとらえ方と体育の目標との関わり**

　このように，体育で教える運動の特性をどのような観点から問うのかが相違してくるのは，そこで体育がめざす目標の違いと関わって生じているわけである。たとえば，戦後の「運動による教育」としての体育では，運動を手段にして子どもたちの全人的な発達を促すことを目標としたからこそ，運動が子どもの心身の発達に対して与える効果を教師は問題にしたのであったし，あくまでも手段であった運動は，子どもたちからみた楽しさといった観点からは検討さ

れることはなく，技術，ルール，マナーといった運動を構成する諸々の要素がそのまま体育の内容として想定され，なかでも具体的な活動の対象となりやすい運動技術の構造が問題にされたということなのである。

　したがって，機能的特性を中心に運動の特性が問題にされているという現在の体育授業づくりにみられる特性のとらえ方も，現在の体育がめざす目標との関わりにおいて必要とされたものといえる。そこで，このように体育授業を構想していく際にどうして機能的特性という観点から運動の特性がとらえられるようになったのか，その歴史的経緯をふりかえってみる。

■ スポーツとは何かを問う

　すでに第Ⅰ章でみたように，現在の体育の考え方は，それ以前の戦後の体育である「運動による教育」の考え方を乗り越えていく先に構想されているものである。わが国の代表的な体育授業の研究者であった竹之下休蔵は，この過程を体育の「転換」というキーワードを用いて先導した人物として広く知られている。そこで，以下ではこの時期に竹之下が教育現場の教師たちに対して提示したいくつかの見解を手がかりにして，機能的特性という観点から運動の特性が問題にされるようになった経緯をたどってみたい。

　竹之下は，1960年代の半ば以降，体力主義や技術主義の影響が強かった当時のわが国の体育授業に対して，「卒業後の生活とつながらない学校のスポーツ」(竹之下，1968：p.17)という問題を明確に見出していく。そして，こういった体育授業を変えていくためには，そこで教えるスポーツとはそもそも人間にとって何なのかを明らかにしなければならないのであり，かかる根本的な検討から出発して，体育授業のあり方を改めて考えてみる必要があることを教師たちに訴えていった。この竹之下の問題意識を背後で支えたのが，ホイジンガやカイヨワによるプレイ論であり，竹之下はそこに拠り所を求めつつ，スポーツとは何かという問いに対する答えを探っていったのである。

　第Ⅰ章でも触れたが，ホイジンガは，遊びとは何かのためではなく，そこにある面白さを求めて行われる活動であるとみたわけだが，竹之下は，この遊びの自己目的性をスポーツにも見出したのであった。人間にとってスポーツは，

行うことそれ自体を目的とするプレイであると見なしたこの認識こそ，体育の授業においてそれまでは手段として位置づけられていた運動を，子どもからみて行うことそれ自体を目的とする活動としてとらえるという見方を導くことになった原点である。

■ **新たな運動の特性のとらえ方**

竹之下は1968年に，「スポーツを教育の手段・体力をつける手段に使うというのが体育なのか，スポーツとは何かということを教えるいわば目的としてのスポーツというものを学びとらせるということが体育なのか」(竹之下，1968：p.18)と教師たちに問いかけているが，ここに，手段ではなく目的としてスポーツをとらえ，そういった子どもと運動との関係を核に体育の授業をつくっていこうという，現在の体育に発展していく方向性を読み取ることができる。

このような子どもと運動の関係をめぐる新しい認識は，運動を手段としたがゆえに問題としてきた効果的特性や構造的特性とは異なる，新たな運動の特性のとらえ方を体育の授業づくりにおいて必要とすることになる。なぜならば，自己目的的な活動としての運動を教師が教えようとするのならば，子どもからみて，そこでの運動にはどのような面白さや楽しさがあるのかを教師が考えなければならなくなるからである。機能的特性という新たな運動の特性のとらえ方は，まさにこの時に考えだされるのである。

(鈴木秀人)

②機能的特性というとらえ方

■ **運動の特性のとらえ方と具体化される授業の違い**

実際，どのような観点から運動の特性をとらえて学習指導を計画していくのかによって，具体化される体育授業の姿は異なってくる。たとえば，同じサッカーを取り上げる授業でも，サッカーの効果的特性に焦点を当てた場合，授業はサッカーを主に運動刺激として用いることにより，体力づくり中心の授業となるし，また，構造的特性に焦点が当てられると，キックやドリブルやシュートといった個人技術や，それらを組み合わせて構成される集団技術を段階的に習得させるような，技術習得中心の授業となってくるだろう。

これらの授業のひとつの大きな問題は，サッカーを行うプレイヤーとしての生徒たちにとって，サッカーの面白さや楽しさの学習がきちんと位置づけられないということである。そこで機能的特性に焦点を当てると，サッカーという運動に内在すると考えられる欲求を充足する機能を重視することになるから，ゲームを柱にした学習活動が計画され，サッカーでしか得られない面白さや楽しさを学習していくという授業づくりが進められるのである。

■ あらためて教師に問われること

ホイジンガ自身，「遊びの『面白さ』は，どんな分析も，どんな論理的解釈も受けつけない」とし，また「面白さとは，それ以上根源的な観念に還元させることができないものである」と述べている（ホイジンガ，1973：p.19）わけだから，それぞれの運動に特有の面白さをとらえることはそれほど簡単なことではないのかもしれない。しかしながら，人間にとって遊びが，それを行うプレイヤーとそこでのプレイの仕方との間につくられる経験であることを理解するならば，多くの人々を共通に魅了する各々の運動に特有の面白さは，それぞれの運動の仕方の違いの中におおよそみえてくるものでもある。

ただし，それを固定的なものとして絶対視するのではなく，機能的特性は，プレイヤーがその運動にどのような意味を見出して行うのかを問題にしている特性のとらえ方であるということを前提に，それまでにはなかったこの斬新な視点を大切にしながら，子どもたちにとって体育で行う運動の面白さを味わうという方向で，そこでの学習が限りなくプレイに近い経験となることを計画していく手がかりとすることが，教師には求められるだろう。

ここで明らかにしたように，機能的特性という運動の特性のとらえ方は，人間にとって運動とは何かを問う問題意識から発したものであった。つまり，そのような観点から体育の授業で取り上げる運動をみるということは，授業をつくる一人ひとりの教師に，自身は運動をどのような文化としてとらえてきたのかを問いなおしてみることを要求するものでもある。

（鈴木秀人）

【さらに学習を深めるために】

1) 永島惇正「体育科における運動手段論から運動内容論への転換に関する一考察・その1〜竹之下休蔵における昭和40年代の思索過程を手がかりに〜」『東京学芸大学紀要5部門』35号，1983年，pp.209-218
本書で取り上げた，新たな運動の特性のとらえ方の提唱に至る時期の竹之下休蔵の思索過程が，民間教育研究団体の研究集録を主たる資料として詳細にフォローされている。

2) 松田恵示「運動の特性を生かした学習指導」中村敏雄編『戦後体育実践論第3巻』創文企画，1998年，pp.83-94
体育の授業において，運動の特性を問題にするということが問おうとした学習観について詳細な検討が加えられており，授業づくりとの関係でそこで何が検討されるべきなのかを考える手がかりとなる。

1.2 運動の分類

①機能的特性にもとづく運動の分類

■ 分類の基本的な枠組み

さて，ここからは機能的特性にもとづく運動の分類へ話を進めていくことにしよう。先に述べたような思索を積み重ねつつ，新たな運動の特性のとらえ方を探っていた竹之下は，「人々の多くは楽しみと必要を兼ねて運動する」(竹之下，1978：p.13)という社会における運動需要のあり方と対応させる形で，とくに自己目的的な活動としてのスポーツと，身体的な目的を達成するための手段としての体操の違いを問題にしていた。そしてこの点をめぐる検討は，この2つの運動の発生にみられる違いという視点も加えて，やがて，欲求を充足する機能をもつ運動(スポーツ，ダンス)と必要を充足する機能をもつ運動(体操)に人間が行うさまざまな運動を大別する，機能的特性にもとづく運動分類論の最も大枠のカテゴリーを形成することにつながっていく。

この機能的特性にもとづく運動の分類は，竹之下のもとに集まった佐伯聰夫をはじめとする研究同人たちによって，1980年代前半にかけてより精緻化されていった。その際に，大きな示唆を与えた見解として，カイヨワの次の見解

を忘れることはできない。それは，遊びを行う人の心理的態度が主にどこに向いているのかを基準にして，遊びを分類したものである。カイヨワはこの基準を用いることで，人間が行う種々さまざまな遊びを，競争の遊び＝アゴーン，偶然に身を委ねる遊び＝アレア，模倣変身の遊び＝ミミクリー，めまいを追求する遊び＝イリンクスといった形で，図表2-1に表されるような4つに分類したのである（カイヨワ，1970：pp.15-55）。

図表2-1　カイヨワの分類した4つの遊び

	アゴーン（競争）		アレア（機会）	ミミクリー（模擬）	イリンクス（眩暈）
パイディア 喧騒 混乱 哄笑 凧揚げ 穴送り ペイシェンス クロスワード・パズル ↓ ルドゥス	ルールのない 陸上競技 ボクシング，ビリヤード フェンシング， チェッカー サッカー，チェス スポーツ競技一般	競争 闘争 など	番決め唄 表か裏か 賭け ルーレット 宝籤（単式，複式，繰越式）	子供の物真似 幻想の遊び 人形遊び 玩具の武具 仮面，変装 演劇 一般のスペクタクル芸術	子供のくるくる回り 回転木馬 ブランコ ワルツ ボラドレス，祭りの見世物 スキー 登山 綱渡り

注意——どの欄においても，いろいろな遊びは，大体のところ，上から下へ，パイディアの要素が減り，ルドゥスの要素が増す順序に従って並べてある。
出所）カイヨワ，1970：p.50より

かかる遊びの分類は，人間がなぜさまざまな遊びに向かうのか，その原動力を説明するうえで有効な視点を提示するとともに，プレイとしての運動を教えようという立場から体育の授業を計画しようとする際に，子どもたちが運動へ向かう原動力を考える重要な手がかりともなり，そこで教師が問題にしなければならない運動の面白さ・楽しさという観点からとらえた運動の特性を説明する基盤を提供したのである。

■ **欲求充足の運動の分類**

カイヨワの分類に依拠すれば，スポーツはアゴーン，ダンスはミミクリーの

遊びとしてその面白さや楽しさを説明できる。そこから，先に示した大枠のカテゴリーの一方にある欲求充足の機能をもつ運動は，アゴーンとしてのスポーツとミミクリーとしてのダンスから構成され，さらにスポーツは，他者に挑戦して勝敗を競い合うところに面白さが見出されるもの（競争型），自然や人工の障害に挑戦してそれを克服するところに面白さが見出されるもの（克服型），記録や理想的フォームなどの観念的基準に挑戦してそれを達成するところに面白さが見出されるもの（達成型）という3つに細分されていった。

　ダンスについては，その後，定型か非定型か，リズム性を重視するのかイメージ性を重視するのか，という特徴を軸にして4つに細分されるようになり，その結果，図表2-2に表されるよく知られた運動の分類ができあがった。これによって，体育の授業で教える運動は，それを行う子どもからみてどのような面白さや楽しさがある運動なのかが整理され，それを手がかりにしな

図表2-2　機能的特性にもとづく運動の分類

---

1. **欲求の充足を求めて行われる運動**
    1）挑戦の欲求にもとづくもの—スポーツ
       ①他人へ挑戦し，勝ち負けを競い合うことが楽しい運動——「競争型」
          ア）個人 対 個人　イ）集団 対 集団
       ②自然や人工的に作られた物的障害へ挑戦し，それを克服することが楽しい運動
          ——「克服型」
       ③記録やフォーム等の観念的に定めた基準に挑戦し，それを達成することが楽しい
          運動——「達成型」
    2）模倣・変身の欲求にもとづくもの—表現運動・ダンス
       ①リズムを手がかりにし，それに対応し，自由に動くことが楽しい運動——「リズム型」
       ②リズミカルな動きを自由に工夫し，イメージ・対象を模倣，表現することが楽しい
          運動——「創作型」
       ③構成されているリズミカルな動きで変身し，イメージ・対象を模倣，表現すること
          が楽しい運動——「民族舞踊型」
       ④構成されているリズミカルな動きで，相手と対応することが楽しい運動——「社交型」
2. **必要の充足を求めて行われる運動——体操**
    からだの必要の種類に応じて分類される

出所）宇土正彦編，1987：p.75を一部修正

がら，各々の運動に特有の面白さ・楽しさを求め，それを行うこと自体が学習として計画される，現在のような体育授業づくりが進んでいったのである。

■ **必要充足の運動について**

大枠のカテゴリーのもう一方である，必要充足の機能をもつ運動についても触れておかなければならない。ここには，身体の必要を充たす機能を担って歴史的にある時期に人工的につくり出された運動である体操がおかれている。しかし，プレイ論に学びながらそれぞれの運動が子どもにとって学ぶ意味のあるものとして考えていこうとすると，どうしても面白さや楽しさを求めて行われる欲求充足の運動が体育の内容の中心になりがちな面もあって，必要充足の運動についてはその考え方についても，また実際の授業づくりについても，研究は低調であったといえる。

その授業のあり方としては，「必要性の理解を基礎にし，その充足の方法論を知識と技術として学習し，実践できるようにすることが大切である」(佐伯，2006：p.89) といった方向性は示されていたものの，とくに小学校では，必要性の理解の学習が成立するかどうかについて確信がもてないこともあって，必要の充足は，スポーツやダンスの学習の結果として得られるといった形で片づけてしまってきた現状もみられた。

だがそのような解釈は，必要の充足を，言わばスポーツやダンスを行うための体力づくりに矮小化してしまっているから成立するともいえる。運動の文化的享受能力を育むという体育の中心的な目標から考えた場合，運動の文化的享受に相応しい健康という視点から積極的な意味を見出しうる運動として，もう一度，必要充足の運動については検討してみる必要がある。それは同時に，アゴーンとしてのスポーツでもなくミミクリーとしてのダンスでもない運動の，人間にとっての意味を問いなおしてみる作業でもある。

■ **分類論を授業づくりへ活かしていくうえで**

しかしながらこういった検討を経たうえでもなお，機能的特性にもとづく運動の分類を絶対視してしまうことは避けなければならない。というのも，授業で教える運動の意味をこの分類に対応させて固定化してしまうと，生徒と運動

の関係を考える前に，それぞれの運動を競争型とか達成型という枠に閉じ込めてしまう危険性がそこには常に潜在するからである。

　教師には，ある運動を競争型とか達成型といったようにオートマティックに対応させてしまうのではなくて，教える生徒たちの実態からみた時に，生徒にとってプレイとなるようなこの運動のあり方とは，どのような特性で押さえることができる活動になるかを考えることこそが必要なのである。したがって機能的特性にもとづく運動の分類は，運動そのものの分類というよりも，それを行うプレイヤーが，どういった意味を見出してそれぞれの運動に関わるのか，言わばその関わり方・楽しみ方を整理したものといえるだろう。

　そこを理解したうえで，より具体的な作業としては，学習のスタートはどのような活動をして，それがどのように発展していき，その後にどういった方向でまとめに向かっていくと，どの生徒もその運動に特有の面白さや楽しさを学ぶことができるのかを考えることになる。このようにみてくると，運動の機能的特性の一般的な押さえの次に位置づけられる，子どもからみた特性のとらえなおしというステップが，体育の授業づくりにおいて，一人ひとりの生徒が運動とそれぞれに意味のある関係をつくっていく際の，最も中核となるアプローチであることがわかるのである。

（鈴木秀人）

②ボールゲームの分類
■ ボールゲームの選定における問題点

　先に述べられたように，機能的特性にもとづいて，ある運動を競争型とか達成型とかと教師の目線から限定することは避けなければいけない。仮に，教師が「この運動は競争型だ」として体育授業を行ったとき，もし記録の達成に目を向けて楽しんでいる生徒がいたとしたら，その楽しみ方は否定されかねないからである。運動の楽しみ方は実に多様であり，運動と生徒の意味のある関係を創ろうとする体育授業では，「何を教えるのか」という教師目線よりも「何を学んでいるのか(学ぼうとしているのか)」という生徒の立場を大切にした学習が展開されるべきである。一般に，生徒にとって人気がある運動のボール

ゲームについても同様のことが言える。

　それぞれのボールゲームには，特有の「面白さ」がある。その面白さに導かれて人はボールゲームを行うのであるし，体育授業における生徒も目の前にあるボールゲームが面白いから没頭して楽しむのである。しかしながら，これらのボールゲームを機能的特性論から分類すると，すべてが競争型とされてしまう。これでは，機能的特性論に依拠してボールゲームを実践する場合，どのボールゲームも競争することが面白いという狭い理解で止まることになる。その結果，それぞれのボールゲームがもつ面白さを教師が十分にとらえきれないままに実践が行われ，生徒が面白さに触れられない恐れがある。

　さて，近年のボールゲームの実践に目を向けると，2008年に告示された中学校学習指導要領，2009年に告示された高等学校学習指導要領が契機となり，多様なボールゲームの実践が広がっている。ここでは，ある特定のボールゲームを扱うように示すのではなく，ゴール型，ネット型，ベースボール型という3つの「型」が示された。これまで中心的に扱われてきたバスケットボールやサッカーはゴール型として，バレーボールはネット型として例示され，その実施が促されているものの，たとえば2018年に示された新しい高等学校学習指導要領解説保健体育編・体育編には「学校や地域の実態に応じて，その他の運動についても履修させることができる」(文部科学省，2018：p.143)と内容の取り扱いに示されており，中学校学習指導要領にも同じような記載がある。つまり，それぞれの「型」に属するボールゲームから選択して，教師が扱うボールゲームを選定して行う幅が広げられたといえる。そのため，小学校での実践が広がっているタグラグビーやフラッグフットボール，ティーボールなどが中学校でも継続して実践されることは少なくない。それ以外にも，たとえばアルティメットやホッケーなど，これまで中学校や高等学校では実践されてこなかった多種多様なボールゲームの授業が行われるようになっている。

　このように，体育授業で扱うボールゲームが多種多様になってきたことは，次々と登場する新しいボールゲームを，十分に検討がなされないままに半ば安易ともいえる形で取り上げるという問題を生じさせている(菊，1999：pp.16-

18)。実際，選択の幅が広がったからという理由だけで，アルティメットやホッケーをとりあえずやってみようという実践が見られるのである。このように，目新しいボールゲームが安易な形で取り上げられている体育の現状は，「多様な種目の中からある種目を選択する際の根拠の欠如という問題意識を顕在化」（武隈，1998：p.31）させているのである。私たち教師には，なぜそのボールゲームを扱うのかという根拠を明確にすることが求められるはずである。

■ ボールゲームの分類論への注目

こういった問題を抱える現在のボールゲームの授業づくりにおいて，その扱う根拠を得るうえで注目されているのがボールゲームの分類論である。限られた体育授業の時数の中で，多種多様なボールゲームをすべて扱うことはできない。そのため，「多様な球技をある形で分類整理できれば，教育的価値のあるものを教材として選択し，配列することができる」（佐藤，1995：p.123）と考えられるのであり，ここにボールゲームの分類論に注目が集まる理由を見出すことができる。

加えて，近年の学力低下論争に端を発した，いわゆる「体育の学力」をどう培うのかという問題が，ボールゲームの分類論に関心が集まる状況を促している。保護者へのアカウンタビリティを保証するために，ボールゲームで何を学んでいるのかを明確にすべきであるという主張から，ボールゲームの戦術に注目し，その戦術を学習内容と位置づけ，戦術の転移性に着目した分類論も盛んに議論されるようになったのである。

この代表的なものとして，戦術的行動を視点とした高橋健夫の分類論がある（図表2-3）。この分類の視点は，ボールゲームの学習内容として強調される戦術的行動に置かれている。そのため，戦術的行動を段階的に学ばせるためには，どういった配列でボールゲームを扱うのかを考える点で有用である。たとえば，「戦術的行動の学習という点では，サッカーよりもバスケットボールが先に，バスケットボールよりもハンドボールが先に学習されるべきであろう」（高橋，1993：p.21）と説明されるように，攻守入り乱れ系のシュートゲーム型に分類されたボールゲームは，戦術的行動やボール操作の容易さによってカリ

図表 2-3　集団的球技の分類

Ⅰ　攻守入り乱れ系
　①シュートゲーム型
　　　運動例……ハンドボール，バスケットボール，サッカー，ホッケー，セストボール，ポートボールなど
　　　特徴………敵味方が入り乱れてボールを奪い合い，パスやドリブルを用いてゴールにシュートすることが中心的な課題になる．この課題を主として手で行うか，足で行うか，ラケットやステッキで行うかによって，またゴールの形によって多様なスポーツに分かれるが，その戦術的行動では類似するところは多い．
　②陣取りゲーム型
　　　運動例……ラグビー，アメリカンフットボール，タッチフットボールなど
　　　特徴………敵味方が入り乱れてボールを奪い合い，パスを用いてゴールにボールを持ち運ぶことが中心的な課題になる．シュート型の運動とは異なった陣取りのための戦術が意義をもつ．また，ゲームの中断の後，1回1回明確な戦術的組立てが可能であり，戦術的行動がゲームの中核的役割を果たすというところにも大きな特徴がある．
Ⅱ　攻守分離系
　①連携プレイ型
　　　運動例……バレーボール，コルブボール，プレルボール，インディアカ（ドッジボール）
　　　特徴………敵味方のコートがネットやラインで区切られており，攻守がはっきりしている．したがって，1回1回自陣内での防御や攻撃の組立てが可能になる．レシーブ，パス，トス，アタックが基本的な連携プレイである．
　②攻守一体プレイ型
　　　運動例……テニス，バドミントン，卓球，スカッシュ，ラケットボール（天大中小）
　　　特徴………敵味方のコートがネットやラインで区分されているが，攻守が一体化して展開され，自陣内での複数人数での組立が許されない．通常，ラケットを用いて行われ，チームは一人ないし二人であり，対人スポーツとしてカテゴライズされることが多い．個人的な技術や戦術の占める部分が強い．
Ⅲ　攻守交代系
　　　運動例……野球，ソフトボール，フットベースボール，ハンドベースボール（取りっこ，蹴りっこ，ならびっこ；たまご割りサッカー）
　　　特徴………中心的な攻撃は一人で打つ，蹴る，投げるなどの個人的技術によって行われ，走塁して得点を得る．防御は複数の人数で行われ，捕球，送球の技術を用いて行われる．

出所）高橋健夫，1993：p.21

キュラム上の配列を考えることができるとされるのである．

　高橋の他にも，戦術の「動きの形」を視点とした佐藤靖の分類論，ゲーム構

造を視点とした鈴木理らの分類論などがある。また，戦術を視点としたドイツのG. シュティラーの分類論，ゲームの基本理念を視点とした同じくドイツのH. デブラーの分類論，そして，戦術的特性を視点としたイギリスのL. アーモンドの分類論など，ボールゲームの分類論は海外においても盛んに議論されてきた。しかし，国内外の多くの分類論を注意深く見てみると，あることに気づかされる。それは，多くの分類の視点が戦術に置かれており，その戦術こそが体育授業で学ぶべき学習内容ととらえられている点である。

■「楽しみ方，行い方」に注目した分類論

　もちろん，ボールゲームの戦術は大切な学習内容のひとつではある。しかしながら，それは生徒が体育授業のボールゲームで学ぶ唯一のものではない。ゲームの面白さを味わうための戦術はもちろんのこと，場の設定や用具の準備，ルールやマナーの学習，仲間とのかかわり方といったボールゲームに関わるすべてを学習内容としてとらえ，その楽しみ方，行い方を学ぶことが大切なのであり，それらを含めてボールゲームの分類を検討する必要があると考えられる。こういった学習内容を学ぶことが，生涯スポーツ実践の基礎的能力を養うと思われるからである。そこで，図表2-4に示した武隈が行ったボールゲームの分類をもとにひとつの提案をしてみたい。

　武隈はボールゲームの学習内容を，ボールゲームの戦術や技能を競い合う楽しさを保障する楽しみ方や学び方ととらえた。その点が，学習内容を戦術と限定している他のボールゲームの分類論と異なるところであり，武隈はさまざまなボールゲームの競争の仕方に注目し，その楽しみ方と学び方を学ぶという視点からボールゲームの分類を行ったのである。この分類の有用な点は，大きく分類した4つの「系」を7つの「型」として下位分類したところにある。このように示す

図表2-4　ボールゲームの分類

1. 攻守分離系	1-1 集団ネット型
	1-2 対人ネット型
2. 攻守混合系	2-1 投捕ゴール型
	2-2 蹴球ゴール型
	2-3 陣取ゴール型
3. 攻守交代系	3-1 ベースボール型
4. 攻撃交代系	4-1 的当て型

出所) 武隈晃, 1999：p.25

ことにより，ある特定の種目の戦術や技術を学ぶというのではなく，いくつかある競争のタイプの中からボールゲームを選定し，そのゲームの楽しみ方・学び方を学ぶことができるのである。

ところで，これまでの体育におけるボールゲームの学習は，生徒にここに示されるような多くの「型」の学習を保障してきたであろうか。図表2-4を見れば，バスケットボールに代表される投捕ゴール型とサッカーに代表される蹴球ゴール型，バレーボールに代表される集団ネット型の3つが中心となって，これまでのボールゲームの授業づくりが進められてきたことは明らかである。

加えて，武隈の分類からは，攻守混合系の陣取ゴール型（ラグビーなど）は，これまで中学校の体育授業にはほとんど位置づけられてこなかったことにも気づかされる。高等学校ではラグビーが位置づけられていたものの，多くの学校で実践されたとはいえない。2017年に示された新しい中学校学習指導要領解説保健体育編で，タグラグビーが初めて例示されたが，今後，陣取ゴール型に属するボールゲームを体育授業でどのように扱っていくかを検討していく必要があるといえるのではないだろうか。同じことは，選択種目として扱われることが多い，対人ネット型（テニス，卓球，バドミントンなど）にもあてはまる。また，機能的特性論からボールゲームを分類すると，すべてが競争型とされてしまうことは先に述べた通りであるが，武隈が行ったこの分類は競争の楽しみ方が整理されており，それぞれのボールゲームの競争の「何が面白いのか」ということを整理するひとつの指標にもなると考えられる。

■ **ボールゲームの分類論への期待**

これまでの中学校・高等学校におけるボールゲームの学習は，すでに述べたようにバスケットボールやサッカー，バレーボールが中心であった。地域スポーツにおけるバスケットボールとサッカー，バレーボールの普及は，これらが得意な生徒を多数生み出したが，一方では，不得意な生徒も少なくない数存在している。結果，拡大する個人差や男女差の問題は年齢を重ねるごとに大きくなり，体育授業におけるボールゲームを楽しめない生徒は増え続けているのである。かかる状況を解決するために，われわれ教師には，バスケットボール

やサッカー，バレーボールが不得意で体育におけるボールゲームを楽しめないでいる生徒のために，これらの授業を改善していく努力とともに，多種多様なボールゲームの中からどのような種目を扱うべきであるのかを考えることが，今後ますます重要となるように思われる。

　こういった立場に立ったときに，分類論を活用しながら，たとえばボール操作の易しさに注目して授業で扱うべき種目を検討する必要が生まれていると考えられる。二極化に対応し，個人差が顕在化しにくい種目を選定することも検討されるべきであろう。加えて，選択制授業を活用し，さまざまな「楽しみ方，行い方」のボールゲームの中から興味・関心のある種目を選択できるようにすることも，生涯スポーツ実践を見据えて重要である。このように，いくつかある中から教師の目的にかなった分類論を拠り所にし，扱うボールゲームの何が面白いのかを明確にしたうえでカリキュラム作成に役立てていけるのであれば，体育におけるボールゲームの学習は，生徒にとってより豊かなものになっていくはずである。

（佐藤善人）

③ボールゲームの分類論からの示唆
■ 授業づくりに活かすという視点

　さて，これまでに紹介されたボールゲームの分類論についての理解は，実際の授業づくりにどのように結びつくだろうか？　ここでは，授業づくりに活かすという視点から，分類論から得られる示唆を考えてみることにしよう。

　たとえば，図表2-4に示された分類論では，攻守分離系はバレーボールなどの集団ネット型とテニスなどの対人ネット型に分けられている。そして，図表2-3の分類論でも攻守分離系はそれと同じように種目が分けられているものの，バレーボール等とテニス等を分ける基準は集団か対人かではなく，分離しているがゆえに相手にじゃまされることのない自陣コート内での連携プレーがあるかないかに置かれている。

　この点を押さえると，バレーボールの授業で頻発するいわゆる「一発返し」のプレーに対し，教師がどのような指導をすべきかが見えてこないだろうか。

■「一発返し」はなぜいけないのか？

　相手のサーブやスパイクを拾うレシーブがそのまま相手コートに返される一発返しは，もちろんレシーブの技術が安定していない段階でもよく見られるが，授業の中でより問題として現れやすいのは，味方同士で連携すると起こる失敗を避けようとして，上手な子がゲームに勝たんがために相手のサーブやスパイクをとにかく自分で打ち返してしまうという状況が続くことである。

　この時，教師はそれを指導の対象とするが，それはしばしば，他の子がボールに触れないワンマンプレーだからよくないという理由で行われる場合が少なくない。そこでは，問題は少々道徳的なニュアンスで把握されるのである。

　しかしながら，先述の分類の基準を明確に理解している教師にとっては，一発返しは自分ばかりがボールを独占しているわがままな行為として指導の対象になるのではなく，相手にじゃまされることのない自陣コート内での連携プレーがあるからこそバレーボールは面白いのにもかかわらず，その連携がないという状況は，まだバレーボールの面白さの学習が十分ではないという理由から指導すべき状況となるのである。

■バレーボールの面白さを学習するために

　このことは，だから最初から連携プレーの練習をして，それからゲームをするという授業をすべきであるということを意味しない。

　バレーボールの面白さを突き詰めて考えてみると，ネットをはさんで自陣コート内では相手にじゃまされないという特徴を最大限利用しながら攻撃を組み立てて，相手に返せないようなボールを手で打って相手コートに送り，相手がそれを返せない時に得点になるという形で勝敗を競い合うところに求めることができる。つまり，バレーボールのゲームの面白さは，ネットをはさんで「返せるか・返せないか」という攻防を繰り広げるところにあるので，ボール扱いが安定しない学習の初期段階では，一発返しを含む何とかしてやっと相手コートへボールを返すというプレーが面白さを学習することにつながっていく。

　だが，その状況が続くのならば，面白さの学習の深まりや発展が見られないということになる。そこで，学習のそれぞれの段階においてバレーボールの面

白さを学習するためには，たとえば，初期には相手のサーブやスパイクに対してはワンバウンドOKというルールが返せるか・返せないかという面白さを学習するルールとして有効な場合が多いし，それよりも後の段階では，味方同士の連携を導きやすくするうえで，触球の回数制限の緩和やレシーブしたボールをセッター役が一瞬時だけキャッチしてOKというルールがその時点で返せるか・返せないかという面白さを学習するルールとして有効となる。

　このように，ボールゲームの分類論は，それぞれの種目に特有の面白さを考えていく際の重要な手がかりとなり，それを学習するために，いま目の前の子どもたちに必要なルールの工夫はどのようなものかを授業者自身が検討していく作業へ結ばれていくのである。

(鈴木秀人)

【さらに学習を深めるために】

1) 鈴木秀人・永島惇正「『正しい豊かな体育学習』から『楽しい体育』への道のり」全国体育学習研究会編『「楽しい体育」の豊かな可能性を拓く』明和出版，2008年，pp.226-239
   竹之下休蔵がリーダーシップをとった民間の体育研究団体の実践研究の歴史がまとめられており，本書で紹介した，運動の特性と分類をめぐる竹之下らの思索過程についてより詳しく知ることができる資料である。

2) 佐伯年詩雄『これからの体育を学ぶ人のために』世界思想社，2006年
   この中の「『楽しい体育』の単元計画の考え方——運動の特性のとらえ方と学習・指導計画」(pp.177-185)において，機能的特性という運動の特性のとらえ方や，子どもからみた特性のとらえなおしを含め，それを学習指導計画に活かしていく手続きについて詳しく説明されている。

3) 菊幸一「ボールゲームと体育理論学習」『体育科教育』47巻5号，1999年，pp.16-18
   知識の習得に重きを置く傾向にある体育理論学習の問題点を指摘し，生きた知識や経験としての体育理論を提供する必要性をボールゲームの学習を例にして述べている。生涯スポーツ種目として取り上げられることが多いボールゲームを，体育授業においてどのように扱っていけばよいのかを考える際に役立つ。

4) 高橋健夫「これからの体育授業と教材研究のあり方」『体育科教育』41巻4号，1993年，pp.19-21．
   本論文は，戦術をボールゲームの学習内容としてとらえて分類論を展開した先駆けといえる。ボールゲームの配列が具体例で示されており，戦術をひとつの視点

として体育カリキュラムを考えるうえで役立つ．

5) 武隈晃「『ボールゲーム』における分類論の成熟に向けて」『体育科教育』46巻17号，1998年，pp.31-33．
武隈晃「小学校における運動種目選択の考え方」『学校体育』52巻3号，1999年，pp.24-27．
両論文とも，ボールゲームの楽しみ方や学び方を学習内容として位置づけたうえで，ボールゲームの分類を提案している．他の多くの分類論とは異なり，戦術を視点としておらず，希有かつ貴重な研究である．

6) 廣瀬勝弘・北川隆「球技の分類に関する基礎的研究」『スポーツ教育学研究』19巻1号，1999年，pp.101-111．
日本や諸外国のボールゲームの分類論を検討するとともに，当時の小学校・中学校・高等学校学習指導要領で扱われているボールゲームが，それぞれの分類論のどこに位置づくのかを図で示しながら明らかにしている．本書で取り上げられているボールゲームの分類論に関する基礎的な知識を提供してくれる．

7) 佐藤善人「小学校におけるボールゲームの年間指導計画に関する研究―作成過程において体育主任が用いる資料に注目して―」『体育科教育学研究』27巻2号，2011年，pp.19-27．
2008年の学習指導要領の改訂により，ボールゲームをカリキュラムに位置づける自由度が高まり，教師が資料の活用なくして年間指導計画を作成できなくなっている．その作成過程に焦点を当て，体育主任がどのような資料を活用してボールゲームの年間指導計画を作成したのかを質問紙調査から明らかにしている．

8) 鈴木秀人「派生的ボールゲームとしての『タグラグビー』に関する一考察―ラグビーフットボールとの相違点からの検討―」『体育科教育学研究』28巻2号，2012年，pp.1-14．
身体接触がないことが子どもにとって学習する意味であるかのようにいわれるタグラグビーだが，体育の授業でこのボールゲームを取り上げる意味は異なるところにあることを，もとになっているラグビーとの対比から論じている．

9) 鈴木理「ボールゲームのカリキュラムをどう構成し，どう実施するのか」『体育科教育』52巻14号，2004年，pp.18-21．
ここでは，ボールゲームにおいて，「何が」「どのように」競われているかというゲーム構造を視点にして分類が試みられている．児童の立場から，そのボールゲームで何が競われており，何が課題となっているのかが検討され，具体的なボールゲームの配列を例示している．

2. 体育の内容

2.1 体育の学習内容

①教材と学習内容をめぐる議論
■ **用語の使用をめぐる混乱**

　「教材研究をしっかりしなくては…」,「この教材解釈は間違ってはいないでしょうか…」といった教師間の会話を耳にすることがある。また,「本時における学習内容を明確にしないと…」,「生徒はどういった学習内容を学び取ったのか…」といった議論が研究授業後の協議会でなされることも多い。しかしながら,ここで用いられる「教材」という用語と「学習内容」という用語は,どれだけ整理されて使われているのであろうか。ある教師は「連立方程式という教材を学ぶことが本時の学習内容です」と2つの用語を同義で用い,一方である教師は「文学教材を通して,登場人物の気持ちを考えることを学習内容とします」と2つの用語を別次元のものとしてとらえて用いており,「教材」と「学習内容」という用語はその区別が曖昧なまま使われているのが実状である。

　このような状況は保健体育科においても存在しているのであるが,実はこの「教材」と「学習内容」をめぐる議論を整理することは,体育授業を構想する際に大変重要な作業となる。そこで,ここではそれぞれの用語が保健体育科でどのように用いられているのかを明確にし,これらの用語をめぐる議論では何が焦点となり,そして何が問題とされているのかを考えることにする。

■ **運動種目を学ぶこと自体が学習内容であるとする立場**

　体育授業では,扱う運動種目を予め教師が選定し,その運動種目で単元は構成され,生徒は学習することとなる。このように計画された体育授業において,今日も多くの生徒が運動と出会いそれを行っている。学校教育という制度の中で行われている以上,生徒が体育授業で何を学んでいるのか,すなわち生

徒が学び取っている学習内容とは何かが問われるのは当然であろう。

　この保健体育科における学習内容として，体育授業で行う運動種目を学ぶこと自体を指す立場がある。佐伯は，保健体育科における学習内容を「児童生徒が体育の授業における様々な経験を通じて，結果として得るすべてのことやもの」(佐伯，1995b：p.113) と定義している。この立場では，運動種目の技術・戦術はもちろんのこと，ルールやマナー，場の工夫や仲間とのかかわりといった，体育授業の実践に関わるすべてのことやものが学習内容となる。すなわち，各生徒に応じた運動種目の楽しみ方，学び方こそが学習内容であるととらえているのである。

　このように運動をめぐるすべてのことやものを学習内容とする立場は，学校の体育授業だけで生徒の運動学習を完結させようとは考えていない。佐伯と同様の見地から永島は，体育授業で学んだ運動種目を生活の中でどのように取り上げ，どのように取り組み楽しむのかをも問題とし，自発的な運動生活の仕方や進め方を学び取ることの必要性を強く主張している (永島，2000：pp.49-59)。つまり，運動種目を学ぶこと自体が学習内容であるとする立場は，学校期の体育授業を生涯スポーツの一時期ととらえ，体育授業で学んだ学習内容を学校外で即活用したり，将来的に生かしたりすることもねらいとしているのである。

　わが国における体育授業は過去の長い間，体力の育成や社会性の発達などをねらい，運動種目を手段として用いてきたことは第Ⅰ章で述べられてきた通りである。現在では，そのような価値も含みつつ，運動種目を行うこと自体を学習の目標・内容とすることが，生徒の現在と将来の生活を豊かにするであろうとされているのである。こういった考え方のもとでは，保健体育科において自主的・自発的に運動に親しむ生徒の育成がめざされているのであり，この立場は運動目的・内容論の体育といわれている。

■ 教材を学習内容習得のための手段とする立場

　他方，「サッカーのオフェンスにおけるゴール前のサポート行動を学ぶために，ゲームを『3対2』として教材化する」というように，サッカーのゲームを生徒に学び取らせたい学習内容としての技術・戦術に焦点を当てて加工・修

正し，体育授業を行う立場がある。ここでの学習内容とは「ゴール前のサポート行動」というサッカーの技術・戦術であり，教材とはサッカーを加工・修正した「3対2」のゲームのことを指す。

　岩田は，教材づくりについて，素材としてのスポーツ種目や運動遊びを「教え学ばれるべき学習内容を見通しながら，学習者が取り組み，挑戦していく課題として加工・修正すること」(岩田，2006：p.210)であると説明する。つまり，予め教師が設定した学習内容を生徒が習得しやすいように改変した運動種目やそこで取り上げる技のことを教材としているのであり，先述の運動種目を学ぶこと自体が学習内容であるとする立場とは，同じ学習内容という用語を使用してはいても，その意味する対象は大きく異なっているといえる。

　この立場が強く主張されるようになった背景には，近年の国際的な学力調査の結果により明らかにされた日本の児童・生徒の学力が低下していること，いわゆる学力低下論争があると思われる。保健体育科においても，これまでの体育授業では何を学んでいたのかが明確でなく，保健体育科が生徒に保障する力とは何かが議論されるようになってきた。これらのことから，体育授業で何を学んでいるのかを保護者に対して明確に説明する必要があること(アカウンタビリティ)が指摘されている。このことが理由のひとつになって，教師が教えられることに限定した運動種目の技術・戦術を学習内容として明確に示す必要性が強調されているのである。

　こういった動向から，運動種目を学ぶこと自体が学習内容であるとする立場よりも，技術・戦術といった学習内容を獲得するために運動種目を加工・修正したミニゲームやタスクゲームを教材としてとらえて実践する立場が支持される傾向もある。その典型的な例が，昨今のボールゲームの研究や実践にみられる戦術学習である。

■ 教材と学習内容をめぐる議論からみえる課題

　ここまで述べてきたように，運動種目を学ぶこと自体が学習内容であるとする立場から体育授業を行うのであれば，その学習内容は広義のものとなり，扱う運動種目に関わるすべてのことやものが学習内容となる。この立場から体

育授業を構想するのであれば，教材という用語は用いられることはない。そして，生徒が学習内容としての運動種目にどのように向き合っていくのかが問題とされ，技術・戦術を含めた運動種目に関わるすべてのことやものを対象として体育授業は計画されるのである。ここでは，それぞれの楽しみ方と学び方で生徒が運動種目とどのように向き合っているのかが問われるのであり，生涯スポーツ実践の基礎的能力を育むための体育授業がめざされることになる。

　一方，学ぶべき技術・戦術を学習内容とする立場であれば，そこで指す学習内容は狭義のものであり，その学習内容を習得するために運動種目を加工・修正したものが教材となる。この立場から体育授業を構想するのであれば，技術・戦術という学習内容を生徒に習得させることが主なねらいとなる。

　ところで，佐伯は教材と学習内容の関係について，学習内容が，授業を学習指導過程としてとらえ，そこで生徒が学び・習うべきことやものを意味するのに対して，教材は，授業を教授過程としてとらえ，そこで教師が用いる教育手段としての材(財)を意味すると述べたうえで，前者が生徒の立場からとらえられる学び・習うことやものであるのに対して，後者は教師の立場からとらえられる教え・授けることやものであるとしている(佐伯，1995b：p.113)。教師が体育授業を行うときに，生徒の立場に立って計画するのか，もしくは教師の立場に立って計画するのかでは，その授業は自ずと異なったものとなってくるであろう。生涯スポーツ実践の重要性が叫ばれ，より自主的・自発的な運動へのかかわりが人々に期待される昨今，教材と学習内容という用語はこういった意味の違いをも理解したうえで検討されるべきである。この点からも，運動種目を学ぶこと自体が学習内容であるとする立場から体育授業を構想し，実践されることが望まれるのではないだろうか。　　　　　　　　　　　　　　（佐藤善人）

②体育の内容
■ 体育の目標と内容との関係
　前項でも触れられているように，体育の授業で取り上げるさまざまな運動は，ある内容を教えていくための材料であって，学習内容とは区別しなければ

ならないとする考え方がある。必然的に，そういった立場の授業における運動は，一定の内容を習得させていくための教材という位置づけになっていく。

仮に，体育の授業という時間の中だけで運動の学習を考えるならば，こういった考え方は，今なお多くの人々が抱く教育的な思考の道筋となじみやすい面があるかもしれない。しかし，運動を学習するということを，授業の中のことだけではなく，日々の生活にまで意識的に広げて考えてみると，先にみた考え方では，人間と運動（最も広い意味でのスポーツ）という文化との関係を，真の意味での学習という姿に具体化できないということに気がつくのではないだろうか。そもそも，人間が運動と関係を取り結ぶという行為は，その運動に特有の魅力に向かうことで成立するのだから，そこで学んでいる内容とは，その運動に特有の楽しさや面白さを中心にした運動の全体が学習する内容としてとらえられるからである。

こういった学習内容のとらえ方は，教材という役割から体育授業における運動を言わば解放し，運動そのものを学習の内容として位置づけることを導くとともに，体育の目標と内容との関係についても新たな認識を提示することになる。これまで述べてきたように，運動を子どもたちのさまざまな面での発達を促す直接的な手段と考える次元を超え，人間にとって文化としてある運動の本質的な価値を学ぶ場として体育の授業を構想する時，授業は，運動を楽しむというその文化的な享受を目標とし，楽しさを中心にした運動の全体が内容となる。つまり運動それ自体が目標であるとともに内容であると考えられるのである。

■ 運動という文化と学習する内容

しかしながら，これまでも，そして現在も，体育の学習は，そこで取り上げる運動の技術や戦術やルールといった，運動という文化の構成要素を学習する場とされることが多いのではないだろうか。体育は，人間と運動の関係を問題にする教育だから，その学習が，まさに運動の技術や戦術やルールを学ぶこととして具体化されるのは当然の成り行きなのかもしれない。これらを学ぶこと自体が体育の授業において否定されたり排除されたりするわけもないが，ここで目を向けてみなければならないと思われるのは，こういった体育の学習経験

が積み重ねられていけばいくほど，小学校の低学年の頃には多くの子どもが大好きだった体育の人気は中学・高校と進むにつれて低落していき，それとは逆に，運動することを嫌う子どもたちの数が増えていくという現実である。

　運動をはじめとして，人間が生み出してこれまでに継承してきた数々の文化は，それについての考え方である観念，それが行われる際の行動の仕方と守らなければならない規範から成る行動様式，それが必要とする独自の物的事物の3つから構成される（佐伯，1981：pp.213-217）。かかる枠組みを視点にみてみると，技術や戦術やルールの学習を中心的な内容とする体育の授業は，運動という文化を構成する3つの要素のなかの，とくに行動様式を学ぶことが体育の学習の中心に据えられたものと考えることができるだろう。しかし，運動の文化的な享受，そしてそれを生涯にわたって継続していくという意味での文化的享受能力を育む，ということから考えると，行動様式を中心にした体育の学習がそれを可能にしていくとは考えにくいのである。

　運動の文化的な享受とその継続には，自分自身にとって運動をすることは大切な価値や意味をもつという観念が形成されることが重要である。たとえば山口泰雄は，「過去のライフステージにおいて，スポーツの楽しさ（フロー）経験をもつと，現在のスポーツ活動の継続につながる」ことを明らかにしている（山口，1993：pp.52-54）が，ここでいわれている「楽しさ経験」とは何を意味しているのか，それは何を学んだことなのかを，体育の内容を考えてみるに当たり，われわれは改めて問う必要があるだろう。それは決して，教室での座学から開放されたとか発散できたとかいったような一過性の「楽しさ経験」に終始するものではなくて，運動をすることに価値や意味を見出せるような「楽しさ経験」だったはずである。逆にいえば，運動の技術や戦術やルールをいくら学んでも，そういった意味での学習を欠いてしまって，運動をすることは自分にとって大切な価値や意味をもつという観念が形成されないのならば，その人の運動の文化的な享受は現実のものにはなりえないといえるのである。

■ 子どもにとって意味のある内容を考える

　もちろん，運動という文化の学習は，観念の学習，行動様式の学習，物的事

物の学習，といったぐあいに個別に実践できるわけではない。小学生は小学生なりに，中学生や高校生もそれぞれなりに，運動という文化をそれらの構成要素がまとまった総体として学ぶからである。ただ，人間の成長が心身の発達に規定される傾向が強い幼児期や児童期には物的事物に関わる学習，たとえば物や場と関わりながら身体を動かすこと自体が子どもにとって意味のある運動の学習として現実化されやすく，徐々に行動様式をめぐる学習，たとえば技術や戦術を身につけたりルールを工夫したりすることも子どもにとって意味のある運動の学習になってゆき，さらに次第に観念をめぐる学習が運動の学習としてより意味のあるものになってゆくといったように，運動という文化の構成要素は，体育の内容をゆるやかに方向づける指針を提供する。

　菊幸一は，このような運動という文化の学習を，小学校・中学校・高等学校という体育カリキュラムの全体構想として，図表2-5のように描いてみせている（菊，2008：p.88）。それは，運動の機能的特性を十分に味わうことができるように，技術や戦術やルールやマナーをはじめとする文化を構成する諸要素を子どもたちなりに組み直し，その運動の丸ごとを今もっている力で楽しめるものにしていくことである。この運動の文化的な享受へ向け，仲間とともに今もっ

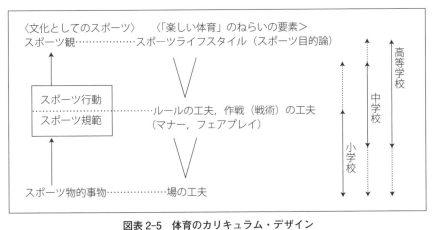

図表2-5　体育のカリキュラム・デザイン
出所）全国体育学習研究会編『「楽しい体育」の豊かな可能性を拓く』明和出版，2008年，p.88より

ている力で楽しめるように運動を具体的につくりなおしていくことそれ自体が体育の内容であり，それは運動という文化の楽しみ方という視点からもおさえることができる。

　体育の内容をめぐるこの辺りの理解を欠くと，ただ運動をしてはいるけれども，学習が存在しない体育の授業となってしまう。そこには，運動の楽しさをそれぞれの運動に特有の面白さや楽しさとしてとらえようとするのではなく，感情的あるいは情緒的なものとすることで，体育の授業ではただ楽しく身体を動かして運動していればよいとする，運動の学習をめぐる貧しい発想もみえるのである。体育の内容を考えるということは，このような活動はあっても学習がない授業をつくり出さないためにも，授業づくりの重要な検討課題となる。

（鈴木秀人）

【さらに学習を深めるために】

1) 佐伯聰夫「体育授業の学習内容」阪田尚彦・高橋健夫ほか『学校体育授業事典』大修館書店，1995年，pp.113-122
　体育についての考え方の違いから導かれる学習内容の相違について，わが国の代表的な体育授業論を取り上げて説明している。体育の内容のとらえ方をめぐり，何が議論の対象になるのかを理解するうえで役に立つ。

2) 永島惇正「体育の内容」宇土正彦・高島稔ほか編著『新訂 体育科教育法講義』大修館書店，2000年，pp.49-59
　運動目的・内容論の立場から学習内容について論述されている。学習者の立場から学習内容を考えたり，運動の取り上げ方を考えたりする際の基礎的な知識を提供してくれる。

3) 岩田靖「教材・教具」(社)日本体育学会監修『最新スポーツ科学事典』平凡社，2006年，pp.209-213
　ここでは，学習内容と文化的素材としての運動とを峻別する立場から，教材や教具の概念について用語の定義がなされている。

4) 鈴木秀人「『アウトナンバーゲーム』を学習することの意味を問う」『体育科教育』57巻11号，2009年，pp.32-34
　学習内容と教材を区別する立場から提案されたバスケットボールの実践に対し，異なる立場から意見を述べており，前後の論文とあわせて，興味深い議論が展開されている。

5) 山口泰雄「運動・スポーツの阻害要因―社会的要因を探る」『みんなのスポーツ』15巻11号, 1993年, pp.52-54
　日常生活において運動をしない人が運動を避ける理由は何かを論じている。そこでは, 体育授業を含む人生の早い時期における運動経験の質が, その後のその人の運動への関わり方を規定することが明らかにされていて, 小学校の体育のあり方を考えていくうえで示唆に富む。
6) 菊幸一「カリキュラム・イノベーションに向けて」全国体育学習研究会編『「楽しい体育」の豊かな可能性を拓く――』明和出版, 2008年, pp.78-89
　これまでの体育カリキュラムが前提にしてきたものの問題性を論じ, 今後の体育の内容を考えていくうえで必要となるであろう視点を提示している。
7) ジャクソン, S.A.・チクセントミハイ, M. (今村浩明・川端雅人ほか訳)『スポーツを楽しむ』世界思想社, 2005年
　自己目的的な活動を説明する概念として広く知られるフローについて, とくにスポーツに焦点を絞って論じたもの。仲間とともに今もっている力で楽しめるように運動を具体的につくりなおしていくことを体育の内容とする時, ここで述べられているフローを導くさまざまなポイントは, それを考えていくうえで有益な手がかりとなるだろう。

2.2　カリキュラムの検討

①カリキュラムとは
■ カリキュラムのさまざまなとらえ方

　「カリキュラム」という用語は, 今や教育界において日常的に広く使われている。学術上の概念の違いのみならず, 日本においては行政用語として教育課程の訳語としてのカリキュラムという用語の使用や, 学校における指導計画を含んだ教育活動の全体的な計画を含めたとらえ方, あるいはそれに限ったとらえ方など, その意味するところはさまざまである。
　カリキュラムには, 制度化されたカリキュラム（学習指導要領など）, 計画されたカリキュラム（各学校の年間指導計画）, 実践されたカリキュラム（教師が授業で実践するもの）, 経験されたカリキュラム（学習者の学びの経験）といった多層性がみられる（田中, 2001：pp.22-23）ものの, 1970年以降, カリキュラム研究

の分野では「教育内容の計画」から「学習経験の履歴」にカリキュラム概念の再定義が行われ、教える側からの一方的なとらえ方ではなく、学習者の立場をもふまえた学びの経験自体の実質をとらえる概念へと、カリキュラムのとらえ方が変わってきている(松下、2000：p.43)。

　ちなみに、体育の分野においては、戦後間もない頃すでに、竹之下休蔵がカリキュラムについては「子どもたちが学校においてもち得る諸々の学習経験であり、学校の指導の下に児童生徒が学習する有効な経験の総体を組織されたもの」としたうえで、教育活動自体が動的な性格をもっているゆえにカリキュラムも動的なものとしてとらえることが必要である(竹之下、1949：p.1)と指摘している。こうした指摘は現在でも色あせることはないだろう。

■ 体育のカリキュラムを考えるポイント

　カリキュラムのとらえかたは依然としてさまざまではあるが、今日の体育学習の方向性とカリキュラム研究の動向や竹之下の理解をふまえると、カリキュラムとは、「教師が組織し子どもたちが体験している学びの経験」(佐藤、1996：p.4)の総体ととらえることが妥当であると思われる。またそれは、「教育すべき計画としての競走路」ではなく「知的・文化的な経験自体を楽しむ旅路」(佐藤、1996：p.31)となることが子どもの学びの経験を豊かにすると考えられる。それに従い、学びの経験の総体としてカリキュラムを理解する際には、教師自身が制度的な枠組みから自立し、子どもの学びの経験が教師の予測し教えていること以上の経験であることをわきまえることが必要である(佐藤、1996：p.30)。

　また、子どもの学びの経験は学校以外のものということもあり得るし、子どもの学びの経験には、経験されることばかりではなく、経験されないことや以前は経験されていたが次第に経験されなくなっていることもある(溝上、2006：p.158)との理解も大切である。それゆえ、意図的にカリキュラム化しなければ経験される可能性が閉ざされ、子どもの健やかで伸びやかな成長の妨げになる内容もあると考えることが必要ではないだろうか。

　こうした理解のもとで、体育のカリキュラムとは、教師と子どもの創造的な学びの経験の履歴を意味し、教科としての体育の指導計画(年間計画、単元計

画，授業案など）といった形で具体化され，授業における子どもの学びの経験としてとらえることとなろう。そして，教師の構想する指導計画としてのそれは，教育理論，学校における教育内容の全体的な計画，社会における人間と運動の関係をめぐる諸理論，子どもの発達をめぐる諸理論，学習論などさまざまな分野の影響を受ける中で，体育科教育学の視点からその構想がまとめられデザインされることが求められる。

■ スコープとシークエンスという視点

　教科において何を，いつ，どのような順序で教えるのか（学ぶのか）という問題はカリキュラムの問題であるが，この点にかかわる重要な概念に「スコープ」と「シークエンス」がある。スコープとシークエンスは，1930年代のアメリカで採用され普及したカリキュラム構成の基本的な枠組みであり，スコープは領域ないしは範囲，シークエンスは系列もしくは配列と訳されている。元々スコープとシークエンスは，子どもの生活経験を重視した経験主義的教育論にもとづくカリキュラム構成の基本的枠組みとして，子どもに与えるべき生活経験内容の領域の選択とそれらの年齢的発達の系列を決定する原理として用いられてきた（木村，2001：p.21）が，今日ではそうした特定の教育論にこだわらず，どのような領域から学習内容を選び，それをどのような順序で配列していくのかにかかわるカリキュラム構成の原理として，教科のカリキュラムを編成するうえでも重要とされている。

　さて，カリキュラムの内容をいかにとらえ，一貫した視点から全体的な領域をどのように構成していくかがスコープにかかわる作業のひとつである。このようにスコープの検討とは，学習者の学びの経験の一定のまとまりをいかに保障していくのかという視点からなされるものである（長尾，1987：p.85）。それに対してシークエンスは，学習内容を配列することであるが，それは単に学年別に学習内容を配置することだけではない。シークエンスの検討では，学習内容のつながりを考慮することが大切であるし，さらにいうならば，学習内容そのものの吟味も大切な作業となる。学習内容自体をどのような視点からとらえるかが重要なのであり，そのなかで，それを一定のまとまりとして分類していく

ことがスコープであり，有機的に相互の関連を熟慮し配列しつないでいくのがシークエンスなのである。

　体育のカリキュラムにおけるスコープ論をめぐっては，第Ⅱ章の「1. 運動の特性と分類」において内実が示されている。それに従うならば，スコープは学習者にとっての運動の機能的特性から考えられる。そして学習内容は，単に運動の仕方としてのルールや技術を中心として考えられるのではなく，運動のルールや技術が運動それぞれのもっている本質的な意味と結合して学ばれなければならないし，運動への取り組み方，運動の学び方が学習されなければならない(佐伯，1984：p.75)という点が示されている。

　こうした考え方をふまえたうえで，さらに現代の人間と運動の関係に鑑み，「文化としての運動」をどのようにとらえるのか，ならびに現代の教育的課題に体育がどのようにかかわるのかという点を考慮して，今日の体育の役割に向かう学習内容をとらえていくことが大切となる。そして，そこからどのように運動を分類し配列していくかが求められる。こうした手続きの中で，今後，運動分類の枠組みを修正すること，場合によっては新たな運動の分類論を模索することもあり得るのである。

　また，シークエンスにかかわっては，学習者である子どもならびにプレイヤーである子どもの運動の学びと，健やかで伸びやかな子どもの育ちとの関係性から検討することが重要となる。とりわけ，子どもたちの自発的な運動の意味や価値の探求が，どのように子どもたち自身に身体的，文化的，社会的な「洗練化」をもたらしていくのか，その可能性をカリキュラムの編成の原理としていく(菊，2008：p.89)ことが求められるだろう。

　なお，カリキュラムの編成とは，教育活動の改善における重要な活動のひとつでもある。それだけに，その評価をどのように行ってカリキュラム自体の評価を整理するのか，そしてそれをもとにいかにしてその後の実践につなげていくのかといった取り組みが，今後ますます重要視されなくてはならない。

（越川茂樹）

②カリキュラムをめぐる問題
■ 体育の授業づくりとカリキュラムの検討

　一般的にカリキュラムという言葉は，学校あるいは教師の計画の下で，子どもたちが学習していく道筋を指して使われてきた。そこから，教育の目標達成のために教師によって組織された，意図的で計画的な教育の内容をカリキュラムとして考えてきた歴史が長かったのだが，近年では，意図的・計画的でないものにも意識的に視野を広げながら，教師の計画と子どもの経験の相互に関連した集まりとして，子どもが実際に学んでいることの総体をカリキュラムととらえるようになっていることは先述のとおりである。

　したがって，体育においてカリキュラムを検討するということは，教師からみれば体育は何を教えるのかを考えることになるが，子どもからみるとそこで何を学ぶのかが問題にされるということになるわけで，どちらの視点から考えるにせよ，体育の内容と深く関わる領域ということになる。体育の内容について考える第Ⅱ章において，カリキュラムの検討を取り上げるゆえんである。

　そして体育の内容は，体育の目標から導かれるものであり，またその内容をいかに教えるのかという体育の方法も，目標および内容と一貫性をもったものでなければならない。そういった意味でカリキュラムの検討とは，体育の目標について考えることと体育の方法について考えることと密接な関係をもちながら，体育の授業づくりの中心に位置づく大切な研究となるはずである。

■ ナショナル・カリキュラムとしての学習指導要領

　しかしながら，昭和20年代に盛んにカリキュラム研究が行われた一時期を除くと，わが国では，体育を含むどの教科についても，学校教育現場においてカリキュラムの検討が熱心に行われてきたとはいいがたい。ここには，日々の授業づくりを担う教師たちが，自分の役割を1時間1時間の授業づくり，ないしはせいぜいその集合体としての単元づくりに限定してしまい，カリキュラムの検討は，あたかも自分たちの仕事の範疇ではないかのようにとらえるという，授業づくりにおけるいわば分業もみられたのである。

　かかる状況を導いたひとつの理由は，1958（昭和33）年に学習指導要領が法

的な基準として示されるようになったことに求めることができるだろう。カリキュラムを，教育の目標達成のために意図的・計画的に組織されるものという性格に比重を置いてとらえた場合でも，それは国のレベル，地域のレベル，そして各学校のレベルといったように多様なレベルで存在しうる。学習指導要領はここでいう国のレベルのカリキュラム，つまりナショナル・カリキュラムとしてとらえられるが，これが中央集権的な教育行政と連動しつつ，拘束力を有する全国統一のカリキュラムとして機能することでその他のカリキュラムの検討を不要化したことが，先にみたような日々の授業づくりの中から教師たちによるカリキュラムの検討を欠落させるという結果をもたらしたといえるのである。

■ **日々の授業をよりよくしていくこととカリキュラムの検討**

このように長い間，カリキュラムを検討するということが日常的な研究としては自覚されてこなかったこともあって，改めてカリキュラムについて検討することの重要性を指摘されても，なかなかそこには関心が向かないのが教育現場の現実である。少なくない教師たちには，依然としてカリキュラムは教育の現場にいる自分たち自身ではない他の誰かがつくるものであり，自分たちはそれをもとに日々の授業をつくるのが仕事であると思われている。

そういった問題状況を克服していくためには，カリキュラムを検討することが，日々の授業をよりよくしていくことに密接に結びつくという意味で実は大変にやり甲斐のある研究なのだという実感をもつことが必要であろう。それが無ければカリキュラムの検討は，日々の授業づくりからは距離が遠い，難しくて意義を見出すことのできない作業に感じられるだけである。

もちろんこの後に述べられるように，運動の文化的な享受能力を育むという体育の目標に向かっていく際，それとカリキュラムの検討がどのように結びつくのかを頭の中でイメージすることも大切である。そして，年間指導計画やその他の体育カリキュラムの検討においては，具体的に，カリキュラムの検討が日々の実践をよりよくしていくことに直結していく道筋を探る作業そのものが，その検討をより身近なものにすることだろう。

（鈴木秀人）

③青少年期の発達と「文化としての運動＝スポーツ」の学び
■ 教育学の立場からみた青少年期の発達

　一般に発達とは，単なる変化ではなく，劣った状態から優れた状態や良き状態への変化を意味し，「進歩」「成長」「獲得」「達成」といった言葉で表現される事象として理解されている(矢野, 1998：p.104)。また，それは，戦後教育思想の特徴を示す中心的な概念のひとつであり，最終の到達段階が存在し，共同体の価値基準に従う，青少年を「教育的に」とらえる際の基本的な視点となってきたといわれている。しかしながら，近年，発達という人間の変容の過程を生のレベルでとらえようという立場から，発達というまなざし自体を相対化しようとする考え方がみられることも無視できない(木村, 2009：p.35)。

　教育人間学者である高橋勝(2007)は，発達を実体的な内容を表す概念ではなく，近代社会において形作られてきた概念のひとつであるとしてその固有の意味と構造について検討している。彼は，人間の発達とは，既存の文化の習得を含むものであり，その意味ではすでにできあがっている「秩序への適応」という面をもっていることは否定できないが，子どもの生きている生活世界の側からみるならば，子どもの根源的欲求(欲動)は既存のことがらを逸脱する豊かさを含み，このことが定型化された既存の文化に揺らぎを与え，その構造や秩序を大きく組み換えていく原動力ともなる(高橋, 2007：p.164)と説く。すなわち，発達とは，環境への適応を基準とした「社会化」や「文化化」のカテゴリーに収まるものではなく，人間が学習や創造の過程で生成していくこと，絶えず自分自身を「乗り越えていく」ことである(高橋, 2007：p.160)。そこには，既存の文化に組み入れたり，完成体に向けて階段を一段一段上がっていくような発達のモデルで評価したりするのではなく，そうした一元的な発達自体を異化するメタモルフォーゼ「自己変成」の運動体(高橋, 2007：p.164)として子どもをとらえていくといった，ダイナミックな営みとしての人間の生の理解がある。こうした教育学における生のレベルから発達をとらえる立場は，体育において青少年期の発達を理解するうえでも大切であると考えられる。

■ 生涯「発達」の視点からみた青少年期の運動の発達的特徴

　また，人間の発達の問題を研究対象とする発達心理学でも，発達は子どもにとって完成体(大人)に向けての歩みを意味するという見方自体への問い直しにより，発達は幼少年期から青年期に限定されない，成人期以降生涯にわたり認められるという「生涯発達」の視点から研究が進められている。それによると，発達という現象は人生全般におけるそれぞれの時期においてさまざまな能力の向上・停滞・低下といった状態として現れるという(村田，1989：pp.62-64)。今日のさまざまな年代における運動の取り組みからも，こうしたとらえ方は頷くことができるものであろう。

　こうした視点に立ちつつ，運動発達をめぐって杉原(2014)は，中学・高校期とは，運動体力(「筋力」「瞬発力」「持久力」等の運動に必要な身体的エネルギーを産出する能力)の向上に運動刺激が最も敏感に作用する，つまり，体力トレーニングの効果が最も大きくなる時期であると指摘する(杉原，2014b：p.27)。また，その運動体力の分化と中学・高校期の青少年の関連において2つのポイントがあるという(杉原，2014b：p.28)。ひとつは，運動体力が未分化な児童期の半ばくらいまでは，筋力の高い子どもは瞬発力や持久力が高いというように，運動体力の相互の関係が認められるが，中学・高校期頃では，筋力の高い者が持久力も高いとは限らなくなるというように筋力，瞬発力，持久力等が互いに独立性を増していくということである。もうひとつは，体力トレーニングの効果における独立性であり，中学・高校期になってくると，筋力を高めるような運動を行って筋力を高めても持久力は高まらないということである。それゆえ，各々の運動体力を高めることをめざすのであれば，運動処方にもとづいて，それぞれの目的に応じた運動を別々に行うことが求められる。

　加えて，中学・高校期は，急激な身体上の変化，重要な概念的成熟，仲間からの承認に敏感になることなどによって特徴づけられ(ニューマン・ニューマン，1988：p.261)，総じて，身体的・社会的・情緒的に不安定な状態が多くみられるとともに，抽象的な概念の理解や論理的思考などが可能となり，さまざまな価値観が芽生え，興味関心も多様化してくる時期であるといわれている。また，

物事を,そして自分自身を客観的に分析することが,これまで以上に可能となってくる時期でもある。

■「文化としての運動＝スポーツ」の青少年にとっての意味や価値

　体育が社会における人間と運動の関係について問題にする教科であることは,すでに理解されているところである。1990年代に入ると,スポーツは多様さを増す一方で,人々のスポーツ生活にさまざまな問題が生じるようになるとともに,成熟社会における人生のビジョンとして,生涯学習や生活・人生の質があげられ,人間性全体としての可能性を切り拓く運動の文化的享受の重要性が主張されるようになってきた。すなわち,運動享受の量的拡大への志向から,生活や人生における運動享受のクオリティを問題にする傾向が強くなってきた。

　前述した発達というまなざし,ならびにこうした人間と運動の関係を踏まえると,今日の体育の方向性にとって,スポーツをそのおもしろさにおいて行う経験の中で,人間の能力を能動的に発揮し,生きることの歓びを実感するとともに,自己の可能性を切り拓いていくといったライフスタイルの考え方が重要となる。つまり,中学・高校期の青少年の健やかで伸びやかな成長にとって,とくにこの時期限定の発達の促進という視点のみならず,生きる歓びの実感や自己の可能性の開拓という視点からスポーツに意味や価値が見いだされるのである。

　また,極端に一次的な経験(身体を媒介とした直接的経験)の機会を減らしている現代社会において,一次的な経験の場としてのスポーツ活動は,独特の発達傾向を有する青少年の自己形成の場としても尊いものである。それは,もしそうした場や機会を逸してしまうことになると,青少年にとって年齢期独特の発達を促すことを含め,日常生活を幅広く活性化させている多くの意味を経験する機会や,自らの力を能動的に発揮し,生きる歓びを実感するとともに自己の可能性を切り拓いていく場や機会を失ってしまうことになるからである。

　加えて,メディア社会といわれる今日において,スポーツのとらえ方が多様化し,スポーツのあまたの情報が拡散する一方で,青少年のスポーツに対する

認識が一面的になる可能性も否定できない。また，現代社会においてスポーツにおける差別や暴力，不正，スポーツへの差別や偏見・蔑視も依然として存在している。こうした点を踏まえるならば，青少年が自立・自律した文化の担い手となり，創造者となっていくことが求められる。

それにより，青少年にとって意味ある自己形成の豊かな場としての「文化としての運動＝スポーツ」が保障され得る。青少年が文化としての運動とは何かを問い続け創造していくことが，自らの力を能動的に発揮し可能性を拓く過程であるとともに，「文化としての運動＝スポーツ」を育てる，すなわち，自らの自己形成の過程であるとともに自己形成の場自体を自身の手で豊かにしていくこととなるのである。このような関係性において，「文化としての運動＝スポーツ」の青少年にとっての意味や価値が見いだされ，それを学ぶことの意味や価値が改めて明らかになる。

■「文化としての運動＝スポーツ」の学びの内容をめぐって

すでに述べられているように，体育の使命とは運動を実践の中で文化的に享受する存在へと青少年を育てていくことである。その際，このことは二重の意味をもっている。ひとつは，青少年を育む，つまり，運動における，運動による人間形成としての使命であり，もうひとつは，青少年自身が運動文化を育む，文化としての運動とは何かを問い続け，創造していくことである。

こうした方向性の中で，「文化としての運動＝スポーツ」を学ぶあり方において大切な観点は，青少年も運動という文化も決して実体として固定化されたものではなく，それぞれがダイナミックに絶えず生成されていくと理解する点にある。つまり，「文化の学習」とは，様式化・形式化した文化パターンを学び・習い，それを生活における楽しみ方やライフスタイルのモデルとして身につけることであったり，制度化された文化のヒエラルヒーによって権威的に価値づけられた文化を生活の装飾として習得しようとしたりする，文化の所与の定義に則した学習ではなく，文化の所与の定義を手がかりにしながらも，人間の共同生活・社会・歴史の文脈の中で，絶えず再生産されながら意味や価値を生成する，「文化とは何かについての学習」（佐伯，1995a：pp.12-13）である。

こうした学習のあり方が,「文化としての運動＝スポーツ」を学ぶことの核心であり, 今日の体育学習の前提として理解され, カリキュラムがデザインされることが大切である。体育の授業では,「所与の『財』としての文化を手がかりにしながら, それを『もの』として教え, 授かる学習ではなく, 主体的な関与によって意味を生成し, 価値を実現する『こと』として学び・習う学習」(佐伯, 1995a：p.13) が求められるのである。すなわち,「文化とは何か, 誰のための文化か, どのような意味・価値を担っているか」が問われ, そして学び手である青少年の欲求と現実の生活といった生き生きとして現実世界の中で, 手がかりとする所与の文化性を帯びた運動をめぐる学習において問われることが大切となる。そこでは, 人間の能力を能動的に発揮し, 生きることの歓びを実感するとともに, 自己の可能性を切り拓いていく内容としての適時性について, 青少年独特の発達傾向を配慮し発達を生のレベルにおける人間の変容過程ととらえる中で検討し, 中学・高校期の青少年が自ら積極的に取り組む豊かな学びを可能にする手がかりとしての運動を選定・配列することが必要である。

(越川茂樹)

■ **カリキュラムのあり方**
　カリキュラムの語源は「走路」だといわれている。この「走路」とは, 現在位置から目的地まで最も合理的に移動するという意味を含んでおり, 直線的なイメージをもつ。学校教育においても学習内容の検討において,「無駄」を省き, 科学的・合理的に内容を精選し, それを効率的に配置するという考え方が多くの支持を得てきた。もちろん, このようなカリキュラムのあり方は, 近代の学校という仕組みにおいては必要なあり方でもあった。しかしながら, 本書でこれまで述べてきた「生涯学習」「運動という文化の学び」を考えるとき, 従来の「細切れにされた(学校期などによって分断された)」「直線的な」カリキュラムではなく, 一生涯という文脈の中で整合性があり, 教科カリキュラム以外の広がりを見据えた柔軟で幅の広いカリキュラムのあり方を考える必要がある。
　中学校・高等学校のカリキュラムを考えるうえでは, それぞれの学校の地域特性や生活環境を踏まえるとともに, 中学校入学以前と中学校・高等学校卒

業後との文脈を大切にする必要がある。一生涯というひとまとまり(時間という「縦軸」)の中で発達の段階に応じた整合性のあるカリキュラムの開発が求められているのである。中等教育期の生徒たちが，中学校・高等学校を人生のひとつの時期として，興味関心や発達段階に応じて運動という文化に出会い，それを存分に味わい，それぞれが自分のペースで次のステージに向かいながら実践者として洗練されていく。別の言い方をすると，学校体育や行事などの活動を通して，時には家庭や社会における体験的な学びを通して，多様な意味経験(行う，観る，支える，つくる)をし，自分自身の意味を編み上げていく。そのようなプロセスこそがカリキュラムそのものなのである。

　近年，アメリカの中等教育体育を中心に，「スポーツ教育モデル」というカリキュラムモデルが実践されている。これは，子どもたち自身が，長い時間をかけて(4シーズン)，同じクラスのグループがメンバーを変えずにシーズンごとのスポーツ(4種目)をリーグ戦形式で運営するというような形で行われることが多い。子どもたちはこの中で，時にはプレイヤーとして，コーチとして，マネージャーとして参加し，スポーツに関わることのさまざまな意味を経験する。ここでは，プレイヤーとして運動の「楽しさ」を経験するだけでなく，コーチや審判として技術やルールについて学び，さらには表彰式の運営やマッチメイキングのあり方をも学ぶのである。これらは，社会で実際に営まれているスポーツという文化の実践を，学校の中においても切り分けず，丸ごと経験させようという営みであり，わが国の学校体育を考えるうえでも示唆に富む。

　日本とアメリカでは文字通り文化が異なる。地域社会で行われている「運動という文化の実践」のあり方も学校という文化のあり方も全く違う。しかしながら，中学校・高等学校の体育授業を考えるうえでも，生涯学習という枠組みの中で，生徒たちを「運動という文化を紡ぎ上げていく主体者」として考えるのであれば，各学校期やその後の生活という「縦軸」と整合性があり，学校教育における他の活動との連携や地域社会における文化的実践に関わることを含んだ「横」への広がりをもった「スポーツ教育モデル」のようなカリキュラムのあり方も検討されるべきであろう。

(山本理人)

【さらに学習を深めるために】

1) 高橋健夫「体育カリキュラム論」宇土正彦監修，阪田尚彦・高橋健夫ほか編『学校体育授業事典』大修館書店，1995年，pp.133-139
   学習指導要領や諸外国の体育カリキュラムをめぐる動向など，体育のカリキュラムについて理解していくための基礎的知識が解説されている。

2) 高橋和子「カリキュラム（教育課程）」勝田茂ほか編『最新スポーツ科学事典』平凡社，2006年，pp.143-145
   体育のカリキュラムに焦点を当てながら，カリキュラムの概念，スコープとシークエンス，潜在的カリキュラム，ナショナル・カリキュラム等々のカリキュラムをめぐる基本的用語がわかりやすく説明されている。

3) 井谷惠子「カリキュラムモデル」勝田茂ほか編『最新スポーツ科学事典』平凡社，2006年，pp.14-146
   主に，アメリカで開発されてきた体育についての一定の考え方にもとづくカリキュラムのモデルが紹介されている。体育カリキュラムの多様性について知ることができるだろう。

4) 松田恵示「カリキュラムの視点から見た『楽しい体育』の特徴」全国体育学習研究会編『「楽しい体育」の豊かな可能性を拓く』明和出版，2008年，pp.90-104
   カリキュラムという概念の変化を紹介したうえで，運動の文化的な享受能力を育むという観点から構想される体育カリキュラムのあり方について論じている。体育の内容について考えるうえでも参考になる。

5) 箕浦康子『文化のなかの子ども』東京大学出版会，1990年
   子どもの発達と文化との関わりについて，異文化間の比較などを通して丁寧に解説するとともに，学校文化やそこに関わる調査研究方法についても触れている。

6) 高橋勝『文化変容のなかの子ども』東信堂，2002年
   文化変容の中の子どもについて教育人間学的な視点で解説するとともに，わが国の子どもの現状について，「情報・消費社会」という背景からその問題点を指摘している。また，そのような中での学校や教師のあり方についても丁寧に解説している。

7) 佐伯胖・藤田英典・佐藤学『学びへの誘い』東京大学出版会，1995年
   学校における「学習」のあり方について，「学び」というキーワードを用いて根本的に問い直す視点を提示するとともに，学校教育における力動的な「学び」の実践について具体的な事例を示しながら解説している。

8) 寒川恒夫「「スポーツ文化」とは」『体育科教育』第49巻第5号，大修館書店 pp.40-43, 2001年
   寒川は，「価値の外在に基づく文明」「価値の内在に基づく文化」を対立的にとらえるウェーバーの立場を紹介しながら，それとは立場を異にする文化人類学の立

場として文化を「食事や排泄の仕方から親族関係，宗教，音楽言語，法，スポーツ，地の耕し方に至るまで，およそ人間の生活様式全体」としている。
9) 鹿毛雅治・奈須正裕編著『学ぶこと・教えること』金子書房，1997年
教育心理学，教育方法学の立場から，これまでの学校教育のあり方を批判的に整理するとともに，学習論，教師論，方法論，内容論，評価論，関係論について丁寧に解説している。
10) 杉原隆「幼児期の運動発達と指導の基本」杉原隆・河邉貴子編『幼児期における運動発達と運動遊びの指導　遊びのなかで子どもは育つ』ミネルヴァ書房，2014年
幼児期の運動発達についての最新の研究から得られた知見にもとづいて，幼児期の子どもに対する運動指導のあり方を提起することを意図して編纂された書であるが，「生涯発達」の視点にたち青年期の運動発達，運動能力・体力のとらえ方や遊びとしての運動の重要性についても触れられているため，体育カリキュラムのあり方を考えていくうえで参考となる。
11) 高橋勝『経験のメタモルフォーゼ―〈自己変成〉の教育人間学』勁草書房，2007年
発達という概念を根底で支える直線的・向上的時間観念が妥当性を失いかけている中で，「経験のメタモルフォーゼ」という新しいパースペクティヴから人間形成の問題をとらえ直そうとしている書である。教育の対象とする人間（「生のかたち」）の変容過程を人間学的に解読している点は，スポーツにおける人間像を読み解くうえでも参考になる。

2.3　体育カリキュラムの検討

①年間指導計画の検討

■ 年間指導計画をめぐる実態

　学校の体育に関係するカリキュラムはひとつではなく，いくつかの異なる様態が存在する。その中でも，「児童・生徒と教師にとっての1年間の学習と指導の基本的骨組みを表すものであり，学年ごとに，学習目標に基づいて選ばれた学習内容を，実施時期との関係で具体化したもの」（八代，2000：p.203）といわれる体育授業の年間指導計画は，各学校における体育カリキュラムの中心になるものといえるだろう。
　それは，各学年の子どもたちが1年間の体育の学習をどのように進めていくかという計画が，学習内容を配列することによって示されたものである。し

たがってそこには，その学校の体育の目標についての考え方とそれの達成へ向けて用意される内容についての考え方が明確に反映されていなければならない。しかしながら現実には，学習指導要領をもとにつくられた各地域の年間指導計画モデルのようなものが，どの学校でもそのまま適用されている実態もみられるようである。

　先に問題として指摘した，教育現場においてカリキュラムの検討が欠落しているひとつの具体例を，この年間指導計画をめぐる実態に見出すことができる。しかし逆にいえば，体育の授業をつくる教師にとって最も身近なカリキュラムである年間指導計画の工夫に関心をもつことができれば，カリキュラムの検討は，すぐに教師たちの日常的な作業になるともいえる。そのような関心をもつためには，年間指導計画を工夫することが，日々の授業をよりよくしていくことと直接的に結びついていくという道筋を確認することが一番である。

■ **運動の選定と配列に関わる工夫から**

　後で詳しく述べられるように，年間指導計画の作成はたくさんの作業から成るものではあるが，その内実を規定する作業として，どのような運動を取り上げるのかという運動の選定と，取り上げたそれらをどのように並べるのかという運動の配列の，2つの作業をあげることができる。ここではこの2つにとくに着目して，それらの検討が，日々の授業をよりよくしていくことに結びついていく道筋を確かめてみることにしよう。

　たとえば，多種多様に存在するボールゲームの中から，どれを取り上げるのかを考える時，学習指導要領に取り上げられているものを教えていればよいとすませてしまう教師がいる一方で，年間指導計画に取り上げるボールゲームについていろいろと考える教師もいる。運動経験をめぐる二極化が喧伝される昨今の子どもたちの実態を前に，これまでに教えられてきた既存の運動を教えるだけですませてしまう教師の授業と，二極化という実態に対応して，どの子も活躍できるやさしいゲームという視点から新しい運動の可能性を探り，年間指導計画に取り上げる運動の検討を続ける教師の授業とでは，どちらがよりよい授業に近づく可能性があるかは誰の目にも明らかであろう。

また，伝統的に冬の時期に行われてきた持久走や長距離走に代表される長い距離を走る運動の配列は，体育の主要な目標が体力づくりに置かれていた過去の考え方の影響がみられるがゆえに問題としてとらえ，現代的な体育の目標からして，自分のペースで長い距離を走る運動の楽しさを教えるためには初夏の時期が適しているのではないかと考え，年間指導計画を工夫したといった実践もある。そのような工夫を考えることもないままに継承されてきた寒い時期にただ走らされるだけの実践が多くの子どもたちに支持されていない現実を思い起こすまでもなく，こういった運動の配列の工夫が，子どもたちにとってよりよい授業に近づく可能性をもちうるものであることは，やはり明らかといえるであろう。

■ 年間指導計画作成の手順

このように，運動の選定と配列に限定してみるだけでも，年間指導計画を工夫することと日々の授業をよりよくしていくこととの深い関わりを確認することができる。さらにここでは，この2つの作業以外にも目を向けて，年間指導計画作成の手順を整理してみよう。年間指導計画の作成は，一般に図表2-6に示したような手順が踏まれることが多い。

まず，計画を立てていく前提となる情報の収集が行われる。生徒の多様な個人差を理解しておくことは授業づくりの出発点となるため，年間指導計画の作成に当たっても，生徒たちの実態（レディネス）の把握がさまざまな実態調査等を用いて行われる。後で詳述するある中学校の例だが，1年生の計画を考えていくうえで，その中学へ進学してくる5つの小学校の6年生に対して質問紙調査を行い，次年度の計画作成の基礎資料にしたという報告（鈴木ほか，1992：p.129）もある。

図表2-6　年間指導計画作成の手順

1. 情報の収集
    ①生徒の実態（レディネス）
    ②学校の人的・物的条件
    ③前年度の反省（結果と目標分析）
    ④地域の特性，保護者の願い
    ⑤国・地方教育委員会・学校の目標など
2. 保健体育科の目標や方針の決定
3. 運動領域の設定と運動種目の選定
4. 授業時間数の確保とその配分
5. 単元の構成とその配列
6. 年間指導計画の作成

出所）中村政一郎，1991：p.1

学校の人的・物的条件については，生徒の実態に応じてその学校の人的・物的条件を最大限に活用できる方策を探る必要がある。当然のことながら，小規模校と中規模校と大規模校では，こういった面において異なる工夫が求められることになる。大規模校では体育館で行う運動と運動場で行う運動を明確に分け，運動場はいくつかのゾーンに区画して各ゾーン内で行う運動を決めるなどの配慮が必要となる。それを基礎にして，同一時間帯に複数の学級が同じ運動の授業にならないよう，年間指導計画を工夫するのである。

　前年度の反省は，年間指導計画の作成において毎年繰り返される作業となるが，生徒たちの学習後の実態調査などをもとに，十分な時間を割いて行われることが望まれる。ここでの検討が，次年度のカリキュラムを生徒にとってよりよいものへと高めていくために重要な意味をもつからである。また，そこで意見を交わすことによって，学校内での体育授業についての共通理解を教師間で形成していくうえでも重要である。

　地域の特性としては，寒冷地におけるスキーやスケート，地域固有の舞踊や武道，町技とされているような種目を取り上げる，といったような形で年間指導計画に反映させることが多い。他にも，沖縄県の大規模校で水泳の授業を効率的に進めていくためにその温暖な気候を活かし，6月から10月の長期間にわたって水泳の授業を学年配当した年間指導計画の例もある。

　学校全体の教育目標などと体育との関連も，年間指導計画を作成していくうえでの検討課題となる。体育授業も，その学校全体の教育の中のひとつであり，体育独自の役割を担うとともに，学校の教育全体に対して果していくべき役割も必ずあるからである。こういった情報の収集およびそれに伴う諸検討を経て，図表2-6に示されるそれ以降の作業に進んでいくことになる。

■ **ある中学校のカリキュラム検討の事例**

　さて，より具体的な作業の在り方を理解するために，ここではある中学校において実際に取り組まれた体育のカリキュラム検討の事例を紹介してみよう。

図表 2-7　H中学校の 1991 年度年間指導計画

学期			I													II														III							
月			4			5				6				7		9			10				11				12			1		2				3	
学校行事			身体測定							体力調査				水泳大会		身体測定 体育大会											柔道大会 創作ダンス発表会			身体測定 ロードレース						送別球技大会	
週			1	2	3	4	5	6	7	8	9	10	11	12	13	14	15	16	17	18	19	20	21	22	23	24	25	26	27	28	29	30	31	32	33	34	35
一学年	男子	1	知識2			保健3			バレーボール12							知識4				保健4												保健3					
		2	体操2	器械運動6			陸上競技4						水泳10			体操4		陸上競技6			武道（柔道）20							器械運動4		陸上競技4	体操4		サッカー13				
		3																																			
	女子	1	知識2		保健3						器械運動5					知識4				保健4												保健3					
		2	体操4		バレーボール12					陸上競技3			水泳10			体操2	陸上競技6			ダンス20								器械運動6		陸上競技4	体操4		バスケットボール13				
		3																																			
二学年	男子	1	知識2			保健3			バレーボール12							知識4				保健4												保健3					
		2	体操2	器械運動6			陸上競技4						水泳10			体操4		陸上競技6											器械運動4	陸上競技4	体操4		サッカー13				
		3																			武道（柔道） *・20 ダンス 選択																
	女子	1	知識2		保健3						器械運動5					知識4				保健4												保健3					
		2	体操4		バレーボール12					陸上競技3			水泳10			体操4		陸上競技4		器械運動2									器械運動4	陸上競技6		体操2	バスケットボール13				
		3																																			
三学年	男子	1	保健													保健														保健							
		2	体操2	陸上競技5			バレーボール10					水泳9				体操5				武道（柔道）20										体操2	陸上競技2	サッカー12					
		3															陸上競技3																				
	女子	1	保健													保健														保健							
		2	体操2	バレーボール10					陸上競技5			水泳9				体操5				ダンス20										体操2	陸上競技2	バスケットボール12					
		3															陸上競技3																				

*男女共習

出所）鈴木秀人ほか，1992：pp.125–126

図表2-8 H中学校の1992年度年間指導計画

学期		I								II						III			
月	4	5		6		7		9		10		11		12		1	2		3
学校行事	身体測定		体力調査		水泳大会		身体測定 体育大会												送別競技大会
週	1 2 3	4 5 6	7 8 9 10	11 12 13	14 15 16	17 18 19 20	21 22 23	24 25 26 27	28 29 30 31 32 33 34 35

1学年
- 男子: *知識 4 / 体操 I 4 / *陸上競技 I 6 / 球技 I (サッカー) 15 / *水泳 10 / 体操 II 6 / 武道 (柔道) 17 / *器械運動 10 / *陸上競技 II 9 / 保健 10 / *球技 II バレーボール ホッケー 14 / 保健 10
- 女子: *知識 4 / 体操 I 4 / *陸上競技 I 6 / 球技 I (バスケットボール) 15 / *水泳 10 / 体操 II 6 / 武道 (柔道) ダンス選択 17 / *器械運動 10 / *陸上競技 II 9 / 保健 10 / *球技 II バレーボール ホッケー 14 / 保健 10

2学年
- 男子: *知識 4 / 体操 I 4 / *陸上競技 I 器械運動 選択 6 / 球技 I バレーボール ホッケー 卓球 13 / *水泳 10 / 体操 II 6 / 武道 (柔道) 18 / *陸上競技 II 13 / 保健 35 / *球技 II バスケットボール サッカー テニス (ソフトテニス) 19 / 保健 10
- 女子: *知識 4 / 体操 I 4 / *陸上競技 I 器械運動 選択 6 / 球技 I バレーボール ホッケー 卓球 13 / *水泳 10 / 体操 II 6 / 武道 (柔道) ダンス選択 18 / *陸上競技 II 13 / 保健 35 / *球技 II バスケットボール サッカー テニス (ソフトテニス) 19 / 保健 10

3学年
- 男子: 体操 I 4 / *球技 I バスケットボール サッカー テニス (ソフトテニス) 12 / *水泳 10 / 体操 II 4 / *陸上競技 選択 器械運動 11 / *球技 II バレーボール ホッケー 卓球 11
- 女子: 体操 I 4 / *球技 I バスケットボール サッカー テニス (ソフトテニス) 12 / *水泳 10 / 体操 II 4 / *陸上競技 選択 ダンス 18 / *球技 II バレーボール ホッケー 卓球 11

*男女共習

出所) 鈴木秀人ほか, 1992:pp.127-128

図表2-7は、K県H中学校における1991年度の年間指導計画である。事例がやや古いため、現在は「体つくり運動」という名称になっている領域が「体操」であったり、「体育理論」が「体育に関する知識」であったり等々といった現在との相違はあるものの、これを見直した結果つくられた図表2-8の1992年度以降の年間指導計画と対比させると、カリキュラム検討の具体的な作業がどのようなものなのかがわかりやすいはずである。

それまでほとんど検討の対象とされることのなかった1991年度の年間指導計画を改めて検討してみると、同一種目を扱う単元が各学期に分散して設定されていることをはじめとして、多くの問題点が自覚された。そこで、図表2-7から図表2-8への改訂はどのような考えにもとづいて行われたものなのかを以下でフォローしてみる。

なお、現在の学習指導要領では、武道もダンスも全員が必修となっているが、この当時は、それまで男子は武道で女子はダンスを学習するものとされた、明らかにジェンダーバイアスがかかったカリキュラムの改善が始まってまだ日が浅い時期であり、男女ともに武道あるいはダンスのどちらかを選択することとなっていたため、この学校の研究の大きな焦点は男女共習による武道の学習指導の在り方に置かれていたが、現在とは事情が大きく異なるため、その点についての検討は割愛する。

(1) 1年生の学習の在り方を構想するために

第1学年の計画を考えるに当たっては、入学予定者が学ぶ5つの小学校の6年生児童122名(男子55名、女子67名)を対象にした、体育の授業に関する質問紙調査の結果が活用されている。そこでは、スポーツの好き・嫌いとその理由、体育授業の好き・嫌いとその理由、男女共習や選択制といった授業形態への興味・関心、各運動種目に対する興味・関心などが調査された。

1年生では、武道・ダンスを除くすべての領域を必修とし、領域選択は武道・ダンスのみとした(現在の学習指導要領では武道とダンスも全員必修とされている)。しかし、体操ⅠとⅡおよびⅠ学期に設定される陸上競技Ⅰと球技Ⅰ以外の単元では領域内種目選択制を採り、またできるだけ男女共習として、それ

らに対する生徒の興味・関心へ対応しようとした。

Ⅰ学期の体操Ⅰには，体力・運動能力調査を含めた。それは，この調査を教科体育の学習の中に位置づけて，1年生では測定の仕方や個人カルテの作成の仕方も学ぶことにより，バランスのとれた体力向上の必要性について理解させたいと考えたからである。

(2) 学習の仕方を学ぶという視点

陸上競技Ⅰでは，短距離走・リレーを必修とした。1年生のⅠ学期には，5つの小学校から進学してきた生徒たちに，今後3年間学習していくことになる，この中学校における学習の仕方を理解させる必要がある。そこで，未習の種目よりも種目それ自体の学習の負担が軽い既習種目で単元を構成することとし，個人種目の学習の仕方の学習では，既習の短距離走・リレーで単元を構成したのである。また，男女共習の学習の仕方を理解させるうえでも，とくにリレーは学習しやすいと考えられたのであった。

続く球技Ⅰも，集団種目の学習の仕方に重点を置くので，陸上競技Ⅰと同じ理由から既習種目とした。個人差への対応が難しい面もあるため，ここでは男女別習で行うこととし，種目は男子がサッカー，女子はバスケットボールとした。この2種目にしたのは，入学前の質問紙調査において，男女とも最も好まれていたのはバスケットボールであり，男子は次いでサッカーであったからである。男女ともバスケットボールとするのは施設の制約上無理であった。

(3) 種目の精選と単元規模の拡大

これまではⅠ学期とⅡ学期に分散していた器械運動は，Ⅱ学期に10時間扱いの1単元にまとめることにより，単元規模の拡大に成功した。ここでは，マット運動，平均台運動，跳び箱運動の3種目から2種目を選ぶ領域内選択制授業を男女共習の形態で行った。鉄棒運動を取り上げなかったのは，施設が体育館からかなり離れた校庭にあり，指導上の困難が予想されたためである。

同じように3つの学期に分散していた陸上競技は，Ⅰ学期とⅡ学期の2つの単元に集約し，陸上競技Ⅱは男女共習で，走り幅跳びと走り高跳びから1種目を選ぶ領域内選択制とした。従来は，学校行事のロードレースと関連させ

て長距離走の単元をⅢ学期に設定していたが、ロードレースが中止となったこと、跳躍種目との学習では十分な時間数が確保できないことから、種目を精選することにしたのであった。

(4) 地域の特性を活かす試み

水泳は3年間を通して必修とした。それは、水泳が現在および将来にわたって生涯スポーツとして身近なものと考えられることと、K県の気候的特徴からすると、Ⅰ学期に10〜12時間の単元を確実に実施できること等の理由による。1年では領域内種目選択を取り入れ、クロールと平泳ぎからひとつを選択としたが、小学校で学習していない背泳ぎは必修にした。なお、水泳でも男女共習とした。

Ⅲ学期には、球技Ⅱにおいて未習種目のバレーボールとフィールドホッケーが取り上げられた。ホッケーは、以前にこの町が国体のホッケー会場となったことをきっかけにして町技となり、小学生、中学生、高校生、成年から夫人まで、幅広い年齢のホッケーチームが40チーム以上も活動していて、生徒の興味・関心も高いことから取り上げたものである。

(5) 学年を超えた学習の連続性への展望

バレーボールやホッケーといった小学校の体育授業では学習してこなかった未習種目については、その種目のルールや技術などの種目自体の学習により多くの時間を割く必要がある。しかしながら、1年のⅢ学期に確保できた時間は14時間というものであったため、次の2年生のⅠ学期の球技Ⅰに再びそれを取り上げることで、あまり時間をあけずに学習を連続させることをねらった。

2年生のⅢ学期の球技Ⅱで取り上げられているソフトテニスが、次の3年生のⅠ学期の球技Ⅰにおいて再び取り上げられているのも、全く同じ視点からの工夫である。従来の計画では、どの学年もⅢ学期にはサッカーとバスケットボールの単元が設定されていたのとは大きく異なるのは、このような理由によるものである。

■ 何のために検討をするのか

これまでにも再三述べてきたように、体育の目標についてどのように考える

かは，体育授業の内容と方法を決定していくという意味で重要である。第Ⅰ章で明らかにされた中心的目標と周辺的目標から体育の目標をとらえるならば，そこで取り上げる運動は，生活内容・生活文化として存在する運動，機能的特性が明確であるという点で生徒にとって魅力がわかりやすい運動，生徒の興味や関心や発達特性に合った運動，一定の時間をかけて行う学習の発展や深まりのある運動，結果的に好ましい心身の発達が期待できる運動などが選定されることになるだろう。

そして，こういった運動の学習を，文化的な享受能力を育むという視点から授業としてつくっていこうとすると，ある一定の時間をかけた学習の積み重ねが必要とされる。運動の文化的な享受とは，決して一過性の楽しさ経験に矮小化されるものではないからである。

しかしながら，ここで紹介した具体的な検討は，ともすると目先のテクニカルな作業に終始してしまう危険性もはらんでいる。だからこそ，何のために年間指導計画の検討をするのか，それは，いかにして生徒たちの豊かな体育学習を導くのかという方向へ向けて進められるものであるという認識を，教師がしっかりともつことが改めて求められるのである。

(鈴木秀人)

②その他の体育カリキュラムの検討
■カリキュラムの全体像

中等教育期における体育のカリキュラムは，教科としての体育カリキュラムがすべてではない。教科としての体育カリキュラムは，森林の中の一本の木のように全体を構成している一部なのである。運動の学びは，後述する潜在的カリキュラムを含め，垂直方向(縦断的：時間軸)と水平方向(横断的)の広がりをもっているのである(図表2-9参照)。

中等教育期における教科としての体育カリキュラムは，生徒たちに平等に運動を学ぶ安定した機会を提供するという意味では，全体の中心に位置するものである。しかしながら，教科体育カリキュラムだけで運動の学びのすべてを保障することは困難であり，総合的な学習の時間や特別活動などを含め，多様な

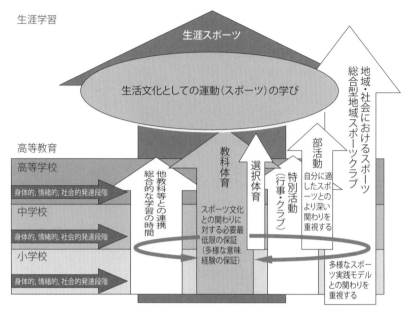

図表2-9 「生涯スポーツ」という枠組みにおける学校体育カリキュラムの構想
出所）函館・渡島大会実行委員会編，2000：p.146 を一部改変

道筋を準備する必要がある。とくに，生涯スポーツの基礎を培うという視点に立つとき，現実に地域で行われているスポーツイベントや地域スポーツクラブなどとの関係から，行事やクラブの企画・立案・運営などは重要な学びの内容であり，地域社会との具体的な連携も含めて積極的に展開されるべきである。

■ 総合的な学習の時間や特別活動の可能性

総合的な学習の時間は，これまであまり体育との結びつきが強くなかった。しかしながら，健康問題への関心の高まりや地域におけるスポーツ活動の促進と関連して，運動をテーマとした学習活動のあり方も模索されている。総合的な学習の時間は，「教科の枠」にとらわれないことがその特徴であり，アウトドアスポーツと理科的な内容を含む自然体験活動を組み合わせたテーマや，表現運動と音楽的・社会的な内容を含む民俗芸能を組み合わせたテーマなどの展開も考えられる。

また，寒冷降雪地域などにおけるスノースポーツ（スキーやスノーボード），や海浜地域にける水辺の活動などは，リスクマネージメントの観点から，学校内のスタッフだけでは十分な活動を行うことが困難である場合も多い。このような活動は，総合的な学習の時間などを活用して，保護者や地域社会との交流を促進しながら行うことによって活動の充実が期待できる。

　総合的な学習の時間においては，学習指導要領においても「目標を実現するにふさわしい探究課題については，学校の実態に応じて，例えば，国際理解，情報，環境，福祉・健康などの現代的な諸課題に対応する横断的・総合的な課題，地域や学校の特色に応じた課題，生徒の興味・関心に基づく課題，職業や自己の将来に関する課題などを踏まえて設定すること」（下線筆者）（文部科学省，2017a：p.28）となっており，運動をテーマとした学習内容の発展が期待される。とくに，前述したような地域の気候風土を踏まえた運動文化を学習することや地域で実際に活動を行っている文化活動，総合型地域スポーツクラブなどとの関わりの促進は，生徒たちの学びをより豊かにしてくれる可能性を秘めている。

　特別活動は，これまでも球技大会や体育祭などの体育的行事を中心に体育カリキュラムの中で大きな位置を占めてきた。今後も球技大会や体育祭などを中心としながら，さまざまな体育的行事への多様な関わり（企画・立案・運営，参加）を通して，生徒たちが自主的，自立的に運動に関わり続ける基礎を培うことが期待される。とくに生涯スポーツという枠組みにおいては，お金を払ってサービスを得るという単なる「消費者」という立場だけでなく，スポーツイベントの企画・立案，自分たちの生活環境における「スポーツを学ぶ場」の整備，スポーツクラブの設立・運営などは大切な要素であり，学校教育における学習内容として今まで以上にその充実が求められている。　　　（山本理人）

■ 潜在的カリキュラムという視点からの検討

　潜在的カリキュラムとは，目的・内容・方法・評価などが明確な教育課程としてのカリキュラム（顕在的カリキュラム）とは異なり，目に見えない形で生徒たちが意味を獲得するプロセスである。生徒たちは，社会全体や学校という

「小さな社会」(学校文化)の中でもさまざまな経験を通して意味の獲得をしており，顕在化された授業やカリキュラムはその一部に過ぎない。運動の学びも例外ではなく，学校文化の中における運動文化の位置づけや教師がもつ人間観，学習観，スポーツ観，さらにそれにもとづく実際の行動が生徒たちにも目に見えない形で伝わり，時として顕在化されたカリキュラム(教科体育カリキュラム)より強い影響力をもつのである。

社会における運動の意味や価値は，目に見えない形で生徒たちに影響を与える。物心二元論が一般的に受け入れられていた時代においては，永遠である「魂(心)」を磨き上げる文化である芸術(音楽・美術)と，この世に残すものでやがて腐敗し朽ち果てる「身体」に関わる文化である運動の間にはあからさまな上下関係が存在していた。つまり，芸術は文字どおり「文化(人間を豊かにするもの)」であり価値のあるものとされ，運動(スポーツ)はそもそも文化から除外されていた。このような社会においては，運動を学ぶこと自体に積極的な意味が付与されることはなかった。仮に意味が付与される場合でも「健康」や「仲間づくり」など手段的，副次的な価値が注目されることとなる。また，学歴社会，受験競争の激化などにより，「主要教科」(学歴や受験に直接関わりのある教科)とそれ以外の教科というような色分けがなされると，受験に必要のない教科を低く見積もる傾向が生じる。

このような社会における「運動の位置づけ」は，さまざまなメディア(マスメディア，教師，保護者を含む)を通じ，目に見えない形で青少年に「意味」を伝達し，運動の学びに大きな影響を与える。このような大きな力は，時として一教師が顕在的カリキュラム(教科体育カリキュラム)を通して運動の意味や価値，「楽しさ」や「喜び」を伝える努力をしたとしても抗えないほどの影響力をもつのである。また，運動の学びにおける潜在的カリキュラムは，教師の価値観(人間観・学習観など)に関わるものとしても問題とされてきた。「身体の教育」の時代において展開された鉄拳をも辞さないような非人間的な方法による指導，極端な技術中心主義の指導などは，無意識のうちに生徒に影響を与える。

暴力も辞さないような指導法は，「学ぶ人間より教える人間の方が立場が上

である」「学んでいる人間に対しては暴力も許される」などの「意味」を無意識に伝達し，再生産する。運動部活動などの場面で，先輩が後輩に過度なトレーニングを課す(しごく)ことの連鎖も，このようなことと無関係ではない。また，技術だけを指導する授業は論外であるが，授業中に「今もっている力でゲームを楽しむ」ことを指導したとしても，技能の高い生徒に対する評価や評定が高ければ生徒たちの興味・関心は技術の獲得に向かうであろう。

■ 文化的実践と関わって

これまで潜在的カリキュラムに関して，運動・スポーツの学習における否定的な側面を述べてきたが，潜在的カリキュラムは必ずしも否定的な側面ばかりではない。環境がすべてではないが，地域住民が主体的に文化としての運動やスポーツを享受しているような環境は，地域の青少年に運動の意味や価値を肯定的なかたちで伝達する可能性が高い。近年，総合型地域スポーツクラブなどを中心に地域における運動・スポーツの組織化が注目されているが，学校だけでなく，地域や社会全体がスポーツの意味や価値を共有していることによって，次世代を担う青少年にとっての「運動することの意味や価値に対する肯定的な学び」は促進される可能性が高いのである。

前述したとおり，運動に対する肯定的な態度は，体育の授業だけで獲得できるものではない。自分の生まれた環境(国，地域，家庭など)において，運動・スポーツがどのように位置づけられ，日常の生活にどのような文化として存在し，大人たちが日々どのように関わっているのか。またその環境に生徒たちがどのように触れるのかということが重要であり，地域におけるスポーツ活動と学校体育の連携のあり方が問われているのである。

潜在的カリキュラムと顕在的カリキュラムはどちらも重要な学びのプロセスであり，どちらかだけが重要というようなものではない。最も大切なことは潜在的カリキュラムと顕在的カリキュラムの整合性がとれていることである。具体的には，「社会における運動やスポーツの意味や価値」「学校文化の中における体育の位置づけ」などといった潜在的な価値と，体育カリキュラムとの間に整合性があることが重要なのである。

(山本理人)

【さらに学習を深めるために】

1) 八代勉「学校全体の年間計画をめぐる問題」宇土正彦・高島稔ほか編著『新訂体育科教育法講義』大修館書店，2000年，pp.203-206
   学校全体の年間計画を問題にしなかったらどういうことが起こるかという問題の設定を行い，年間指導計画を作成することの必要性や重要性が説明されている。
2) 鈴木秀人ほか「中学校保健体育科の学習指導における『間接的指導』の検討──選択制授業の導入を前提とした年間指導計画の作成を中心に──」『鹿児島大学教育学部教育実践研究紀要』2巻，1992年，pp.119-133
   ある中学校を事例に，伝統的に継承されてきた年間指導計画を研究的な視点から再検討し，新たな計画を作成していく過程をまとめた論文。そこで行われたさまざまな工夫は，小学校の年間指導計画を検討していく際にも参考になるだろう。
3) 鹿毛雅治・奈須正裕編『学ぶこと・教えること──学校教育の心理学──』金子書房，1997年
   本書は，「教育とは何か」「学習とは何か」ということについて，これまでの学説を整理しながら，わかりやすく解説している。

【第Ⅱ章・引用文献】

岩田靖「教材・教具」(社)日本体育学会監修『最新スポーツ科学事典』平凡社，2006年，pp.209-213．
宇土正彦編『小学校　新しい体育の考え方・進め方』大修館書店，1987年
沖縄県実行委員会編『第35回全国体育学習研究協議会沖縄大会つみかさね』1991年
カイヨワ，R.（清水幾太郎・霧生和夫訳）『遊びと人間』岩波書店，1970年
菊幸一「ボールゲームと体育理論学習」『体育科教育』47巻5号，1999年，pp.16-18
菊幸一「カリキュラム・イノベーションに向けて」全国体育学習研究会編『「楽しい体育」の豊かな可能性を拓く』明和出版，2008年，pp.78-89
木村元「人間の発達と教育」木村元・小玉重夫・船橋一男『教育学をつかむ』有斐閣，2009年，pp.29-36
木村博一「スコープ（領域）とシークエンス（系列）」日本カリキュラム学会編『現代カリキュラム事典』ぎょうせい，2001年，pp.21-22
グルーペ，O.（永島惇正・岡出美則ほか訳）『文化としてのスポーツ』ベースボールマガジン社，1997年
グルーペ，O.（永島惇正ほか訳）『スポーツと人間［文化的・教育的・倫理的側面］』世界思想社，2004年，p.59
佐伯聰夫「文化としてのスポーツとその指導」勝部篤美・粂野豊編『コーチのためのスポーツ人間学』大修館書店，1981年，pp.203-242
佐伯聰夫「学力論から学習内容論へ」『学校体育』37(8)，1984年，pp.72-75

佐伯聰夫「文化の学習と指導―学習論と新たな課題に関連して」『学校体育』48巻1号，1995a年，pp.10-13
佐伯聰夫「体育授業の学習内容」宇土正彦監修『学校体育授業事典』大修館書店，1995年，pp.113-122.
佐伯年詩雄『これからの体育を学ぶ人のために』世界思想社，2006年
佐伯年詩雄「スポーツプロモーション・ビジョンの検討　生涯スポーツ論の系譜とビジョン構想の方法論から考える」佐伯年詩雄監修『スポーツプロモーション論』明和出版，2006年，pp.2-15
佐藤学「学びの対話的実践へ」佐伯胖・藤田英典・佐藤学編著『学びへの誘い』東京大学出版会，1995年，pp.49-92
佐藤学「カリキュラムを見直す」佐藤学『カリキュラム批評―公共性の再構築へ』世織書房，1996年，pp.25-45.
佐藤靖「わが国における球技の分類論の問題性」『秋田大学教育学部研究紀要』47巻，1995年，pp.123-136.
寒川恒夫「「スポーツ文化」とは」『体育科教育』49巻5号，大修館書店，2001年，pp.40-43
杉原隆「幼児期の運動能力，体力の捉え方」杉原隆・河邉貴子編『幼児期における運動発達と運動遊びの指導　遊びのなかで子どもは育つ』ミネルヴァ書房，2014a年，pp.3-11
杉原隆「幼児期の運動発達の特徴」杉原隆・河邉貴子編『幼児期における運動発達と運動遊びの指導　遊びのなかで子どもは育つ』ミネルヴァ書房，2014b年，pp.12-30
鈴木秀人ほか「中学校保健体育科の学習指導における「間接的指導」の検討―選択制授業の導入を前提とした年間指導計画の作成を中心に―」『鹿児島大学教育学部教育実践研究紀要』2巻，1992年，pp.119-133
高橋健夫「これからの体育授業と教材研究のあり方」『体育科教育』41巻4号，1993年，pp.19-21.
高橋勝『経験のメタモルフォーゼ　〈自己変成〉の教育人間学』勁草書房，2007年
武隈晃「『ボールゲーム』における分類論の成熟に向けて」『体育科教育』46巻17号，1998年，pp.31-33
武隈晃「小学校における運動種目選択の考え方」『学校体育』52巻3号，1999年，pp.24-27
竹之下休蔵「カリキュラムの動向と体育」『体育のカリキュラム』誠文堂新光社，1949年，pp.1-38
竹之下休蔵「講演」秋田大会実行委員会編『つみかさね』11号，1968年，pp.16-18
竹之下休蔵「戦後学校体育の歩みと当面する課題〜産業社会から脱工業社会へ」『体育科教育』26巻12号，1978年，pp.9-13
田中統治「教育研究とカリキュラム研究―教育意図と学習経験の乖離を中心に」山口満編著『第二版　現代カリキュラム研究』学文社，2001年，pp.21-33
長尾彰夫「アメリカのカリキュラム理論に関する基礎的研究(第7報)―カリキュラム構

成法としてのスコープ・シーケンス論」大阪教育大学紀要第Ⅳ部門第36巻第2号，1987年，pp.81-91

永島惇正「体育の内容」宇土正彦・高島稔ほか編著『[新訂] 体育科教育法講義』大修館書店，2000年，pp.49-59

中村政一郎「選択制導入による年間指導計画の作成」『第35回全国体育学習研究協議会沖縄大会グループワーク資料』1991年

日本学術会議健康・生活科学委員会健康・スポーツ科学分科会『提言　子どもを元気にするための運動・スポーツ推進体制の整備』2008年

日本学術会議健康・生活科学委員会健康・スポーツ科学分科会『提言　子どもを元気にする運動・スポーツの適正実施のための基本方針』2011年

ニューマン，B. M.・ニューマン，F. R.（福冨護訳）『新版生涯発達心理学』川島書店，1988年

函館・渡島大会実行委員会編『第45回全国体育学習研究協議会函館・渡島大会つみかさね』2000年

藤岡完治（・鹿毛雅治）「学校を見直すキーワード〜学ぶ・教える・かかわる」鹿毛雅治・奈須正裕編著『学ぶこと・教えること』金子書房，1997年，pp.1-23

ホイジンガ，J.（高橋英夫訳）『ホモ・ルーデンス』中公文庫，1973年

松下佳代「『学習のカリキュラム』と『教育のカリキュラム』」グループ・ディダクティカ編『学びのためのカリキュラム論』勁草書房，2000年，pp.43-62

溝上慎一「カリキュラム概念の整理とカリキュラムを見る視点―アクティブ・ラーニングの検討に向けて」京都大学高等教育研究第12号，2006年，pp.153-162

箕浦康子『文化のなかの子どもたち』東京大学出版会，1990年

村田孝次『生涯発達心理学の課題』培風館，1989年

文部科学省「小学校学習指導要領(平成20年3月)　新旧対照表」2008年

文部科学省「幼稚園教育要領」2008年

文部科学省「中学校学習指導要領解説　総合的な学習の時間編」2017a年

文部科学省「中学校学習指導要領解説　保健体育編」2017b年

文部科学省「高等学校学習指導要領解説　保健体育編」2018年

文部科学省中央教育審議会「子どもを取り巻く環境の変化を踏まえた今後の幼児教育の在り方について」答申，2005年

八代勉「学校全体の年間計画をめぐる問題」宇土正彦・高島稔ほか編著『新訂体育科教育法講義』大修館書店，2000年，pp.203-206

矢野智司「生成と発達の場としての学校」佐伯胖ほか編『岩波講座 現代の教育第2巻 学校像の模索』岩波書店，1998年，pp.100-121

山口泰雄「運動・スポーツの阻害要因－社会的要因を探る」『みんなのスポーツ』15巻11号，1993年，pp.52-54

幼児期の教育と小学校教育の円滑な接続の在り方に関する調査研究協力者会議「幼児期の教育と小学校教育の円滑な接続の在り方について(報告)」2010年

Grupe, O. "Sport als Kultur" Edition Interfrom, 1987.

第Ⅲ章

体育ではいかに教えるのか？

―― その方法について考える

はじめに

　体育ではいかに教えるのか，その方法は，単に授業における指導方法の研究をしているだけでは明らかにはならない。体育の目標と内容を問い，体育という教育的営みの全体に対する考え方を問題にする中で，初めてその方法のあるべき姿は導き出すことができるからである。

　わが国では，1977（昭和52）年の学習指導要領から目標として運動に親しませることが掲げられるようになり，それは学校体育と生涯スポーツとの関わりを重視する体育の新たな考え方を反映させたものだといわれてきた。しかし，具体的な指導法に関心をもつことはあっても，自身で目標や内容を問うことをしない教師の中には，そういった体育の理論的背景を深く考えることもないまま，運動に親しませるのだから体育の授業ではただ遊ばせておけばよいといった短絡的な解釈をした者もいたようである。

　体育の目標と内容について，教育の専門家として行うべき問いかけを怠ったがゆえに，体育ではいかに教えるのかを明確にすることができず，その結果，目標や内容を問うことだけでなく，授業において教師が行う指導さえ放棄してしまったのかもしれない。一方大きな声での指示や号令，笛による合図を用いて，直接的に強力に生徒たちに関わっていく指導こそが体育における方法だと考える教師も依然として少なくない。ここにも，その方法が現在の体育の目標と内容から考えて適切なものかどうかを問う姿勢はない。

　第Ⅰ章と第Ⅱ章で述べた体育の目標・内容からすると，体育の方法を考えるポイントは，生徒の自発的で主体的な運動の学習を保障することである。そこで，体育の方法について考える第Ⅲ章ではまず，生徒の自発的な学習を導くために教師が理解しておくべき心理学的な基礎知識を解説する。そのうえで，実際の授業をつくりあげていくための単元計画，それを授業として具体化していくための方法と評価を取り上げることにする。

　　　　　　　　　　　　　　　　　　　　　　　　　　　　（鈴木秀人）

1. 体育学習の心理学的基礎

1.1　体育の授業づくりと動機づけ

①運動に対する動機づけ
■ 運動との関わり

　現代の体育の授業では，すべての生徒が運動の機能的特性に触れること，すなわち運動種目特有の楽しさを味わうことが重視される。運動を楽しむ中で，ルールやマナーを守り，友達と協力し，役割分担し，仲間を大切にすることなどを生徒たちは学ぶ。これらを学ぶ授業は生徒たちにとって多くのことを考え，感じる機会となる。できる自分やできない自分に気づき，活動に没頭する感覚を体験するなど，運動に伴うさまざまな内的経験をすることに体育の学習の意義がある。しかしながら，どのような内的体験をするかは，授業によって大きく異なる。うまくなること，強くなることだけを目標とすれば，運動を通じて得られる他の多くのことを学ぶ機会を失うかもしれない。生徒たちにとって有益な心理的効果を得るためには，授業の目標や学習内容という視点から，人と運動との関わり方を考慮することが重要となる。

　人と運動との関わり方はスポーツの本質と関係する。カイヨワ(1970：pp.3-14)が，遊びについて「遊ぶ人がそれを強制されれば，たちまち遊びは魅力的で楽しい気晴らしという性格を失ってしまう」と指摘するように，体育の授業では生徒が運動に対して主体的に関わるよう方向づけることが重要である。このような主体的，自主的という運動への関わり方は，生涯スポーツという視点においても意義がある。中高生が運動を体育の授業だけでなく，日々の生活に取り入れ，卒業後も楽しむためには，誰かにやらされて運動するのではなく，自ら進んで実施する自主的な態度，すなわち運動における自主性を形成することが必要となる。実際の授業では人と運動との関わり方の多様な形態がみられ

る。運動に熱中する多くの生徒がいる一方で、そうでない生徒がいることもある。活発なクラスであってもいつもそうとは限らない。クラスのメンバーが笑いながら楽しそうに運動している授業であっても、よく見ると生徒たちの動きは雑で真剣味がなく、笑いの理由は友達同士でお互いをからかっていることだったりする。このような人と運動の関わり方の違いは動機づけの違いと考えることができる。

■ 運動への動機づけ

　動機づけはモチベーション（motivation）の訳語であり、その語源はラテン語の「動くこと」（movere=to move）である。このことから、動機づけが基本的に意味する内容は人を行動に駆り立てることである。一般に学術用語としての動機づけは、「行動を喚起し、持続させ、一定の目標に方向づける心理的過程」と定義され、人が行動に駆り立てられる事象全体を表す。この定義にみられるように、動機づけは、"どのくらい"という行動の強さ（持続時間、回数等）と"どのような"という方向性（行動や方略の選択）の両方を規定する。運動を楽しいと感じさせ、もっとしたいと思うように生徒たちを動機づけることが授業づくりの基本となる。

　動機づけの過程において行動の原動力となるのは欲求、動機あるいは動因といわれる。最も基本となるのは欲求であり、人が生まれつきもっている一次的（基本的）欲求と、経験によって獲得される二次的（社会的）欲求に分類される。基本的欲求には生理的欲求、内発的欲求など、社会的欲求には達成欲求、承認欲求などがある。欲求は対象があまりはっきりしないのに対して、動機はある目標を達成したいというように、より具体的な方向性をもつという点が異なる。動機は主として社会的行動の原動力を指す場合に使われ、動因は生理的行動に対して使われることが多い。欲求、動機、動因によって求められる対象は誘因といわれる。たとえば、渇きの欲求の誘因は水やジュースなど喉を潤すものであり、その際、水あるいはジュースを飲むという行動は誘因の獲得である。生理的動因に対しては誘因が、社会的動機に対しては目標が対となって使われる。人に欲求や動機が生じ、目標を達成しようと行動が活性化されていく

過程を動機づけと考えることができる。

　人の行動を生じさせる欲求や動機はひとつではなく，複数の欲求（動機）が組み合わさっていると考えられる。人はスポーツをしたいという欲求をもつと同時に，失敗して恥をかきたくないという欲求を同時にもつ場合がある。これはスポーツをしたいという接近動機と恥をかきたくないという回避動機の葛藤である。単純に運動をしたいという気持ちだけで人が運動を始めたり，続けるわけではない。「あの生徒が運動をしないのは，やる気がないからよ」と言う教師は生徒の動機づけについての理解ができていないといえる。なぜ人は運動するのか，しないのか，その理由は人によってさまざまであるし，ひとつの理由だけで説明できない複雑な過程といえる。人のあらゆる行動を特定の欲求（動機）だけで説明することはできず，複数の欲求（動機）がどのように働いて行動に結びつくのかという視点が必要となる。また動機づけは安定している面と不安定な面があり，状況によって変動する。状況との関わりの中で，欲求・動機から特定の行動に至る過程が動機づけ理論としてまとめられている。

②自己決定理論
■ 自律性と有能さ

　動機づけは，一般的に外発的動機づけと内発的動機づけに分類される。外発的動機づけは活動と直接関係のない外的報酬を得るための手段として行動が生じる過程である。運動についていえば，先生に褒められたいから練習する，練習をサボると先生に怒られるから運動するといった状況である。一方，内発的動機づけは，行動そのものを目的として行動が生じる過程である。運動では，「こうすればうまくできそうだな」「おもしろそう」「やってみたい」「ワクワクする」と感じて活動するのが内発的動機づけである。内発的動機づけを重視する理論が自己決定理論である（Ryan & Deci, 2002: pp.3–33）。この理論は自己決定という名称が示す通り，活動者自身の主体性すなわち自律が重視され，人間は積極的で能動的な存在であり，人間の中には自分自身の成長と発達をめざす志向性があると仮定されている。理論全体は5つのミニ理論から構成され，欲求

の充足と自律性との関係，外発的動機づけの自律性による分類，動機づけに及ぼす要因などが説明される。動機づけの源となる生得的な欲求として，有能さへの欲求，自律性への欲求，関係性への欲求の3つが仮定される。「有能さ（コンピテンス）」とは，環境と効果的にかかわることのできる能力，「自律性」とは自分の行為を自らが起こそうとする自己決定の感覚，「関係性」とは他者との関わりあいである。有能でありたい，自らの意志で行動したい，他者とよい関係をもちたいという3つの欲求の充足が自律的な動機づけに影響すると仮定されている。

　動機づけは，伝統的に内発的動機づけと外発的動機づけの2つに対立的に分類されてきたが，自己決定理論では自律性の程度による連続体としてとらえられている。図表3-1には，非動機づけ，外発的動機づけ（外的調整，取り入れ的調整，同一化的調整，統合的調整），内発的動機づけと自律性の関係が示されている。自律性は行動をどのくらい自分の意思で行うかという行動の内在化の程度を意味し，人は自律性の程度に応じて行動を調整すると考えられている。

　非動機づけは，やる気がない状態である。この状態は学習性無力感と同義であると考えられている(Pelletier et al., 1995：pp.35-53)。学習性無力感とは経験によって形成された無力感である。運動してもうまくならない経験が繰り返されると，「努力してもどうせうまくならない」という考え方が生じるようになる。外発的動機づけは自律性の程度によって4つの段階に分類される。外的調整は，外的報酬を獲得したり，罰をさけるために行動が生じる状態である。先生からの賞賛を受けるため，促されるから運動するといった，外的報酬や他者か

動機づけのタイプ	非動機づけ	外発的動機づけ				内発的動機づけ
調整のタイプ	無調整	外的調整	取り入れ的調整	同一化的調整	統合的調整	内発的調整
行動の質	非自己決定的					自己決定的

図表3-1　自己決定の連続体，動機づけのタイプ，調整のタイプ(Ryan & Deci, 2002)

らの強制によって活動がなされる。取り入れ的調整は，他者の存在によるのではなく，罪や不安のような内的な圧力によって自分の意思が働き，行動が生じる状態である。この場合，人はやらないと恥ずかしいから運動する。同一化的調整は，その活動をすることが重要であるという認識によって行動が生起する状態である。「運動すると友達ができる」というように，人が運動をすることの意義を認め，自らの意志によって活動する。統合的調整は，活動を重要と認め，活動することと本人がもっていた価値，目標，欲求が調和する状態である（Ryan & Deci, 2002: pp.17-19）。

　運動に対する内発的動機づけは，知的理解，成就，感覚刺激の3つに特徴づけられる。「知的理解」は「どうやったらうまくいくか」という知的好奇心によって活動すること，「成就」はうまくなろうと練習する時に感じられる楽しみや満足を得ようと活動すること，「感覚刺激」は，「シュートが決まった！」「蹴上がりができた！」「気持ちよく走る」など，楽しみや興奮の刺激を得ようと活動することである。運動そのものの楽しさを味わうという状態は内発的動機づけであり，やらされて嫌々運動するのは外発的動機づけである。主体的な運動実践者を育てるためには，やらされて運動するのではなく，運動の意義を認め，運動そのものに興味をもたせ，うまくなりたい，気持ちよさを味わいたい，やり方を工夫したいという内発的動機づけを中心とした授業づくりが必要といえる。

■自律性支援を基本とする授業づくり

　人気のある運動種目の授業では，多くの生徒はやってみたい，うまくなりたいというように興味や関心をもっているので内発的に動機づけられやすい。このような状態では，自律性と有能さを促進するよう働きかければ，興味と熱意を保ち続けると考えられる。しかしながら，すべての種目が興味を持たれるわけではなく，生徒たちにとっておもしろさが感じられない不人気な種目，苦痛を感じる可能性のある種目も存在する。また，クラスの中には幼少期からの経験による運動嫌いの生徒，特定の種目を嫌がる生徒もいるかもしれない。そのような状況に対して，どのように授業を組み立て，すべての生徒に運動の楽し

さを味わわせることができるかが体育を専門とする教師に問われることとなる。

基本的欲求の充足が自律的な動機づけに影響することから，有能さ，自律性，関係性の欲求を充足させるような授業づくりが重要となる。そのためには，運動に自信がもてるようにやさしい課題からむずかしい課題へ発展させるように学習過程を設定すること，苦痛や恐怖などの運動を回避させる要因を取り除き，課題そのものに対する興味を高めること，新しい課題に挑戦し，うまくいくための工夫をするなど生徒の意志決定が関与するような場面をつくり，教師や仲間同士の協力によって互いが高められるような集団をつくることが大事である。これらは人気のない種目ではより重要となる。外発的動機づけから内発的動機づけへの移行のためには，学習者と指導者との信頼関係が大事であることが指摘されている(Ryan & Deci, 2002: pp.19-20)。信頼関係を構築するためには目標，内容，方法すべてにおける配慮が必要となる。自己決定理論では自律性を高めるような関わり方の重要性が指摘されている。このような動機づけは自律性支援といわれ，現代の体育における授業づくりを支える根拠と考えることができる。

中学校の体育授業を担当する体育の教師の多くは，競技スポーツを経験し，そこでの経験を授業に活かそうとすることも多いと思われる。体育授業や部活において自分が受けた指導方法をそのまま授業に適用するのではなく，いろい

図表 3-2　選手の自律性を高めるコーチング

① 選手たちに一定のルールの範囲内で選択の機会を与える。
② 活動，限界，ルールについて根拠のある理由を選手に与える。
③ 選手たちの感覚の承認を確認する。
④ 行動の開始や独立した活動の機会を選手たちに与える。
⑤ パフォーマンスに対して制御的でないフィードバックを与える。
⑥ あからさまな行動制御，罪の批判，制御的な言明を避け，報酬の利用を限定する。
⑦ 自我関与を促進する行動を最小にする。

(Mageau & Vallerand, 2003)

ろな対象，状況に応じた運動指導ができることが専門性の大事な側面である。スポーツの指導では伝統的に「アメとムチ」による動機づけが採用されてきたが，近年は競技スポーツにおいても自分の意志で行動する自律した選手でないとさまざまな状況に対応できないことから，自律性支援の重要性が指摘されるようになってきている(Mageau & Vallerand, 2003)(図表3-2)。教科としての体育のめざす方向性を考えて，専門性を発揮していくことが望まれよう。

③フローモデル

■ 活動に集中する条件

内発的動機づけは，課題そのものに集中し，没頭する状態を作り出す。この状態はフローとよばれ，全人的に行為に没入しているときに感じる包括的感覚である(チクセントミハイ，1979：pp.65-84)。フロー状態になると，人は活動に没入し自己意識から解放され，楽しさを感じる。フローは，個人の能力と課題との関係から生じると考えられている(図表3-3)。課題のレベルが個人の能力よりも低いと退屈し，能力をこえる場合は不安になる。フローはその中間で生じ，能力が高まるにつれてより高い課題で生じる。

毎回の授業では子どもが運動に熱中するフロー体験をすることが重要となる。フロー状態になるためには，能力と課題とのバランスが条件となる。授業

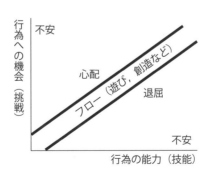

図表3-3　フロー状態のモデル
出所)チクセントミハイ，1979：p.86

がおもしろいと感じる子どもは，自分の能力に見合った課題となっている。一方，授業がおもしろくないという子どもは，自分の能力よりも低すぎて退屈しているか，高すぎて不安や緊張状態になっておもしろくないかのどちらかである。授業開始時の学習者の能力は適切な体験を通じて高まるのが授業である。授業を通じて能力が高まると以前の低いレベルの課題では退屈してしまう。能力の向上に見合うように課題のレベルもあげ，それらがともに高まっていくという流れが単元を通じて必要となる。そのため単元計画には能力の向上と課題のレベルについての見通しが基本的な視点となる。具体的には単元の初期ではやさしいやり方で運動を楽しみ，能力が高まるにつれて工夫したやり方で運動を楽しむという方法となる。能力に見合った課題の設定が重要であることは，自分が課題をどの程度できそうかという自信が行動の強さにつながると仮定する自己効力感の理論によっても裏づけられる。課題のレベルは，ボールや鉄棒などの用具，運動の仕方やゲームのルールなどの調整によって変えることが可能である。

④達成目標理論と動機づけ雰囲気
■ 有能さの感じ方と達成目標

　内発的動機づけの他にも教育やスポーツの分野での活動に対する動機づけとして注目されたものは達成動機づけである。達成とは社会的動機の一つであり，卓越した水準を設定し，それを独自な方法で，長期にわたって挑もうとすることが基準と考えられている(宮本, 1979：pp.5-7)。勉強やスポーツは達成行動とみなされる。初期の研究では期待×価値理論によって，ある課題に対してどの程度できそうかという期待とそれによって得られる楽しさという価値の認知が行動に影響することが明らかとなっている。近年は，達成目標を中心に動機づけ過程を説明する達成目標理論が注目されている。達成目標理論では，能力を伸ばす，あるいは示すことが達成行動ととらえられ，人は達成場面において有能さ(コンピテンス)を得ようとし，そのために達成目標を設定し，目標が行動や感情に影響すると仮定される。

達成目標は課題目標と自我目標に分類される。課題目標とは課題に対する熟達をめざすことであり，自我目標とは他者の中で相対的に優位にたつことをめざすことである(Nicholls, 1992)。課題目標は，能力は努力すれば変わるものという能力観，自我目標は，能力は努力しても変わらないという能力観にもとづくと考えられている。自我目標は，自信がある時には熟達志向型といわれる行動パターンとなり，挑戦を求め，行動の持続が高まるが，自信が低い場合は無力型の行動パターンになり，挑戦を避け，行動の持続を低下させる。一方，課題目標は自信の有無に関わらず能力を伸ばすことに関心があるので，熟達志向型の行動パターンになる。2つの目標は独立しているので，人は，2つの目標を同時にもつことが可能である。運動についてみると，課題目標はうまくなることに専念するという内発的動機づけとなり，自我目標は外発的動機づけとなる。自我目標は自分自身が目立てばいいという姿勢につながり，ルールを守らない，ラフプレーなどの非スポーツパーソンシップに影響することが指摘されている(杉山, 2005：p.1362)。運動を楽しむという視点からは自我目標よりも課題目標を高めるような授業づくりが重視されよう。

■ 動機づけに及ぼす集団の雰囲気

　集団におけるメンバーの動機づけに影響する動機づけ雰囲気は達成目標のもち方に影響を及ぼすことが明らかにされている(Ames, 1992)。課題目標を意識させるような雰囲気は熟達雰囲気，自我目標を意識させるような雰囲気は成績雰囲気である(図表3-4)。この動機づけ雰囲気に影響する学習環境として

図表 3-4　動機づけ雰囲気の違いがもたらす結果

雰囲気の側面	熟達目標・雰囲気	成績目標・雰囲気
成功の見方	進歩・上達	他者よりもよい成績をとること
失敗(ミス)の見方	失敗は学習の一部	不安を生じさせる
価値のあること	努力・学習	他者よりも高い能力があること
満足する理由	一生懸命やること・挑戦すること	他の人よりもうまくやること
教師の注目	どのように子どもが学習しているか	どのように子どもが成果をあげるか

出所) Ames & Archer(1988)を修正

図表 3-5　TARGET 構造と動機づけ雰囲気（Biddle, 2001）

TARGET	熟達雰囲気	成績雰囲気
① Task（課題）	挑戦的で多様な課題設定	多様性がなく挑戦的でない課題設定
② Authority（権威）	選択の機会とリーダーシップの役割が学習者に与えられる	意思決定過程に学習者は関わらない
③ Recognition（承認）	個人の進歩にもとづき個人が承認される	集団内の比較にもとづく集団が承認される
④ Grouping（グルーピング）	協同学習や仲間との相互作用が促進されるグルーピング	能力にもとづくグルーピング
⑤ Evaluation（評価）	個人の進歩と課題の熟達にもとづく評価	勝利や他者をしのぐことにもとづく評価
⑥ Time（時間）	個人の能力に応じた時間設定がなされる	すべての学習者に同じ学習時間が与えられる

TARGET 構造が指摘されている（Epstein, 1988）。TARGET とは，Task（課題），Authority（権威），Recognition（承認），Grouping（グルーピング），Evaluation（評価），Time（時間）の 6 つの要因である。各要因別の動機づけ雰囲気への影響は図表 3-5 に示した通りである（Biddle, 2001）。実際に TARGET 理論にもとづいて行われた授業では，生徒たちが課題目標，単元への肯定的なイメージを向上させ，さまざまな効果のあることが報告されている（長谷川，2002）。

【さらに学習を深めるために】

1) 中須賀巧ほか「動機づけ雰囲気および目標志向性が体育授業に対する好意的態度に与える影響」『体育学研究』59 巻 1 号，2014 年，pp.315-327
   達成目標理論における動機づけ雰囲気および目標志向性と体育授業に対する好意的態度の関係について検討されていて，本書で紹介されている理論を理解するうえで役立つ。

2) 杉原隆『新版　運動指導の心理学　運動学習とモチベーションからの接近』大修館書店，2008 年
   運動学習と動機づけを中心に理論から実践が書かれている。難解な理論や概念についてわかりやすく丁寧な説明がなされている。体育の授業から競技スポーツまで応用できる内容である。

1.2 運動の上達

①運動の上達がもたらすこと
■ 体育学習における上達の意義

　体育の授業において生徒たちはいろいろな体験によって運動がうまくなっていき，それに応じて新たな課題に挑戦し，フローを体験する。運動を知識として理解するだけではなく，実際に運動してうまくなり，その変化を感じることが体育という教科の独自な点である。体育の授業で運動が上達するという経験は，認知，感情および態度に影響するため，最も意義のあることとなる。「できた！」，「うまくいった！」という経験は，有能さを感じること，ポジティブな感情の高まり，運動へのさらなる興味につながり，もっと運動したいという態度形成に寄与することになる。逆に運動の上達が全くない授業ではこのような状況は生じにくい。

　運動の上達に伴うフロー体験のある授業づくりのためには，さまざまな工夫が必要となる。たとえば，場の設定，練習方法，言葉かけ，めあてのもたせ方，学習形態，グルーピング，さらに個人差への対応も大切である。ここでは，運動の上達についての基本的な考え方について理解し，授業づくりへのつながりを考えていくこととする。

■ 運動パフォーマンス，体力，運動技能，運動学習

　運動が上達するという変化は，動き，できばえ，記録という目に見える形によって推測される。このような観察可能な運動の遂行結果は運動パフォーマンスと呼ばれる。教師がみている子どもの動きは運動パフォーマンスである。運動パフォーマンスは，体力と運動技能から構成される。

　体力は広い意味で使われる言葉であるが，授業でいう体力とは「運動を遂行するのに必要なエネルギーを生産する能力」(杉原，2003：pp.7-8)であり，筋力，筋持久力など多くのスポーツ種目に共通性の高い一般的な能力である。うまさ，巧みさは運動する人が経験によって身につけた能力である。この能力は運動技能(運動スキル)と呼ばれている。「この生徒がうまく運動できないのは

体力がないから」と，運動ができない原因を体力だけのせいにする教師はうまくさせるための工夫ができにくい。

　運動する際，人は変化する環境にあわせて自分の運動を調整する。調整するためには，外界の状況をとらえる働き，すなわち知覚が必要になる。たとえばボールをキャッチするためにはボールの軌道を知覚する必要があり，跳び箱を跳ぶためには助走に伴って自分と跳び箱との距離を知覚する必要がある。このように運動技能は，知覚と運動という2つの働きをうまく結びつけることによって成り立つことから「知覚を手がかりとして運動を目的に合うようコントロールするよう学習された能力」と定義される(杉原，2003：pp.8-9)。

　運動技能は課題によって環境や動作が大きく異なるので，特殊性の高い能力と考えられている。運動技能は，環境の安定性によって開放スキル−閉鎖スキル，運動の連続性によって分離スキル−系列スキル−連続スキル，運動と認知の程度によって運動スキル−認知スキルという連続帯上の分類がなされる。サッカーでフリーのプレイヤーを見つけてパスをすることと，鉄棒で蹴上がりをすることは環境，動作，意思決定の内容などが大きく異なる。運動技能は各種目における環境で必要とされる特殊な能力なので，何も練習せずにすべての運動種目ができるオールラウンダーはいない。運動技能に対して，体力や一般運動能力はさまざまな種目に共通性の高い能力である。

　経験によって運動技能が向上していく過程は運動学習(motor learning)といわれる。体力は体力トレーニングによって向上する。運動学習は運動技能，スポーツ技能の向上に限定された学習を意味し，広くさまざまなことを学ぶことを意味する体育学習よりも狭い意味で使われる。運動技能が知覚と運動の2つの働きによって支えられることから，運動学習は「知覚系と運動系の協応関係の高次化の過程」とみなされる(杉原，2003：pp.27-28)。運動学習は，認識，定着，自動化という3つの段階に分類される。認識の段階とは運動について知る段階である。何度も繰り返し練習すると運動が安定する定着の段階となる。さらに練習すると自動的に運動ができるようになる。この段階が自動化である。認識の段階ではどう動いたらよいのかを意識するが，定着の段階ではあ

まり意識しなくてもできるようになり，自動化の段階では無意識的に運動が実行される。

②運動学習のモデル
■ 情報処理モデル

　運動学習の過程は情報処理モデルによって説明することができる。最も基本的なモデルは次ページの図表3-6のように入力→人間→出力である（シュミット，R. A., 1994：pp.16-18）。全体の流れをみると，情報が人間に入力され，人間の中で処理され，運動の実行という形で出力がなされる。運動をする際，状況がどうなっているかの情報を得て，自分が目的とする動きを決め，運動するという流れである。人間の内部では刺激同定，反応選択，反応プログラミングという意思決定の過程を経て，どのような運動を実行するかが決められる。運動を何度も繰り返すと，短期的あるいは長期的に運動の情報が記憶され，情報の検索とその内容が情報処理に関わるようになる。情報処理の過程で重要なことは，誤差の検出と修正である。自分のやった運動と自分のやろうとしていた運動を比較して誤差を検出し，誤差を減らすように修正しながら繰り返し運動することで技能は向上していく。

　運動について記憶される情報はさまざまであるが，運動と結果との関数関係であるスキーマは有効な情報のひとつである（シュミット，R. A., 1994：pp.209-214）。スキーマの形成は多様性練習によってもたらされる。たとえば，投球動作で投げる位置からボールの到達点にある目標まで一定の距離だけでなく，距離をいろいろ変えて練習する。短い距離ではゆっくりめで弱く，遠い距離では強めに速く手を動かすことになる。それにより，投げる動作における動作のスピード，大きさ，使われる四肢などの情報（パラメータ）とさまざまな距離にあるそれぞれの目標との結びつきができる。さまざまな距離でねらった所への投球動作を繰り返すうちに，パラメータと距離との関数関係が形成され，これがスキーマと呼ばれる。関数関係は距離だけでなく，方向や角度などさまざまなものに関わっている。投球動作ひとつを見ても一定の距離だけでしか正確に投

げられないのでは実際のスポーツ場面では役に立たない。最長距離，最速時間をめざす運動は別として多くのスポーツでは状況に応じて運動の調整が必要となり，スキーマを利用することによってそれらの調整が可能となる。多様性練習はゲームや練習の中で自然に行われることが多いが，限られた時間の中で効率よく学習するためには練習の工夫のひとつとして有効だろう。

■ 効果的にフィードバックを与える

運動がうまくなるためには練習量が必要である。誤差を検出するためには，運動した結果に関わる情報を戻すこと，すなわちフィードバックが必要となる（図表3-7）。運動すると本人にはさまざまなフィードバックがなされるが，目標と結果の違いがわかるようなフィードバックがなければ上達は望めない。

図表3-6 基本的な運動のモデル　　図表3-7 フィードバック回路

フィードバックのうち学習者に対して第三者から付加的に与えられるものが，付加的フィードバックである。代表的なものは，結果の知識(KR：Knowledge of Result)である。運動指導においては学習者に効果的に KR を与えることが大切である。マット運動で手をつく位置や角度などを教師や友だちが指摘するといった光景は授業でよくみられる。この場合，手をつく位置や角度の情報が KR となる。KR を与える場合に重要なのはタイミング，内容，伝え方である。タイミングについては，何回かまとめて与える要約フィードバックの有効性が指摘されている。運動が終わるたびごとにフィードバックを与えると学習者に混乱が生じやすく，KR に依存的になることもある。学習者に必要な内容，伝わりやすい表現は個人によって異なる。学習者に効果的な内容のKRを与えるためには，運動の観察力を高めること，運動に対する知識が必要とされる。

■ 指導を考える手がかり

運動パフォーマンスは不安定である。練習によって安定するが，状況によっ

て変動する。変動をもたらす大きな原因のひとつは精神的要因である。プレッシャーによって過度に不安が高まると本人のもっている運動技能が発揮されず，パフォーマンスが低下する。もっている力を発揮するためには，多くのことを考えすぎないようにする，ポジティブなイメージをもつ，注意が散漫にならないよう運動開始の手順を決めておくなどの対策が必要となり，教師からはリラックスできるような雰囲気づくり，言葉かけが望まれよう。

　運動学習の情報処理モデルからは合理的な練習やフィードバックの意義といった知見が得られる。運動の上達についてはダイナミックシステム理論も有力であり，練習において場を工夫することの有効性を支える根拠となる。実際の体育の授業において指導者は運動種目ごとの技術を理解し，生徒たちの技能を高める方法を提示することになる。運動の上達において課題となることは，合理的なフォーム，動作のタイミング，動き方，タイミング，注意の切り替え，ひとつの動作から次の動作へのつながりに関わる局面融合，戦術にもとづく位置取りなど運動種目によってさまざまである。

　直接的な指導形態として，言語的指導，視覚的指導，筋運動感覚的指導があり，状況に応じて組み合わせて行われる。言語的指導では，運動イメージを活性化させるような言葉かけ，そのタイミング，学習者にとってのわかりやすさを考慮する必要がある。また，視覚的指導ではよい手本を活用し，資料の活用も効果的である。筋運動感覚的指導では，補助器具を使うなどの工夫も考えられる。うまくならない生徒はどこに原因があるのか，運動の観察力を養うことも求められる。よい授業づくりのための運動指導の原則は，おかれた状況でその学習者にあった指導方法を工夫することであり，「これができるようになるためにはこの方法」といったワンパターンの指導方法を受け売りで繰り返すことは授業全体の計画の柔軟性を狭め，教師主導の授業になる危険性がある。

　授業では個別指導だけでなく，クラス全体，グループ別に必要な情報の提供もなされる。課題や練習方法をすべて教師が決めて生徒がただそれをこなす授業形態では，生徒の自律性が損なわれ主体的な運動実践者となりにくいので，生徒が練習の工夫についても考えるように方向づけ，放任ではなく具体的な情

報を提供しながら進めることも必要となる。　　　　　　　　（杉山哲司）

【さらに学習を深めるために】

1) 石井源信・楠本恭久・阿江美恵子編著『現場で活きるスポーツ心理学』杏林書院, 2012 年
   動機づけ教育, ストレスマネジメント教育, ライフスキル教育, 運動スキル学習, 競技力向上に向けた心理サポート, 集団スキル教育, 感情表現教育の領域で理論から実践に至る知見が提供される。
2) 西田保編著『スポーツモチベーション』大修館書店, 2013 年
   運動・スポーツに対する動機づけについて多くの研究が紹介されている。
3) 杉原隆・船越正康・工藤孝幾・中込四郎編著『スポーツ心理学の世界』福村出版, 2000 年
   スポーツ心理学の理論から実践まで幅広いテーマについて述べられている。
4) シュミット, R. A.・調枝孝治(監訳)『運動学習とパフォーマンス　理論から実践へ』大修館書店, 1994 年(Schmidt, R. A., 1991, *Motor learning and performance: from principles to practice,* Human Kinetics Publishers.)
   運動学習, 運動指導についてわかりやすく述べられている。
5) デシ, E. L. & フラスト, R.(桜井茂男 監訳)『人を伸ばす力　内発と自律のすすめ』新曜社, 1999 年(Deci, E. L. & Flaste, R., 1995, *WHY WE DO WHAT WE DO: The dynamics of personal autonomy,* G. P. Putnam's Sons, New York.)
   内発的動機づけの意義について例をまじえてわかりやすく述べられている。
6) 宮本美紗子・奈須正裕編『達成動機の理論と展開』金子書房, 1995 年
   動機づけの理論がまとめられている。
7) 上淵寿編著『動機づけ研究の最前線』北大路書房, 2004 年
   近年の動機づけの理論がまとめられている。
8) チクセントミハイ, M.（今村浩明訳）『楽しみの社会学』思索社, 1979 年
   フローモデルのもとになったインタビュー調査のデータが紹介されている。
9) 今村浩明・浅川希洋志編『フロー理論の展開』世界思想社, 2003 年
   さまざまな領域で修正や発展をみたフロー理論の現在を知ることができる。
10) 鹿毛雅治編『モティベーションをまなぶ 12 の理論―ゼロからわかる「やる気の心理学」入門！』金剛出版, 2012 年
    動機づけについてわかりやすく最近の理論が説明されている。

2. 単元計画の立案

2.1 体育の授業づくりと単元

①単元計画に関わる問題状況
■ **単元とは**

　単元とは，体育を含めたすべての教科の授業において，予定された学習における経験や活動，あるいは学習する内容のまとまりを指し，教師が授業づくりを構想する際に基本的な単位となるのが単元計画である。単元は，どれぐらいの時数で構成されるかその規模によって，大単元，中単元，小単元というように分けられるし，また，ひとつの単元で取り上げる学習内容の数，体育の場合は運動の数に着目することで，独立単元，組み合わせ単元という分け方もされる。

　体育の授業づくりにおいてこの単元計画が立てられるようになったのは，第二次世界大戦後のことである。戦前の身体の教育としての体育では，身体を鍛える1授業時間のトレーニング計画さえあれば授業は成立したので，そこに単元計画というものは必要とされなかったからである。

　その後，戦後の運動による教育としての体育になって以降，学習の主体者としての子どもが学習内容としての運動を学ぶ学習活動を，教師が授業として計画するという体育授業の構造がつくられたので，単元計画を立てるということが行われるようになった。そして運動による教育は，多様な運動の経験によって心身の発達を促そうとしたため，多くの運動種目が教えられることになったが，その結果，小単元が中心のカリキュラムがつくられたのである。

■ **単元計画のない体育授業**

　この体育授業の始まりが単元をもたなかった歴史に起因するのか，今なお単元計画をもたない体育授業が見られる。中学や高校の受験前の3年生の体育で見られる光景である。生徒たちを集めた教師が言う。「今日はあそこでサッ

カー，その横でソフトボール，体育館もあいているからバスケットボールもできるぞ。やりたいものをやっておけ。」そして出席をとった教師はその場所を巡回するか，ひどい時には，職員室などへひきあげてしまうこともある。

　ここには，あらかじめ教師によって計画された学習内容のまとまりもなく，一定の経験や活動の継続もない。つまり，ここには単元計画は存在していないのである。だから，生徒は前の授業で何をしたかを想起することもないし，それと今日の授業との関連を考えることもありえない。

　教室で行われる他教科の授業と比較すると，教科書を使用しないことが多い体育の授業ではともすると無計画になりやすく，また，運動施設や用具を提供しさえすれば，必ずしも学習とはいえなくてもそれなりの活動が生起してしまう体育の授業は，教師の単元に対する認識次第では，何ら計画性のない単なる運動経験に終始するという問題状況に陥りやすい危険性があることを，最初に自覚しておくことにしよう。そういった授業にみられる活動は，単発的で一過性のものであるという点では，戦前の身体の教育における運動経験と大差ないということも，ここで指摘しておきたい。

②単元計画の必要性
■ 質的な学習時間の積み重ね

　しかしながら，体育の授業で教える運動を文化としてとらえ，それを生徒たちにとってプレイ論でいうようなプレイとして学ばせていこうとするならば，ある一定のまとまりをもった時間が必要である。生徒がそれぞれの運動の魅力を味わい，自己目的的な活動としてそれに関わっていくということには，一過性の運動経験を超えたより深い運動への関わりが求められるからである。

　多様な個人差のある生徒たちが，どのようにある運動と出会い，どのようにその運動の魅力を知り，どのようにしてそれとの関わりを深めていくのか，という生徒と運動との関係を大切にした体育の授業づくりには，ただ単に量的な時間が必要というよりも，質的な時間のまとまりが不可欠なのであり，その質を確保するためには，そういった学習の積み重ねを見通した教師の計画的な指

導が要求される。だからこそ，単元計画が必要となるのである。

■ 単元計画の特徴

　歴史的にみると，戦後の運動による教育としての体育の後に位置づく現在の体育授業では，単元計画のあり方について次のような特徴が見られる。まず，そこで取り上げる運動は機能的特性が明確であり，学習の発展性や楽しさの深まりがあるもので，子どもにとって時間をかけて学習する意味を見出せるものを取り上げる。この点を中心にしつつ，結果的に好ましい心身の発達が期待できるもの，地域や学校の特徴を活かせるものといった視点も併せもつ。

　単元の構成については，子どもの興味・関心の持続や体力的な問題を考慮して，小学校の低・中学年などでは組み合わせ単元の工夫を考えることもあるが，中学校・高等学校ではひとつの運動で単元を組むことが一般的である。単元の規模については，ひとつの運動で単元を組むことを前提に，カリキュラムに取り上げる運動を根拠をもって精選し，より大きな規模の単元をつくる努力をする。

　こういった特徴には，その計画によって実現しようとする体育という教育的な営み全体に対する明確な考え方の表明がある。つまり，単元計画にはそれにもとづいて体育の授業を行う授業者自身の，体育の目標，体育の内容，そして体育の方法に対する考え方が表れていなければならないといえるだろう。

（鈴木秀人）

【さらに学習を深めるために】

1) 鋒山泰弘「学習活動のまとまりとしての単元」田中耕治編『よくわかる授業論』ミネルヴァ書房，2007 年，pp.50-51
　体育が対象ではないが，授業づくりにおいて単元がもつ意味について考える手がかりを与えてくれる。
2) 長見真「『楽しい体育』の単元計画」全国体育学習研究会編『「楽しい体育」の豊かな可能性を拓く』明和出版，2008 年，pp.120-124
　運動の機能的特性を味わうことを中心に体育の学習を構想する単元計画について，その考え方がわかりやすく説明されている。

2.2 学習過程の考え方

①学習過程の基本的な考え方
■ 単元計画を立てる第一歩

　先に述べたように，子どもたちがどのように運動と出会い，どのようにその運動の魅力を知り，どのようにしてその運動との関わりを深めていくのか，という一定の時間をかけて積み重ねていく学習を教師が構想することが単元計画であるならば，それを立案していく最初の作業として，子どもたちがその単元を通して学習を進めていく道筋，すなわち学習過程を考えなければならない。

　したがって，教師が単元計画を立てる第一歩は，単元全体を見通して予定する学習の経験や活動を，共通の目標として設定される学習の「ねらい」と，そこから具体化されるそれぞれの子どもがもつ「めあて」に向かう活動を軸に，時間の流れにそってゆるやかに組み立てていく学習過程のあり方を考えることに焦点化されるのである。

■ 基本的な考え方とそれまでの考え方

　この学習過程の基本的な考え方として，今もっている力で運動を楽しむ段階から学習をスタートし，自発的な創意や工夫を重ねつつ，より高まった力で運動を楽しむという段階へ発展していくという考え方が提起されて，すでにある時間が経過している。この，言わばどの子も今もっている力でできるやさしい運動への関わりから学習を始めて，徐々に学習を発展させていくという学習の道筋は，子どもたちの自発的な学習を導こうとする立場に教師が立つならば，体育だけに限らず，どの教科の授業においても大切にしなければならないものとして理解できる考え方と言えるだろう。

　けれども，体育の授業づくりにおいてこういった学習過程の考え方が大切にされるようになったのは決して古くからのことではなくて，授業実践のレベルでは，むしろそれとは反対の学習の流れが長いこと教育現場では支配的であった。たとえば，小学校で当たり前のように行われてきた，クラスの全員が逆上がりをできるようになる，開脚跳び越しで跳び箱を跳べるようになる，といっ

た類の実践は，できることからではなく，できないことへの挑戦から始まり，それを克服していくという学習の流れを前提にするものなのである。

　言うまでもなく，こういった学習過程を背後で支えていたのは，できない運動に挑戦させることで心身の発達を促すことを体育の第一の目標とする考え方であったり，体育における学習をある運動技術の習得と同義にとらえる考え方であった。体育の目標や内容についての一定の考え方が，できない運動への挑戦から始まる授業実践のあり方を道理にかなったものとしたわけである。

■ 学習過程がもつ意味

　かかる経緯から，運動の文化的な享受能力を育むという中心的な目標に向かう現在の体育では，逆上がりの全員達成に象徴されるような過去の体育の考え方にもとづいてつくられた学習過程がそのまま授業として具体化されることは問題だということは理解されるところであろう。できない運動へ子どもたちを追い込んだかつての体育の学習が，少なからぬ運動嫌いを生み出してきたことへの反省とともに，運動の文化的な享受に相応しい体育の学習は，生活内容として楽しまれる運動と同様の行い方で進められるべきであるという視点からの検討も深められていく中で，今もっている力で運動を楽しむ段階からスタートする学習過程は，授業実践として具体化されてきたのである。

　今もっている力で運動を楽しむことから始まる学習の流れが提唱されるようになった背景には，このように体育の目標，体育の内容についてそれ以前のものとは異なる考え方があることを，授業づくりを行う教師自身が理解しておくことは重要である。それを欠くがゆえ，その学習過程をマニュアルのように用いる教師からは，たとえば，逆上がりをできるようにするという授業のあり方はそのままで，できるために必要な技術練習を段階的に示し，それぞれの子どもが今できる段階で逆上がりの練習をしているのだから，「今もっている力で行う学習です」といった解釈を聞くことにもなってしまうからである。

　今もっている力で楽しむという学習は，単元計画や学習指導案の文言のうえでは，「今できる力で○○を楽しむ」というように表現されることが多い。しかし，この「今できる」が，授業づくりのレベルではしばしば運動技術に偏っ

てとらえられてしまう傾向がある。先に紹介した，逆上がりの練習をめぐる解釈はその典型である。そこには，体育の目標のとらえ方についての不十分な理解があるのはもちろんだが，今もっている力で楽しむという学習がもつ意味についての理解も欠落した結果，今もっている力で進める学習が，ただ今できる技術を使って練習することに置き換えられてしまっているのである。

　そこで暗黙の前提になっている学習とは，新しい知識や技術を獲得することという伝統的な学習観によるものと言えないだろうか。だが，「今もっている力で運動を楽しむ」という学習が導こうとした学習とは，従来の学習のとらえ方の中に止まるものではなかった。我々は今一度，今もっている力で楽しむという学習がもつ意味，すなわち，そこでの学ぶことが子どもにとってどのような意味をもつものなのかについて検討してみる必要がありそうである。

②運動の機能的特性から考える学習過程の具体化
■ 技術の習得から学習過程を考えることを超えて

　確かに，運動は分析的にみていくならば，技術やルールやマナーといった諸要素から構成されているものととらえられ，運動を行うということは技術を抜きにして語ることはできないし，あえて技術を抜きにして語る必要もない。しかし，運動を「楽しむ」ということは，決して技術の問題だけに集約されてしまうものでないことも，誰もが経験的に知っていることである。

　運動を楽しむ時に何よりも重要なのは，それを行うプレイヤー自身がどのような魅力をその運動に見出すのかである。今もっている力で運動を楽しむという学習において学ぶこととは，子どもたちのそれぞれが運動という文化とどのような関係を取り結ぶのかをめぐる部分に見出されているのであり，それは運動を楽しむこと，まさに運動の文化的な享受と重なり合うものと言ってよい。

今もっている力でそれぞれの課題に挑戦する

① 競争型の学習過程

| やさしい競争を楽しむ ──────────→ 工夫して競争を楽しむ |

○やさしい技術・戦術で競争を楽しむ ─┬─→ 工夫した技術・戦術で競争を楽しむ
　　　　　　　　　　　　　　　　　簡単なルールで

○簡単なルールで競争を楽しむ ─────┬─→ 工夫したルールで競争を楽しむ
　　　　　　　　　　　　　　　やさしい技術・戦術で

② 克服型の学習過程

| やさしい障害と運動のし方で楽しむ ──→ 工夫した障害と運動のし方で楽しむ |

○やさしい障害で楽しむ ────────┬─→ 工夫した障害で楽しむ
　　　　　　　　　　　　　やさしい運動のし方

○やさしい運動のし方で楽しむ ─────┬─→ 工夫した運動のし方で楽しむ
　　　　　　　　　　　　　　やさしい障害に

③ 達成型の学習過程

| やさしい基準に挑戦して楽しむ ─────→ 難しい基準に挑戦して楽しむ |

○やさしい記録に挑戦して楽しむ ────┬─→ 難しい記録に挑戦して楽しむ
　　　　　　　　　　　　　やさしい運動のし方で

○やさしい運動のし方に挑戦して楽しむ ─┬→ 難しい運動のし方に挑戦して楽しむ
　　　　　　　　　　　　　　やさしい基準で

④ 模倣・変身型の学習過程

1) 模倣型
　○やさしい対象に模倣して楽しむ ────→ 難しい対象に模倣して楽しむ
　　　　　　　　　　　　やさしい模倣のし方で
　○やさしい模倣のし方で楽しむ ─────→ 難しい模倣のし方で楽しむ
　　　　　　　　　　　　やさしい対象に

2) リズム型
　簡単なリズム……→複雑なリズム　　やさしい動き……→工夫した動き

3) 社交型
　簡単な踊り……→工夫した，複雑な踊り　やさしいマナー……→工夫したマナー

4) 民舞型
　簡単なイメージ……→複雑なイメージ　やさしい踊り方……→工夫した，難しい踊り方

5) 創作型
　簡単なイメージ……→複雑なイメージ　やさしい動き……→工夫した，難しい動き

図表 3-8　運動の機能的特性に対応した学習過程

出所）宇土正彦編，1986：pp.26-27 を一部修正

そこでは，その運動に見出される魅力が核になって，技術やルールやマナーといった要素はひとつの意味のあるまとまりを成すのであって，技術はこの運動に特有の楽しさや面白さとの関係性の中で，子どもにとって解決すべき意味のある課題となる。同様のことは，ルールを工夫したりマナーを身につけるといったことにも当てはまる。

■ **機能的特性から学習過程を考える**

このようにみてくると，今もっている力で運動を楽しむ段階から学習をスタートし，自発的な創意や工夫を重ねつつ，より高まった力で運動を楽しむという段階へ発展していくという学習過程を実際の授業として具体化していく際には，運動の機能的特性の一般的な把握と，それを学習する子どもたちからみてとらえなおすという手続きが大きな意味をもつことになる。今もっている力で運動を楽しみ，さらに高まった力で運動を楽しむということは，プレイヤーである子どもたちにとってどのように運動の魅力がとらえられるかで方向づけられることになるからである。

そこで，学習過程の基本的な考え方を，それぞれの運動の機能的特性に対応させながら具体化していくことへ進むのだが，その手がかりとしては，前頁に紹介した図表3-8のような特性に対応した学習の道筋がすでに提案されている。ただし，これはマニュアルではない。これをひとつの手がかりとしながら，目の前の子どもたちにとってはどのような運動への関わりが今もっている力で楽しむことになるのか，その先にどのような観点から創意や工夫を重ねることで，より高まった力で楽しむことへと発展していけるのかを，授業を行う教師自身が子どもたちの実態に応じて検討していくことで初めて，その授業には，学ぶ子どもたちにとってリアリティのある学習が生まれる可能性が拓けてくるのである。

(鈴木秀人)

【さらに学習を深めるために】

1) 宇土正彦「学習過程」松田岩男・宇土正彦編『学校体育用語事典』大修館書店，1988年，pp.56-58

体育の学習過程について，伝統的にあった考え方と現在提唱されている考え方とを対比させながら説明している。とくに，運動の特性のとらえ方によって，学習過程の具体化が方向づけられるという指摘は重要である。
2) 高橋健夫「体育の学習過程」宇土正彦・高島稔ほか編『新訂体育科教育法講義』大修館書店，2000年，pp.78-88
学習過程の一般的な定義をはじめとする基本的事項が解説されており，また体育の学習過程の基本的な考え方と，その段階に応じた指導の要点についても整理されている。
3) 菊幸一「学習過程」勝田茂ほか編『最新スポーツ科学事典』平凡社，2006年，pp.106-109
学習過程を考える理論的な背景と，体育の学習過程を検討していく際に関連する諸事項が解説されている。体育の授業づくりに直接関わるさまざまな検討事項について押さえることができる。
4) 清水紀宏「外生的変革に対する学校体育経営組織の対応過程：2つの公立小学校の事例研究」『体育学研究』46巻2号，2001年，pp.163-178
体育の研究指定校における研究の推移を詳細に検討した事例研究。そこでの体育授業づくりをめぐる実態，とくに教師自身が授業づくりの是非を判断する基準をどこに求めているかについての実態には大いに考えさせられる。

2.3 作成の手順と実践例

①代表的な単元計画例とその考え方
■単元計画を書くということ

　単元計画は，学習をつみかさねた生徒が最終的にこのような姿になって欲しいな，と授業の構想を練り始めるところからスタートしている。そこでのさまざまな思いを，対象となる生徒の特性と擦り合わせ，学習活動の流れとして具体的にする作業が，単元計画の立案となる。
　この計画は，これから実践していく授業の計画書であるが，公開授業では参観している人たちへの説明書となる場合もある。このような研究授業においては，参観者に指導案を読んでもらっただけで，その授業がイメージできるように明解な記述が求められる。しかも，研究テーマを受けて実践される授業で

は，本時が単元展開のどこに位置づくのか，そして研究テーマをどう具現化しているのか，ということも重視される。

このように理論的整合性の図られた指導案は，毎時間の略案を作成してから授業に臨んでいる先生だとしても，容易に書けるものではない。理論の通った単元計画を作成する力は，研究授業のために最初から最後まで書き上げるとともに，何度も研究主任から朱入れしてもらうことで身につく，と言っても過言ではない。

ここでは，このようなケースではなく，教育実習における指導案の作成を例に説明を行う。教育実習校では，どの種目の授業を担当させてもらうのかが明確になった時から，授業の構想は始まっている。

そのようななか，中学1年生のバレーボールの授業を行った実習生からよく聞くのは，「アンダーハンドパスとオーバーハンドパスのどちらから扱ったらよいか迷った」という言葉である。それは，指導したい技術をどの順番で並べたらいいのかという作業で精一杯な中で出た言葉であったのだろうが，このように与えられた単元の時間の中に，何をどのように詰め込むかという作業に終始してはならない。それは，誰のための授業であるのかということを忘れ，授業者の思いだけを書き綴ることになりかねないからである。立案中の授業者は，頭の中がさまざまなことで拡散しているが，これらを整理していく作業が単元計画立案ともいえる。

さらに，整理された内容をどのように組み立て，単元全体の中でどのように位置づけていくか，それらを構成する1時間ごとの計画も必要となる。その1時間ごとの計画が学習指導案となり，指導案や本時案と呼ばれる。これには，研究授業で見られる1時間の内容が詳細に記述された細案といわれるものから，要点だけを書き連ねた略案といわれるものまで，その書き方は幅広く存在する。

この書き方の多様性は，他地区の研究大会に参加した時の指導案から学ぶこともあれば，校内研究における他教科の指導案から感じることもある。このような経験を通し，自分が知っている単元計画や学習指導案の書き方がすべてで

はないということに多くの人は気づくであろう。さらに校内研究においては，その学校で決められた形式に従って単元計画や本時案を記述しなければならない。そのため，体育の単元計画はこうあるべきだという形式にとらわれることなく，押さえるべき項目を大切にしつつ柔軟に立案できる力こそが求められる。

■ **運動の機能的特性を大切にした単元計画**

そこで，体育の単元計画において押さえるべき項目を確認しておこう。体育の単元計画は，授業者がその運動をどのようにとらえているかにより書き方も違ってくる。本書では，運動の一般的特性の中でも機能的特性の重要性につい

図表3-9 機能的特性を中心にした単元計画のモデル

```
単元（種目）
Ⅰ．運動の特性
  1．一般的特性
  2．子どもの立場から見た特性

Ⅱ．学習のねらいと道すじ
  1．ねらい（総括的）
     ねらい1       イ．Xは2～3程度でよかろう．
       ↓          ロ．ねらいを1→Xに分けると学習の道すじを
     ねらいX           示すことになる．

Ⅲ．学習と指導（前のⅡの学習と指導の流れに具体化）
```

はじめ	1．学習のねらいや道すじがわかる． 2．グルーピング，学習のきまりを作るなど．	
	学習のねらいと活動	指　導
なか	ねらい1 　↓　　　活動　←――――→ ねらいX	
まとめ	1．学習の反省 2．記録（グループノート）の整理など	

※場所と用具，時間配分は適宜の場所に記入する．

出所）竹之下休蔵ほか，1980：p.9 を一部修正

て論じてきた。ここでは，1980年に竹之下休蔵が，最初に提案した図表3-9の形式を手がかりとして，機能的特性を大切にした計画から，単元計画を立案する際に押さえるべき項目を説明したい。

　まずは，この単元で扱う運動種目は何かを示す「単元名」がある。小学校での研究会では，どのような運動を扱うのか予想できないような単元名に出くわすことがある。やはり単元名は，それを目にしたときどのような運動か，すぐ思い浮かぶような運動種目名で記述された方がよい。

　次は，その運動をどのように把握するかという「運動の特性」を取り上げる。この「運動の特性」は，「一般的特性」と「子どもの立場から見た特性」（以下，子どもから見た特性）により構成される。一般的特性では，一般的に誰が見ても納得できるその運動に関する特性を記述することになるが，ここではもちろん機能的特性をその中心とする立場をとる。ここに，多くの人々を共通に魅了するその運動特有の楽しさが記述されていない場合は，構造的特性もしくは効果的特性を重視した単元計画であると理解できる。

　さらに，「子どもから見た特性」（ここでの子どもは，児童と生徒を合わせた意味で使用している）は，一般的特性として取り上げた内容（競技種目としての特性）を，そのまま学習経験の少ない生徒に当てはめることは困難であるため，生徒の実態に応じた運動の特性のとらえなおしの作業を必要とする。これについて竹之下は，「同じ運動でも，こどもには個人差があってそのとらえ方が違うので，個々のこどもの立場に立って，もう一度運動を見なおして」みることが，単元計画を考えるうえで必要であると説明している（竹之下1980：p.7）。

　これらを踏まえて「学習のねらい」が決め出されるが，そのねらいもいくつかの段階に分けることができる。この分化されたねらいに向けた学習をつみかさねることで学習の過程が生まれ，それを「学習の道すじ」とする。機能的特性を大切にした単元計画では，分化されたそれぞれの「学習のねらい」において，運動の楽しさを味わうことを大切にしている。そのため，後半のねらいで運動の楽しさを味わうので，その準備としての前半のねらいでは「楽しさはいらない」という考えはもたない。

さらにこの「学習の道すじ」にそって，それぞれのねらいに応じた「生徒の活動」とそれらを引き出す「教師の指導」に分けて具体的な内容を検討したものが「単元の展開」となる。

■ 運動の構造的特性を大切にした単元計画

運動の構造的特性を大切にした計画案を見ると，機能的特性を大切にした単元計画との違いが確認できる。図表3-10は，中学校における教育実習で教育実習生が立案した2年生「バスケットボール」(12時間)の学習の内容とそれに対する評価規準である。

この中学校ではどの単元においても技能テストを実施しており，それが技能

図表3-10 単元の展開と評価規準

時間	学習内容	評価規準
1 2	○オリエンテーション ・バスケットボールの特性を理解し，学習の見通しをもつ ○基本的な技能(ボールハンドリング) ○スキルチェック	・バスケットボールの特性を理解し，自己の役割を果たす(関心・意欲・態度)
3	○基本技能の練習① ・シュート	・学習活動に積極的に取り組もうとしている(関心・意欲・態度)
4	○基本技能の練習② ・ドリブル	・学習活動に積極的に取り組もうとしている(関心・意欲・態度)
5	○基本技能の練習③ ・シュート，ドリブル	・自己の課題にあった運動の行い方のポイントを見つけることができる(思考・判断)
6	○技能テスト ・30秒ゴール下シュート ・8の字ドリブル	・バスケットボールの個人的技術を身につけることができる。(技能)
7 8	○チーム編成・チーム目標・係り決め ・パス ・パス回しゲーム	・互いに協力して練習や試合に取り組もうとしている(関心・意欲・態度) ・自己の課題にあった運動の行い方のポイントを見つけることができる(思考・判断)
9 10	○課題練習 ・ハーフゲーム	・課題解決をするための的確な練習方法を選択している。(思考・判断)
11 12	○リーグ戦	・バスケットボールのルールや簡易な試合における審判法を言葉にしたり，プリントに書いたりすることができる。(知識・理解) ・個人技能をチーム練習や試合に活かすことができる。(技能)

点として評価での重要な位置を占めていることを生徒は承知している。実習生は，技能テストに向けて少しでも各々のスキルアップを図ってもらいたいと，個人的な技術を丁寧に指導することを心がけた。

そのためオリエンテーション後，基本的なボール操作の復習をし，各人の技能レベルを確認するためのスキルテストを取り入れた。そこから3時間目には「シュート」，4時間目には「ドリブル」，5時間目には「シュート」と「ドリブル」のいずれかを選択し，それぞれのめあてを達成するための活動を行わせた。6時間目に実施されたテストは，ゴール下から30秒間で何回シュートが決められるかというものと，設置したコーンの間を8の字ドリブルする時間を測定するというものであり，ここで前半の学習は終了した。

後半の7・8時間目では，バスケットボールのチームを編成し，パス練習をした後にパスを活用した簡単なパスゲームをした。9・10時間目では，パスを生かしたハーフコートでのゲームを，11・12時間目では，フルコートでのゲームを行った。

この教育実習を終えての感想を求めたところ，何人かの生徒からもっと試合をやらせてくれと詰め寄られ，その中でもキレ気味になってしまった生徒とは，その後も関係修復ができないまま実習を終えた，とのことであった。

ところでこの実習生はバスケットボールをどのようにとらえていたかというと，一般的特性において「…相手のゴールにシュートを決めることによって勝敗を競い合うところに楽しさや喜びを味わうことのできる運動である」と記述している。さらに，「バスケットボールの何が楽しいか」という生徒への質問に対し，「シュートを決めること」「試合をすること」と答えた生徒が大半を占めていた，とも記述している。

このように機能的特性に関わることをいくら記述しても，実際は構造的特性を大切にした授業であるならば，生徒にとって満足の得られる授業にはなりにくい。教師の願いと生徒の思いをどのようにすり合わせて学習を計画するか。この問題を，先に見た機能的特性を大切にした単元計画において，それぞれの項目を関連させ検討する手続きから考えてみたい。

②運動の機能的特性を大切にした単元計画
■ 単元計画例にみる項目内容のつながり

　大学の講義で単元計画の書き方を学んだとしても，担当する生徒の姿を思い浮かべながら具体的に単元計画を立案するとなると，なかなか書き進めることができないものである。参考にするのは講義で配布された資料ではなく，先輩から貰った同じ種目の単元計画かもしれない。実習生の単元計画作成における悩みは，どの項目をどのように書いていけばよいのかということであり，その内容について熟考する余裕がないのも致し方ない。

　しかし，先ほど触れた竹之下による「機能的特性を大切にした単元計画」では，「運動の一般的特性」についての検討から「子どもから見た特性」をとらえなおし，「学習のねらいと道すじ」を決め出すことにより，その後の「単元の展開」が導きやすいようなつくりになっている。

　そこで，それぞれの項目をどのように関連させながら単元の展開を考えていったらよいのかを，図表3-11「単元計画実践例」から説明してみる。これは，3年生の2クラスが球技の領域内選択として，バスケットボールとバレーボールを選択する単元となっており，ここではそのバスケットボールの単元計画を取り上げた。

　まず「一般的特性」で記述される内容は，単元名の運動・スポーツを端的に説明したものとなる。一般的というのであるから，誰が見てもわかりやすく言い当てている内容であることが求められる。この計画では，構造的特性について記述し，最後に「得点を競い合う集団スポーツ」と強調文字で示した機能的特性で締めくくっている。これにより授業者は，運動の機能的特性を重視した立場をとっていることが伺える。

　次に，一般的特性で決め出した内容を「子どもから見た特性」として，その学習者(生徒)の立場でとらえなおす作業がある。これは，その運動・スポーツに関する学習者の実態から，その後の単元の展開に関係する内容をまとめている。ここでは，みんなで楽しめるゲームをしたい生徒が多数であり，男女別でゲームをしたいということから，そこを手がかりに次の学習のねらいを決め出

すこととなる。

　この学習のねらいでは，「個人の技能を高めつつも，対戦チームに応じた作戦を考え，チームメイトと協力してゲームを楽しむ」としているが，最初から対戦チームを意識した活動は難しい。そこでそのねらいを，ねらい1「自分たちのチームの特徴を生かした作戦からゲームを楽しむ」と，ねらい2「相手チームに応じた作戦を考えゲームを楽しむ」に分け，学習を高めていくことを考えている。その時間計画では，ねらい1での総当たり戦で7時間，ねらい2での対抗戦で5時間を計画し，活動の目安としている。

　評価規準は，学習のねらいを達成できたかどうかを見極めるために，「知識及び技能」「思考力，判断力，表現力等」「学びに向かう人間力，人間性等」の項目から内容を決め出している。

　単元展開では，ここまでの内容を学習の流れがわかるように記述していくことが求められる。その際，どのような生徒の学習を生み出そうとするのか，それに応じた教師の指導をどのように行うのかを「教師の指導」と「生徒の活動」に分けて考える。ここでは，生徒の学習を中心に考えているため，「生徒の活動」を中心に据えている。それらの区切り方もいろいろあるが，子どもたち(生徒)が理解しやすいように，ここでは導入を「はじめ」，展開を「なか」，終末を「まとめ」と平易な言葉を用いて3段階で表現した。これに関しては，課題を把握することに重点を置いた4段階の記述や段階を設けないで番号を振りながら一連の流れを重視したものなど，さまざまな形式がある。

　「はじめ」には，単元の学習を開始するにあたって全体で確認しておくべき内容が盛り込まれる。一般的には，オリエンテーションとして，用具の準備や片付け方法，学習のねらいと活動の進め方，そして約束事の確認，グルーピングと役割分担などがあげられる。どの学習においても導入が大切になるのは言うまでもないが，単元の大きさを勘案し，「はじめ」の段階にあまり多くの時間をかけすぎず，その後の「なか」の段階にスムーズに進めるように計画する。

　「なか」では，学習のねらいが達成できるように，それぞれの活動をどのような順番でどのように行うかが明確になるようにする。前述したように，「生

図表 3-11 単元計画例

保健体育科　学習指導案

　　　　　　　　　　日　時　〇〇年〇〇月〇〇日（金）9:50 〜 10:40
　　　　　　　　　　場　所　〇〇中学校　第2体育館
　　　　　　　　　　生　徒　3年 A・B 組　男子16名 女子17名 計33名
　　　　　　　　　　授業者　〇〇〇〇

1　単元名　『バスケットボール』（球技領域内選択）

2　運動の特性
(1) 一般的特性
　コート内に入り乱れた2チームのプレーヤーが，パスやドリブルなどを使ってボールを運び，一定時間内に相手のゴールにボールを入れることにより，得点を競い合う集団スポーツである。
(2) 子どもから見た特性
・心的な傾向
　バスケットボールが好きで，好意的に選択してきた生徒がほとんどである。
　基本的な技能を向上させつつ，みんなで楽しめるゲームをしたい生徒が多数。
　他の種目が嫌いであり，仕方なく選択した生徒は1割いる。
　自己技能の向上だけでなく，チームプレイを学習し，仲間と仲良く協力的に活動したいと，どの生徒も考えている。
・技能レベルの幅
　ほとんどの生徒は基本的なドリブル・パス・シュートができる。
　これらの基礎技能に自信のない生徒も2割ほどいる。
　もう少しでレイアップシュートができそうな生徒は2割ほどいる。
・主体的な学習の準備状況
　学習ノートへの記入や，グループの話し合いなどは自分たちでできる。
　男女混合で行うゲームの良さもわかるが，気兼ねせず男女別でゲームを進めたい。

3　学習のねらいと道すじ
(1) 学習のねらい
　個人の技能を高めつつ，対戦チームに応じた作戦を考え，チームメイトと協力してゲームを楽しむ。
(2) 学習の道すじ
　・ねらい1
　　個人技能を高めるとともに，自分たちのチームの特徴を生かした作戦を考えゲームを楽しむ。
　・ねらい2
　　チームプレイを大切にし，対戦チームに応じた作戦を考えゲームを楽しむ。
(3) 時間計画

1	2	3	4	5	6	7	8	9	10	11	12
はじめ	ねらい1（総当たり戦）						ねらい2（対抗戦）				まとめ

4　評価規準
○　バスケットボールの作戦や行い方を理解し，勝敗を競い合う楽しさを求めてプレイをした
　　　　　　　　　　　　　　　　　　　　　　　　　　　　　　　　　（知識及び技能）
○　チームの課題や自己のめあてについて仲間と交流し，その解決方法を見出すことができた
　　　　　　　　　　　　　　　　　　　　　　　　　　　　（思考力，判断力，表現力等）
○　自ら取り組むとともに，仲間と協力しながら学習を進めることができた
　　　　　　　　　　　　　　　　　　　　　　　　　　　　（学びに向かう力，人間性等）

5　単元展開

はじめ 1	○全体でのオリエンテーション ・それぞれの種目の行い方を理解し，自分にあった種目を選択する。 ・活動場所や用具の条件から，人数に著しい偏りが生じたら，第二希望への移動を検討する。 ○種目でのオリエンテーション ・選択した種目について，選択動機，技能レベルや学習方法についてアンケート用紙に記入しながら，これからの学習に向けた自分の思いをまとめる。 ・アンケート内容から，バスケットボールにおける学習のねらいと時間計画について意見を出し合いまとめる。 ・チーム編成については，リーダーができそうな人を中心に，チームの力をおおよそ均等にする。 ・チーム内の役割分担と約束事を決める（リーダー，記録，用具，準備運動　…　）。	

	生徒の活動	・教師の指導　○評価
2	ねらい1　個人技能を高めるとともに，**自分たちのチームの特徴を生かした作戦を考えゲームを楽しむ**	
3 4	1　個人の技能課題をつかみチームの仲間とともに練習する。 　　高めたい技能は，学習資料を見たり，上手な人の動きを見たりして，イメージを高める。 　　レイアップシュートなど，具体的にできるようになりたい技術を，できる仲間から教えてもらい練習をする。	○各自のめあてと練習方法が合っているか（知・技）。 ・資料を活用し自分で学習を進められない生徒には，個別に声をかける。 ・練習内容によっては，男女間の交流によりアドバイスし合う。
5 6 7	2　チーム内のメンバーの特徴を掴み，作戦を立ててゲームを行う。 　　メンバーの特徴が生かされるポジションと役割を作戦として考え，ゲームで試してみる。 　　いろいろなチームと対戦する中で作戦を修正し，その作戦が実行できるための練習を行い，ゲームに結びつける。	○チームの特徴を把握できているか（思・判・表） ・他チームと自チームの違いに目を向けさせ，良いところに気づかせる。 ・必要に応じて，攻守それぞれについての学習資料を提示し，作戦を深めさせる。 ○作戦に応じた練習方法が考えられているか（思・判・表）
なか 8	3　ゲームの反省をもとに，チーム練習を行う。 　　ゲームの反省から，作戦・戦術についての話し合い，さらに相応しい練習を考え，ゲームに活かしていく。	・作戦と練習方法の結びつきが曖昧なチームには，学習カードに朱書きを入れるとともに，話し合いの場面に参加し練習方法についてのヒントを与える。
	ねらい2　チームプレイを大切にしながら，**対戦チームに応じた作戦を考え試していくゲームを楽しむ**	
9 10 11	4　相手チームの特徴を捉えて，それに応じた作戦を使ったゲームを行う。（審判は自分達で行う） 　　相手の作戦を分析し，それに応じた作戦を考え，その作戦を活かすための練習を行う。 　　ゲーム後の反省から，その作戦と練習方法がどうだったか話し合い，次のゲームに向けた作戦と練習法を考える。 　　相手の作戦に対応した作戦を考え練習するとともに，ゲームでそれが有効であったか確かめる。	○審判を行ううえで，ルールを理解し，適切にゲームを進行しようとしているか（知・技）。 ・ゲーム進行上の問題点は，全体で話し合う。 ○ゲームの反省をもとに，チーム練習が適切に行われているか（学・人） ・相手チームの分析がうまくいかないチームには，分析の観点を提示する。
12 まとめ	5　チームのまとめ 　　学習のねらいが達成できたか，チームごと振り返り話し合う。 6　全体でのまとめ 　　チームごとの反省を出し合い，全体でまとめをする。	・学習のねらいが達成できた今回の学習で良かったことや改善すべきことについて振り返らせる。 ・代表者に発表させ，全体で学習のまとめを行う。

図表 3-12 　本時案の例

6　本時の学習（本時 10 ／ 12）
(1) 本時のねらい
　相手チームに応じた作戦を考え，ゲームを楽しむことができる。

(2) 本時の展開

	学　習　活　動	指導と 評価
はじめ 10分	1 学習の準備 ・係を中心に学習に必要な用具を準備する ・仲間が揃ったチームから準備運動をする ・係の号令により，集合・整列・挨拶・健康観察をする 2 ねらいの確認 ・本時のねらいを確認し，今日の学習の見通しをもつ 　　相手チームに応じた作戦を考え，ゲームを楽しむことができる。 ・チームごと学習ノートを手がかりにして，前時の反省から本時のチームのめあてと作戦，それに応じた練習方法を選ぶ ・リーダーが，みんなの意見をまとめる	○各チーム準備運動係の号令で効果的に運動を行っているか ○見学者の確認とできそうな内容についての指示をする ○前時の活動の様子と反省を想起させ，相手チームに応じた作戦について，チームごとに考えさせる 　　相手チームの特徴に応じたチームの課題解決に向け，その行い方について考えるとともに練習方法を見出すことができたか（思・判・表） 評価方法…学習ノート・行動観察
なか 30分	3 チーム練習 ・それぞれの練習場所で，計画した練習をチームごとに行う ・練習のポイントは，チームで声を掛け合い確認しながら行う 4 ゲーム ○ゲームⅠの前半を行う(5分) ・対戦表で対戦チームの確認をする ・対戦チームは，チーム内で作戦の最終確認をする ・審判団は，決められた役割につき審判を行う ・試合のないチームは，他チームの良いプレイに学ぶ ○ゲームⅡの前半を行う(5分) ・ゲームⅠと同じ要領で行い，ゲームを終えたチームはそれぞれ振り返りをする ○ゲームⅠの後半を行う(5分) ○ゲームⅡの後半を行う(5分)	○練習方法については，配付資料から選択させる。自分達で練習を考えられたチームについては，その内容を確認し行わせる 　　仲間と連携した動きでゲームを行うことができたか（知・技） 評価方法…行動観察 ○良いプレイが見られたときは「ナイス」と賞賛し，ゲームを盛り上げる ○作戦の動きが見られない生徒にはチームのめあてを思い出すよう，声がけをする
まとめ 10分	5 学習のまとめ ○チームごとのまとめ ・チームのめあて・作戦・練習内容がゲームにどのように結びついていたか，チームごとに振り返る ○全体でのまとめ（集合） ・チームのまとめから，全体に伝えたい内容があれば発表する ・次時の活動の見通しをもつ ・挨拶後，係を中心に用具の片づけをする	○反省内容がぼやけているチームには，何が良く・何を改善すべきかを，具体的に振り返らせる ○全体の進め方やゲームのルールに関して変更が必要か確認する ○今日の活動で良かった生徒の姿について，全体に紹介する ○次時の確認と片付けの確認をする

(3) 準備・資料
○学習ノート　　○練習内容資料　　○作戦ボード　　○バスケットボール(35個)
○電子ホイッスル(4個)　　○スコアボード(2台)　　○ホワイトボード

徒の活動」を中心に考えているため，その活動を引き出す「教師の指導」とその活動に対する「評価」が結びつくように書くことが求められる。

「まとめ」では，活動の振り返りを生徒一人ひとりに行わせるとともに，活動したグループや全体でも，その成果を確認し合うようにする。この単元で「学習のねらい」は達成できたのかや，次の単元にも活かすべき内容などを全体で共有する。

■ もう一度「子どもから見た特性」を考える

このような単元展開において，「子どもから見た特性」という運動の「一般的特性」を，そのクラスの生徒たちの立場からとらえなおす作業というのは，それぞれの生徒と運動を深く結びつけていくために極めて重要な手続きであるといえる。このような単元計画の形式で書かれた計画は至る所で見受けられるものの，「子どもから見た特性」に関する理解が不十分なために，その運動に関係のない生徒の実態まで入っているものを見かけることもある。そこで，この項目で検討されるべき具体的な内容とはどのようなものなのか，「子どもから見た特性」について少し掘り下げてみる。

まず，取り上げた運動について，クラスの生徒たちはどのような思いをもっているのかを検討する。その生徒たちにとって，人気のある単元とそうでない単元では，導入における指導に違いが出てくるものと思われる。くわえて，苦手意識や恐怖心など，学習の妨げとなる心理的な要因をもっていないかにも目を配る。それを和らげる手だては，単元展開の中で取り入れることになる。この内容は，前掲179ページの単元計画においては，子どもから見た特性の中の「心的な傾向」としてまとめた。

さらに検討すべきは，その運動を構成している技術に関しての内容である。学習活動を開始するにあたり，クラスの生徒たちはどのような技能レベルを有しているのか。そこから，どのような技術を生徒に紹介すべきなのか，技能レベルの高い生徒とそうでない生徒の差をどのように吸収して，学習を仕組んでいくのか等を検討することになる。これに関しては，前掲の単元計画では「技

能レベルの幅」としてまとめた。

　また，生涯スポーツに根ざした体育学習においては，教師の指示により受動的に活動する生徒を育成することをめざしているのではない。そこでは，生徒がいかに自分たちで活動を進めながら学んでいくかが求められる。自分で「めあて」をもち，活動を進めることができるのか。グループにおいて仲間と話し合い，作戦や練習計画を立てることができるのか。さらには，全体に関わるルール上の問題点に気づき修正していけるのかなど，生徒が主体的にどこまで学習を進められるかということも，その内容となってくる。これに関しては，前掲の単元計画では「主体的な学習の準備状況」としてまとめた。

　これらの内容が「子どもから見た特性」として考えられる。これらのすべてが常に把握されるとはいえないが，どのような体育学習をめざすのかという理論と授業実践をつなぐ単元計画の重要性を認識しつつ，丁寧に計画を立案していきたいものである。
　　　　　　　　　　　　　　　　　　　　　　　　　　　　　　（小出高義）

【さらに学習を深めるために】
1) 團琢磨「バレーボール」宇土正彦編著『体育科教育法入門』大修館書店，1983年，pp.260-269
　中学・高校の体育授業で取り上げられるバレーボールに焦点を当てているが，教師の運動の特性のとらえ方の違いが，単元計画にどのような違いとして現れてくるのかがわかりやすく説明されている。小学校の体育授業のあり方を考えていくうえでも示唆に富む。
2) 新開谷央ほか「運動の特性のとらえ方のちがいと体育授業」宇土正彦・高島稔ほか編著『新訂体育科教育法講義』大修館書店，2000年，pp.140-159
　器械運動やボールゲームの授業を例にして，運動の特性のとらえ方の違いが単元計画にどのような違いをもたらすのかをさまざまな観点から論じている。
3) 鈴木秀人「運動の特性と授業づくり」杉山重利・高橋健夫ほか編『新学習指導要領による小学校体育の授業・考え方・進め方』大修館書店，2000年，pp.106-114
　本書でも紹介した機能的特性を大切にした単元計画を支える考え方について，運動の特性を問題にするようになった経緯から説明している。
4) 竹之下休蔵ほか「計画の立て方とその考え方」『こどもと体育』33号，1980年，pp.7-15
　現在では広く知られるようになった，竹之下による機能的特性を大切にした単元

計画の形式が初めて提案された文献。そこに込められた意味を適切に理解するうえで，必読の資料といえるだろう。

5) 常木己喜雄「選択制授業の考え方・進め方」阪田尚彦ほか編著『学校体育授業事典』大修館書店，1995年，pp. 597-600
選択制授業の考え方について概観し，具体的な進め方についてわかりやすく解説している。

6) 横浜市立高等学校保健体育研究会編著『選択制授業の体育授業を創る』大修館書店，1992年
横浜市立高等学校13校による，6年間におよぶ選択制授業研究をまとめたもの。実践例のみならず，選択制授業実施にあたっての考え方，配慮事項，苦悩したことなどが具体的に紹介されている。

7) 全国体育学習研究会編『「楽しい体育」の豊かな可能性を拓く』明和出版，2008年
第Ⅱ部第4章「楽しい体育の授業実践　中学校・高等学校編」において，選択制授業の実践事例が示されている。その中には，運動種目の学習を超えた学習の広がり・深まりを求める実践も紹介されている。

3. 体育の方法

3.1 学習指導のあり方を考える視点

①子どもの自発性と教師の指導性
■2つの体育授業の光景

　全国で目にすることがある2つの対照的な体育授業の姿がある。ひとつは，球技の授業などでよくみられるもので，生徒たちは何となくゲームをしていて，教師はそれをただ見ているか，せいぜい審判をしているといったような授業。もうひとつは，器械運動の授業などでよくみられるもので，跳び箱の前に整列した生徒たちが，教師の笛の合図の下で一斉に跳び，終わると列の後ろについて次の順番を待っているといったような授業である。

　教師の指導という観点から考えてみると，前者は指導が放棄されているがゆえに生徒の自発的な学習がない授業，そして後者は指導が過剰であるがゆえに，やはり生徒の自発的な学習がない授業というようにみることができるだろう。運動の文化的な享受能力を育むという目標に向けて，人間にとって文化として，またプレイとしてある運動を，自己目的的な活動として学んでいくことをめざすのならば，体育の授業における教師の指導のあり方は，生徒の自発的で主体的な学習をどのようにしたら保障できるのかという点に着目して検討されなければならないはずである。

　したがって，先に取り上げた2つの体育授業における教師の方法は，どちらも現在の体育の方法としては適切なものとは言いがたい。生徒の自発的な学習とは，放っておいても生じるような簡単なものではないし，号令や笛による合図で強力に生徒を統制することは，言うまでもなく彼らの自発的な学習を抑制してしまうからである。

■ 指導のあり方を考える中心的な視点

　体育授業における教師の指導のあり方は，指導の過程にそって使われる実際の指導活動から検討することもできるし，それらの活動が積み重ねられたまとまりとして発揮されることになる機能という面から検討することもできるだろう。ここでは，「指導は活動の概念であり，指導性はリーダーシップのことで機能の概念である」(永島, 2000：p.66)とした定義にもとづき，個々の具体的な指導活動を教師による「指導」，それらが授業の中で組み合わされていく中で発揮される教師によるリーダーシップの機能を「指導性」としたうえで，さらに検討を進めていくことにする。

　生徒たちの自発的な学習とは，内発的に動機づけられた状態である自発性に支えられたものと考えられる。その点を押さえると，体育授業において自発的な学習を保障しようとする指導のあり方は，教師が授業の中でさまざまな指導を行っていく結果として発揮される指導性が，そこで保障しようとする生徒の自発的な学習に対してどのように関係するかに注意して考えることになる。つまり，教師の指導のあり方を検討する中心的な視点として，教師の指導性と子ども(児童・生徒)の自発性との関係を問うということがクローズアップされるのである。

②体育の方法
■「直接的指導」と「間接的指導」

　それでは，子どもたちの自発性を保障しうる指導性を発揮するために，具体的な指導はどのようにしていったらよいだろうか。そこを考えるに当たり，指導活動の中身を，授業場面において子どもたちに教師が直接働きかける「直接的指導」と，授業の基本的な諸条件を整えていく「間接的指導」に分けてみると考えやすいと思われる(永島, 1991：pp.21-22)。号令や笛による合図を用いて子どもたちを統制することが体育の指導のあり方とする体育の伝統的な指導観があるが，これは，学習集団全体を整然と統制するという方向で，直接的指導が強力に行われているということである。

教師の指導が，子どもたちの自発性を保障するためにあるとすれば，こういった直接的指導でよいのかをまず考えてみる必要がある。子どもたちの自発性を保障しうる教師の指導性は，かかる直接的指導の積み重ねで発揮されるはずがないからである。むしろ求められるのは，学習を進めていく中で問題に直面し，教師の手助けがなければ問題を解決できない子どもやグループに対して積極的に行う直接的指導であって，その積み重ねこそが，子どもの自発性を保障する教師の指導性の発揮につながっていくと考えられるのである。

　直接的指導を再検討の対象にすることと同時に，ともすると子どもたちの前に立って行う直接的指導ばかりで指導のあり方を考えてきた体育の指導観も再検討の対象にしてみなければならない。たとえば，教師が実際の授業において子どもたちの前に立つまでに行われるべきカリキュラムの編成，単元計画の立案，学習資料の準備や提供，学習の場の工夫といった指導活動は，子どもたちの自発的な学習を引き出して発展させていくことを支える諸条件を整えることと関わるものであるという点で，非常に重要である。直接的指導が中心の指導観では，これらは指導活動の範疇にはほとんど入れられてこなかったかもしれないが，間接的指導によって発揮される指導性が子どもたちの自発性を保障することに果たす役割は，看過してはならないものになるからである。

■ **学習の段階と指導**

　それでは，学習の段階にそってどのような指導が行われていくべきなのかをみてみよう。はじめの段階では，自発的な学習を引き出し，スタートさせるための指導が行われる。間接的指導としての単元計画の立案，オリエンテーションでの直接的指導などがあるだろう。

　なかの段階に進むと，スタートした自発的な学習を維持しつつさらに発展させるための指導が行われる。直接的指導としては，問題を抱えている子どもやグループを発見するための観察が行われる。それぞれの子どもがもつめあてとそこから設定される具体的な課題をもっているか，それはその子の力からみて適切なものか，課題を解決していく仕方は正しいものになっているか，などが観察の観点となる。また，自発的な学習を進めていくための手がかりとしての

学習資料や工夫された学習の場などの学習環境の整備は，主としてここでの間接的指導として行われるものといえる。

　まとめの段階では，これまでに進めてきた自発的な学習を振り返らせ，次回のよりよい学習へとつなげていくための指導が行われる。単元のまとめは，直接的指導を行う中で，学習の反省として行われることも多い。

　以上のように学習の段階に応じて使いわけられる個々の指導活動は，それら直接的指導と間接的指導を組み合わせることによって，総体として子どもたちの自発性を保障する指導性を発揮していくように考えられるとよい。体育授業における指導とは，決して大きな声や笛によって子どもたちを整然と動かすことではないし，また，自発性・自主性を尊重するという御旗の下に教師が指導をしないということでもない。そういった意味では，教師が自身の指導活動を，それがどのような指導性を発揮しているかという機能の面からとらえようとする姿勢をもつと，冒頭で取り上げた2つの授業にみられたように，しばしば放棄か過剰かの二極に分裂しがちな体育授業の指導について，自らよりよいあり方を探ることができるようになると思われる。
　　　　　　　　　　　　　　　　　　　　　　　　　　　　　　（鈴木秀人）

【さらに学習を深めるために】

1) 永島惇正「体育の学習と指導（自発的学習と指導）」宇土正彦・高島稔ほか編著『新訂体育科教育法講義』大修館書店，2000年，pp.60-68
   体育授業における学習と指導について，自発的学習を保障する指導という観点から解説している。本書で述べられた指導性の概念，直接的指導と間接的指導という指導活動のとらえ方，学習段階に対応した指導についての見方などは，この論文から多くの示唆を得てまとめたものである。
2) 鈴木理「授業のイニシアティブ」竹田清彦・高橋健夫ほか編『体育科教育学の探究』大修館書店，1997年，pp.271-283
   本書で示した指導についての考え方の批判的検討も含めて，体育授業における教師の指導のあり方に関わる内外の諸見解を理論的に整理して紹介している。
3) 岡沢祥訓「効果的な教授技術」阪田尚彦ほか編『学校体育授業事典』大修館書店，1995年，pp.168-171
   体育の授業で用いる教授技術について基本的な知識を得ることができる。

3.2 学習環境を整える

①学習形態の検討
■ **集団関係の相違による学習形態**

　教師の号令や指示のもとに生徒が一斉に運動をする体育授業がある。また，教師がどこにいるのかわからないほどに，生徒が主体的に学習を進めている体育授業もある。このように体育授業によって生徒の学習する様子が異なっている理由のひとつに，用いられている学習形態の違いがあり，よりよい体育授業をめざして学習形態を検討することは授業のあり方を方向づける重要な要因となる。

　学習形態とは，「学習者の主体性または集団関係などを変数として生起してくる，それぞれに異なる学習の様態」(細江，1995：p.150)のことをいう。主体性の度合いによる学習形態としては問題解決学習や系統学習があげられるが，体育授業は学習者間，そして教師と学習者間のかかわりが問題とされることが多いため，ここでは集団関係の視点から学習形態について検討する。

　学習者の集団関係の相違による学習形態は，一斉学習，班別学習，グループ学習，個別学習に分類されることが一般的である。教師が生徒の実態に応じて，運動学習を行いやすいと思われる学習形態をこれらの中から決定し，学習指導を行うのであるが，それぞれには留意しなくてはならない点が存在する。また，生涯スポーツ実践の基礎的能力を育む必要のある体育授業においては，生徒に自主的・自発的な学習態度を育むことが求められる。こういったこととの関係からも，学習指導で用いる学習形態は検討されなければならない。

■ **一斉学習**

　一斉学習とは，一人の教師が学習集団に対して，共通した内容を一斉に指導する学習形態である。そのため，教師主導の授業が展開されることが多くなる。図表3-13に示すように，一斉学習の授業においては，教師が学ばせようと考えた学習内容について，ある決められたひとつの方法で全員の生徒に習得させようとする。

　ここでは，教師は学習集団に対して指導しているのであり，個への対応は少

なく，生徒間のかかわり合いも希薄である。すべての生徒が教師に引きつけられており，運動に真剣に向かっていることが一斉学習の成立する条件となる。

　一斉学習では，運動をすることに消極的な生徒をさらに運動から遠ざけてしまう恐れがある。たとえば，マット運動において倒立前転を学習する際，学級の生徒全員がすでに倒立を習得しているとは限らない。こういった各々の生徒のレディネスが異なる学習集団において一斉学習で授業を行うのであれば，倒立前転がなかなかできるようにならない生徒や意欲的に取り組めない生徒が生まれることは容易に想像がつく。

図表 3-13　一斉学習
出所）図表 3-13～3-17 は高島稔（1983：pp.81-85）の図を参考に作成

　また，一斉学習が用いられるひとつの理由として安全性があげられることがある。ひとつの技術を共通に指導することで，教師の指導と安全への配慮が行き届くと考えられているのである。しかしながら，レディネスが合わない生徒に皆と同じ技術の習得を要求することは，かえって怪我をする危険度が増すことにもなる。この学習形態を用いる場合，個人差への対応，安全性の問題，そして，学習集団内のコミュニケーションといった課題に対していかに対応するかが課題となる。

■ 班別学習

　班別学習とは，教師が学習集団をいくつかの班に分け，その班ごとに学習指導を行うものである。一斉学習では，大きな集団を一人の教師で指導していたために個への対応が課題とされたが，班別学習では学習集団を小集団に分けて指導することから，この問題にある程度対応しようとしている。

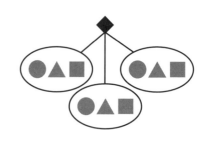

図表 3-14　班別学習

だが，この班別学習にも課題が存在する。ひとつは，図表3-14に示すように，班別学習は小集団化されているとはいえ，結局は教師が学ばせようと思う学習内容について，班ごとに共通した方法で生徒に学習させる学習形態であるため，安全性やコミュニケーションなど一斉学習と同様の課題が残る。
　一方，班別学習の小集団を生かした運動能力を視点とする学習形態として能力別学習がある。班別学習は学習集団を教師の立場から小集団化させたものであるのに対して，能力別学習は図表3-15のように班を能力別に編成する。こうすると，教師が班ごとの技術的な課題を指導しやすくなる。しかしながら能力別学習は，学習者の技能に視点を置き班を編成するために，とくに技能レベルの低い班に位置づけられた生徒は劣等感を抱きやすく，学習意欲は減退する恐れがある。さらに，班別学習と能力別学習では，班内のコミュニケーションは問題とされないため，班内の生徒相互の教え合いや学び合いは一斉学習と同様に難しい。

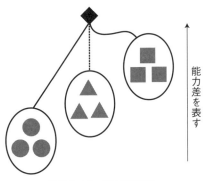

図表3-15　能力別学習

■ グループ学習

　グループ学習と班別学習のどこが違うかは，遠目に授業を観察していてもわかりにくい。どちらも学習集団を小集団化して授業が展開されているからである。しかし，グループ学習が班別学習と大きく異なるところは，図表3-16に示すように，グループ内の教え合いや学び合いといったコミュニケーションを大切にしているところにある。
　一斉学習と班別学習は，教師が学ばせようと思う学習内容について，ある決め

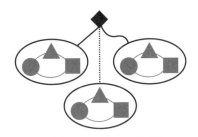

図表3-16　グループ学習

られた方法で指導を行うため，授業の主体者には教師が位置づく。しかし，グループ学習では学習を行う主体者は生徒であり，グループの仲間とともに体育授業を自主的・自発的に進めようとするものである。

　このグループ学習は，第二次世界大戦の敗戦まで盛んに行われていた教師中心の一斉指導からの脱却をめざして，戦後に開発された学習形態である。生涯スポーツ実践の基礎的能力を育むには，体育授業において受動的に運動と向き合うのではなく，自ら，そしてグループの仲間とともに能動的に運動に取り組むことが必要であると考えられ，それに相応しい学習形態としてグループ学習は用いられている。ここでの教師は，運動をしている生徒に対して，個別のつまずきに対応した技術指導やグループ内のトラブルへの指導を行うことが中心的な役割となる。

　しかしながら，このグループ学習は簡単に成立する学習形態ではない。グループを作って役割を決めたからといって，グループ内のコミュニケーションはすぐにとれるものではない。グループ学習を機能させるためには，「学び方」を学び取るための教師の指導性が発揮されなければならない。つまり，4月に担当が決まり体育授業を始めてから3月までに，運動をめぐる指導とは別にグループでの学び方の指導が計画的に行われる必要があるのである。この指導がなされないのであれば，グループ学習は機能せず，仲間とのコミュニケーションを図れないばかりか，運動に関わる学習内容の習得も保障されない，形式的な授業に陥ってしまう危険性がある。

　グループを編成する方法は，いくつかある。生徒の実態が把握し切れていない4月当初は，前担当者から情報を得たり生徒から情報を得たりするなどして教師がグループを決定するのがよい。また，グループ学習が機能してきたら，教師が決定したリーダーを中心にグループ編成をしたり，リーダーも含めて生徒のみでグループ編成をしたりしてもよいであろう。このように教師の関与の度合いを少しずつ減らし，生徒に委ねていくことは生涯スポーツ実践の基礎的能力を育むために重要である。

　ここで留意すべきことは，生徒にグループ編成を行わせるようになっても，

グループでの話し合い　　　　　　　　個別指導

　教師は任せっきりにしないことである。グループはグループ間等質，グループ内異質で編成されなくてはならない。また，技能差だけでなく，人間関係，性格などを考慮してのグループ作りが必要となる。生徒も教師も納得できるグループ編成を行うことが必要であり，この作業によりさまざまな能力，考え方をもった異質集団内のコミュニケーションが図れるようになる。

　さらには，グループの実態に応じた指導が教師によって行われ，生徒はグループごとに異なった運動課題に向かって取り組むことができる。そのため，レディネスが合わない運動を行うことは少ないといえる。各グループに応じた取り組みができることでそれぞれの力は高まり，等質集団間において勝敗の未確定性が保障されたゲームを行いやすくなる。

　こういったグループ学習の特長から，体育授業の学習形態としては，同じ小集団学習ではあってもコミュニケーション能力の育成や安全性の確保に課題が残る班別学習よりも，グループ学習が用いられるべきであろう。

■ 個別学習

　個別学習は，図表3-17に示すように教師と生徒が一対一で学ぶ学習形態である。生徒が数名でも各々違うめあてに挑戦するならば個別学習である。体育授業は，生徒が運動とどのように向き合っていくのかを問題としていることを考えれば，すべての体育授業において個別学習が位置づ

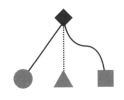

図表3-17　個別学習

3．体育の方法　193

く必要がある。すなわち、個別学習は最も根本的な学習形態ということができる。

また、図表3-18に示したように、小集団のグループ学習が機能している体育授業においては、個別指導が容易となる。30人から40人という学習集団で行われることが多い体育授業において、教師が少数の生徒のみに対応する個別学習は困難なこと

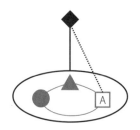

図表3-18　グループ学習における個別学習

を考えると、グループ学習を基盤とした個別学習を行うことが望まれるといえよう。つまり、個別学習とグループ学習は表裏一体なのである。グループ学習を基盤とした個別学習では、個別対応をすべき数名の生徒を予め選定して体育授業に臨むことが教師に求められる。たとえば、サッカーの学習をグループで自主的・自発的に進めていても、図表3-18に示す生徒Aがボールに積極的に関われないという課題があるのであれば、教師はあらかじめ生徒Aに対する個別指導の計画を立てて授業に臨み、指導すべきである。

また、授業によっては教師の予想に反してつまずく生徒が出てくることはよくある。こういった生徒に対して臨機応変に個別指導を行うことも、教師の重要な役割であることを忘れてはならない。

■ 学習形態を組み合わせる

ここまで、一斉学習、班別学習、グループ学習、個別学習と4つの学習形態について述べてきたが、実際には、ひとつの学習形態のみで体育授業を展開するわけではない。たとえば、教師が全体に指導すべき安全面に関する内容や技術ポイントなどは一斉学習の学習形態が取られるべきであるが、ゲームが始まればグループ学習で進められることが必要になるだろう。さらには、その過程でつまずきのある生徒に対して個別に指導する場面も出てくると思われる。

生涯スポーツ実践の基礎的能力を育むことを念頭に置き、自主的・自発的に運動と向かい合える生徒の育成を考えるとき、グループ学習が最も中心的な学習形態といえる。一斉学習や班別学習は、教師主導で学習指導が行われるが、

グループ学習は生徒が中心となり学習が展開されるからである。グループ学習を基盤としながら，生徒の実態，指導する内容に応じて一斉学習と個別学習を使い分け，組み合わせることは教師に課せられた責任なのである。

生涯スポーツ実践の基礎的能力を育むという点からは，選択制授業，男女共習，異年齢学習といった体育授業のあり方も検討されなくてはならない。選択制授業には種目選択と領域選択がある。種目選択は，たとえば，同じゴール型に分類されるサッカーとバスケットボール，ハンドボールの中から選択して学習する。また，領域選択では球技と武道という別領域から種目を選択して学習する。生徒が興味関心のある種目や領域を学習することができれば，それを共通に志向する仲間とともに学びを深めることができるであろう。

男女別習で学習を展開する教師は，「男女共習だとそれぞれが楽しめない」と口をそろえるがはたしてそうであろうか。たとえば陸上運動のように接触がない種目であれば，得意な男子が苦手な女子に動き方をアドバイスすることで女子の技能向上が期待される。ダンスであれば，しなやかな動きをする女子の動きから学び，男子も普段とは違った動きを導き出すことができる。そもそも男子と女子が同じ学習集団では楽しめないという発想は，男子のほうが女子よりも運動能力が高いという暗黙の前提に裏づけられていることが多いが，決してそうとは言い切れない。たとえば，バスケットボール部に所属する女子は，きっと男子と学習しても遜色ないプレイをするはずである。また学校期を出れば，男女で仲よく運動を楽しむ場面は多い。将来のスポーツ場面も視野に入れて男女共習の実施を検討すべきである。

異年齢学習はスポーツ大会とジョイントして行うと効果を発揮する。たとえば球技大会を縦割り集団で行えば，勝利をめざして上級生がリーダーシップを発揮するであろう。その姿を見て下級生はリーダーの役割を学ぶ。社会に出て行う文化的活動は運動に限らず異年齢で行うことが多く，同じ学齢で行うことの方が稀である。同学年で学習することがほとんどである中学校・高等学校の教科学習の中において，体育授業はその枠を取り払うことがしやすい教科といえよう。その特長を活かしつつ，生涯スポーツの実践者を育むひとつの方法と

して異年齢学習のあり方は積極的に検討されなくてはならない。

　近年の体育授業では，複数の教師でティーム・ティーチングを行うことがある。学習形態が生徒の立場から考えられたものであるならば，ティーム・ティーチングは教師の立場から考えた指導形態ということができる。今後，一人の教師が体育授業を行うという固定観念に囚われることなく，ティーム・ティーチングや地域の優れた人材の活用など，工夫した指導形態を開発していくことも，学習形態の検討において重要な課題になると思われる。（佐藤善人）

②学習の場づくり
■生徒に合わせた学習の場

　体育授業でサッカーの学習をするとき，各学校の校庭の広さによって作ることができるコートの大きさは違うし，3面作るのか，4面作るのかでも授業展開の仕方は異なってくる。また，マット運動を学習するとき，学校にあるマットの枚数によってグループ編成を考えたり，扱う技の種類を変更したりする必要も出てくるであろう。つまり，体育授業のあり方は学習の場によって規定されているといっても過言ではない。

　しかしながら，体育授業を現状の学習の場に合わせて作ってしまうことは望ましいことではない。40人の生徒でサッカーの学習をするときに，コートが1面しか準備ができないのであればゲームに参加できない生徒は大勢生まれるし，マットの数が5枚だけしか用意されておらず，ひとつのグループを8人編成としてマット運動の学習を進めるのであれば，生徒の試技の回数は多くは保障されない。このように体育授業を学習の場に合わせていくことで，その場で学習する生徒はゲームを楽しんだり，技に挑戦したりする機会が制限されてしまうのである。こういった体育授業では，生徒は運動に親しめないばかりか，運動嫌いや体育嫌いを生む危険性もある。

　すなわち，現状の施設や用具に生徒をあてはめて体育授業をつくるのではなく，目の前の生徒に合わせて豊かな学習の場を工夫することが必要なのである。学習の場が整った体育授業では，生徒が学習内容を学び取ることはより期

待できると考えられ，教師には学習の場を工夫したうえで，学習形態も考慮しながら体育授業を行うことが求められている。

■ 生徒にとって意味のある施設・用具の活用

　校庭や体育館，プールといった固定施設を造り替えることは，多くの経費と時間がかかるために，すぐには困難である。こういった固定施設で体育授業を行う場合は，学習内容に制限が加えられるのはやむをえない面がある。しかし，たとえば，40人でサッカーを学習するのであれば，普段よりも小さいコートを4面つくり，固定されている通常のサッカーゴールを使用するのではなく三角コーンを用いたり，移動式の簡易ゴールを用いたりしてゲームを行えば，より多くの生徒がボールに親しむ機会が保障される。このように，固定施設の空間自体を柔軟に活用することは可能である。

　もちろん，校庭や体育館といった固定施設の柔軟な活用だけでなくても，学習の場を整えることはできる。たとえば，ハードル走の学習のときに，ハードルにウレタンカバーをかぶせて恐怖心を和らげたり，リズムよいインターバル走を導くために走路の脇に目印となるマーカーを置いたりすることができる。跳び箱運動で前方倒立回転跳びを学習するときに，跳び箱をウレ

跳び箱をマットでつくった場

頭はね跳びの場

作戦ボード

3．体育の方法　197

タンマットなどで作成し安全な場を設置したり(前ページ上段写真),頭はね跳びを学習するのであれば,ステージを利用して,台上から着地の動作に特化して練習できるようにしたりする(前ページ中段写真)。球技では,前ページ下段写真のような作戦ボードを準備するだけで,生徒の学習意欲は高まり,さまざまな作戦を考えることに活用されるのである。

このように施設・用具に生徒を合わせるのではなく,運動する空間を柔軟に変更したり,簡易な用具を準備したり,また現在ある用具を組み合わせたりすることで,多様な個人差へ対応した場,生徒にとってやさしい練習方法を導く場,さらには豊かな運動量を保障する場といった生徒に合った学習の場を作ることができる。こういった工夫を教師が示すことで,グループ学習を行っている生徒自ら学習の場を選択したり,つくり出したりするようになり,生徒の自主性・自発性を育むこともできる。

■ 個に対応した多様な場の活用

ここまで述べたように,教師が生徒の実態に配慮しながら工夫した学習の場を用意して授業を行うことで,豊かな体育授業が展開される基盤は整備されたといえる。しかしながら,用意した場がすべての生徒に適しているかはわからない。それぞれの生徒のめあてに対応した学習の場は異なっていると思われる。たとえば,前ページの写真に示した工夫された場を用意するなどして,生徒の実態に応じた学習の場を設置し,さらに教師が場へ導いたり,生徒自身が自分に合った学習の場を選択できるように指導しなくてはならない。

ところが,生徒の実態に応じた多様な学習の場を作り,それらを生徒が用いて運動していたとしても,単元が進むにつれて前日まで活用していた場を必要としなくなる生徒は必ず出てくる。反対に,あまり活用されていなかった場を多くの生徒が必要とする場合もある。これは,学習の過程で生徒の実態が変化するために起こることである。こういった状況をよく把握して,生徒に合わせて学習の場を臨機応変に変えていく力も教師には求められるといえよう。加えて,生徒自らが自分のめあてに合った場をつくり出すことができるよう促すことも大切である。

③学習資料の提供

■ 体育授業における学習資料の現状

　学校教育の中では，さまざまな学習資料が用いられている。体育授業においても例外ではなく，学習資料を用いることはよりよい授業づくりのために必要である。学習資料を活用することで生徒は運動が上達したり，没頭してプレイしたりするきっかけを得ることができるからである。

　しかしながら，校庭や体育館には教室のように黒板が常設されていない場合が多いこと，また教室から学習資料を持ち出す手間があることなどから，その必要性は理解しながらも，学習資料を用いて体育授業を行うことは広く浸透していないようにも思われる。そのためか，ただ運動をするだけで生徒は何を学んだのかが曖昧なままの授業も少なくない。

　体育授業で用いられるべき学習資料には，さまざまなものがある。たとえば，単元の流れや本時の課題，技術ポイントを示す掲示資料，生徒が自主的にグループ学習を進められるように促す学習カード，DVDの映像で技術ポイントを示したり，タブレット型端末で撮影した自分の運動する様子を見たりできる映像資料などである。これらの資料を効果的に用いて体育授業を行うことについて，導入，展開，終末という授業の3つのまとまりに沿って考えてみよう。

■ 学習資料の活用

　体育授業の導入時に活用する資料は，主に掲示資料である。次ページの上段の写真のように本時の全体課題や技術ポイントをホワイトボードに示すことは重要である。また，単元計画を表す掲示資料，もしくは学習カードを用い，第一時に単元全体の見通しをもったり，毎時間の導入時にもそのような資料を用いて，本時の位置づけを確認したりすることは大切である。前時の生徒の姿が撮影されているのであれば，技術ポイントを説明しながら映像を見ることもよい。こういった学習資料を提示することで，本時は何を学習するのかが生徒の中で明確になる。

　展開時にはさまざまな学習資料が用いられる。跳び箱運動であれば，中段写

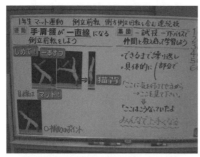

全体課題を確認するホワイトボード

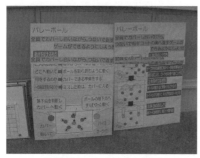

めあてを書いたボード

真のようなボードにそれぞれの本時のめあてや大切にしたい技術ポイントを記入する。このボードを見ることで，常にめあてを意識して跳んだり，仲間が試技者のめあてを意識したアドバイスをしたりすることができる。これに加えて個人の学習カードを用い，毎時間のめあてとふりかえり，跳んだ技や高さなどを記録すれば，より学習の深まりは期待できる。

球技であれば，下段写真に示すような技術ポイントが書かれた掲示資料を用いて，グループの作戦を工夫する作業を随時進めなくてはならない。また，器械運動や陸上競技，ダンスなどでは自分の運動する様子を撮影した映像を試技や演技の直後に見ることで，技の精度や動きの高まりを客観視して練習に生かすことができる。市販されている映像資料を用いることで，完成された技のイメージをもったり，練習への助言を得たりすることも可能である。

技術ポイントを示した掲示

終末時には，再度導入時に用いた掲示資料を使って，本時のめあての達成度について振り返らなければならない。よい姿や頑張っている姿については，実際に生徒から範を示してもらい，そのよさに関して板書し，技術ポイントを整理することも必要であり，その板書自体が掲示資料となる。

このように，導入，展開，終末という学習の展開に合わせ必要に応じて学習資料を提示し，生徒に活用させることが教師の役割となる。生徒は学習資料を活用することで自主的・自発的な学習が促され，運動の面白さに触れることができ，自分のめあてやグループのめあてを達成することができるのである。

■ **学習資料の効果的な活用法**

　教師が体育授業で扱う運動について研究し，前に紹介したような学習資料を作成したとしても，次の二点について配慮しないのであれば，生徒にとってそれらの学習資料は生きて働かないと思われる。

　ひとつは，学習資料を提示するタイミングである。たとえば，走り高跳びの空中動作について学習する際に，技術ポイントを整理した掲示資料を示すのであれば，体育授業の終末時より導入時の方がより効果的に活用されるであろう。また，まだ一度も走り高跳びを跳んでいない段階で，助走から着地までの技術ポイントを事細かに説明した映像を観たとしても，生徒に自分が跳んでいるイメージをもたせることは難しいと思われる。このように，どれだけよい学習資料を作成しても，どの資料をどのタイミングで提示するかが練られないままに用いるのであれば，その学習資料は生徒の学習に生かされない。

　もうひとつは，教師は生徒に対して学習資料の用い方を指導しなければならないということである。学習カードを生徒一人ひとりに配布したとしても，その用い方や必要性を指導しないと，学習カードは生かされないばかりか，運動する時間を削られることから，生徒は学習カードに書くこと自体を面倒で苦痛に感じてしまう。また，走り高跳びの技術ポイントが丁寧に記された掲示資料を作成して掲示しても，助走でつまずいている生徒と，空中動作をさらによくしたいと考えている生徒では，用意された掲示資料の活用する部分が異なってくる。したがって，生徒に資料の活用の仕方を指導しないのであれば，せっかく教師が準備した学習資料も大きな効果を発揮しない。

　教師には，学習資料作成のみに力を注ぐのではなく，その効果的な活用法も検討したうえで生徒に提示することが求められる。この作業を行うことで，生徒はより上達したり，学習のめあてに向かって意欲的に取り組んだりすること

ができ，その運動の面白さに触れることができるのである。　　　（佐藤善人）

【さらに学習を深めるために】
1) 高島稔「体育の学習（指導）の形態」宇土正彦編著『体育科教育法入門』大修館書店，1983年，pp.76-87.
   高島稔「体育の学習形態」宇土正彦・高島稔ほか編著『新訂体育科教育法講義』大修館書店，2000年，pp.69-77.
   両書ともに，学校教育における学習場面の一般的な学習形態について論述されている。いくつかある学習形態の構造要因の中でも，体育授業では学習者相互，教師と学習者の関係が重要であり，その点から学習形態を検討すべきであることが主張されており，集団関係の変数による学習形態について詳細に説明がなされている。なお，本書において学習形態を考えるため用いた図表 3-13 から図表 3-17 は，上記の『体育科教育法入門』に掲載されているものを参考に筆者が新たに作成した。
2) 細江文利「体育授業の方法」阪田尚彦ほか編『学校体育授業事典』大修館書店，1995年，pp.150-158.
   学習形態を含めた体育授業における方法について論述されている。教師側から指導過程の考え方，学習者側から学習過程の考え方が示されており，設定された学習形態をどのように活用しながら体育授業を進めていけばよいのかがよく理解できる。

3.3　体育における安全指導

①体育・スポーツ活動における事故の傾向
■ 体育・保健体育授業の災害状況

　　ベネッセ教育総合研究所の学習基本調査(2015)において，保健体育は1990年から中学生の好きな教科第1位に輝き続けており，生徒に圧倒的な人気を誇る科目である。体育・スポーツ活動は，体を動かす楽しさや心地よさを味わう欲求充足，仲間とのかかわり方，体力向上，集団規範の育成などさまざまな側面からその教育的効果が期待されている。しかし，それはリスクと背中合わせの活動であることを，指導者は忘れてはならない。

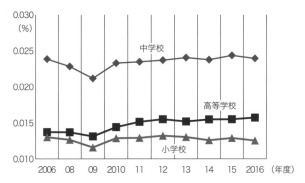

図表 3-19　体育・保健体育活動中における事故発生率
出所）日本スポーツ振興センター「学校の管理下の災害」各年を
もとに筆者作成。2007 年度のデータは未発表。

　図表 3-19 は，2006 年度から 2016 年度まで災害共済給付（医療費，障害見舞金または死亡見舞金の支給）のなされた体育・保健体育授業の事故発生率を示している。事故発生率は，筆者が 1 年間の事故発生件数をその年度の災害共済給付加入者数で割って算出した数値である。小学校，中学校，高等学校どの学校種においても，学校安全保健法が施行され世間の注目を浴びた 2009 年度をのぞいて，事故発生率はほぼ横ばいであり毎年一定数の事故が起きている。また，学校種で比較すると，中学校で発生率が高い傾向にあることがわかる。

■ 保健体育・部活動における死亡事故の傾向

　「スポーツにケガはつきもの」という言葉を耳にする。体育・スポーツ活動は常にリスクと背中合わせの活動であり，熱が入れば入るほど怪我のリスクも高まる。そのため活動中に起きた事故であれば，なんとなく「仕方ない」「不慮の出来事だった」と曖昧に済まされることも多かったのではないだろうか。一方で，2016 年大阪府の中学校で起きた組体操事故は SNS を通して社会問題にまで発展し，国や各自治体は組体操への対応を迫られた。そこでは，組体操そのものを廃止するか否かという極端な議論が集中し，組体操のリスクや事故の傾向に目を向けようとする動きになかなか進まなかった。

　このように，体育・スポーツ活動における事故はその運動がもつリスクや事

故の傾向に目が向けられないまま済まされるケースも少なくない。そこで，日本スポーツ振興センターが報告する学校管理下における災害を取り扱った統計資料を参考に，過去10年間の保健体育授業・部活動で起きた死亡事故を集計し，その傾向を見ていくことにする。

　図表3-20は，2008～17年度に中学校・高等学校の保健体育授業・部活動で起きた運動種目別死亡事故件数の上位8種目を示している。最も死亡事故件数が多いのはサッカーで28件。次いで，野球25件，バスケットボール20件，柔道17件，持久走・長距離走15件，テニス11件，陸上(その他競技)10件，ラグビー8件と続いている。この統計は，体育授業と部活動を合わせた事故件数であるため，部活動における各競技人口の違いが件数に影響を与えている可能性も踏まえつつ，死亡事故の特徴からその傾向について考えていく。

・球技における突然死

　死亡事故件数の上位を占めるのは，ほとんどが球技種目である。球技における死亡事故では，圧倒的に突然死によるものが多い。突然死は，一般的に急性心不全，急性心停止または特別な外因が見当たらない頭蓋内出血等が直接死因とされた病死であり，図3-20は発症から24時間以内に死亡した数値であ

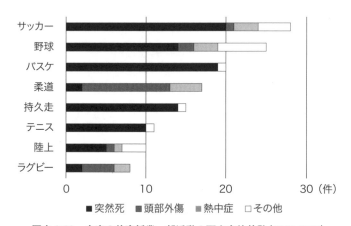

図表3-20　中高の体育授業・部活動の死亡事故件数(2008-2017)
出所）日本スポーツ振興センター「学校の管理下の災害」「学校の管理下の死亡・障害事例と事故防止の留意点」各年をもとに筆者作成。

る。これらの事故は，いずれも部活動の事故がほとんどである。

　球技種目別の突然死は，サッカーで20件，バスケットボールで19件，野球で14件，テニスで10件，ラグビーで2件と続いている。比較的に持続的な筋持久力が求められ，心肺機能に負担の大きいゴール型種目で突然死がよく起きているように思われる。学習指導要領のゴール型，ネット型，ベースボール型の型別で突然死の割合を示すと，ゴール型の割合が高いのは一目瞭然である（図表3-21）。もちろん，競技人口の違いが発生件数に影響を与えている可能性は大いに加味されるべきであるが，心肺機能の負担が大きい球技種目の指導にあたっては，突然死の発生を視野に入れ，事前に生徒の健康観察や既往歴を把握する，心肺蘇生法やAEDの使用方法を確認する等注意が必要である。

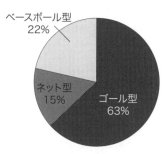

図表3-21　球技型別の突然死（2008-2017）

・柔道における頭部外傷

　球技に続いて件数が多い柔道は，2012年度に完全実施された中学校学習指導要領において武道が必修化され，体育授業で取り扱われる機会も増えた。必修化による柔道実施は，「危険なのではないか」「重大事故が起きるのではないか」といった不安の声がさまざまな方面であがっていた。実際に，過去10年間の死亡事故は17件発生しており，そのうち頭部外傷による死亡事故は11件と突出している（図表3-22）。

　ただ，これらの頭部外傷による死亡事故は，体育授業ではなくすべて部活動中に起きた事故であることに注意してほしい。つまり，柔道事故は競技としての指導でとくに注意が必要である。内田良は，柔道事故は中学校1年生や高校1年生など初心者の事故が多く，それらの事故は柔道固有の技（投げ技や受け身）の中で起きていることを報告し

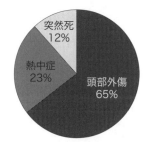

図表3-22　柔道事故の死因（2008-2017）

3. 体育の方法　205

ている(内田, 2015：pp.206-236)。とくに1年生は, 受け身を習熟していないことや, 体格差のある先輩と練習すること, 投げられ役に回る機会が多いこと等が理由として挙げられている。これを受け, 文部科学省(2012)は, とりわけ柔道未経験者が多数となる体育授業では, 頭を打たせないよう受け身の練習を重点的に取り入れることや, 生徒の運動経験や技能・体格差, 体力の実態, 施設設備の状況等を踏まえて取り扱う技を決定する等の注意を促している。

・持久走・長距離走における突然死

　柔道に続いて死亡事故件数が多いのは持久走・長距離走である。学校における持久走・長距離走は, 授業や部活動だけでなく, 「マラソン大会」や「強歩会」等の学校行事として位置づけられる場合もあり, ほとんどの生徒が必ず経験する運動といえるだろう。自己のペースで持続的に走り続ける持久走と長い距離を全力で走り競争を伴う陸上競技の長距離走は, どちらも持久力が必要で心肺機能への負担が大きい運動である。過去10年間では, 14件もの突然死が発生している。

　また, 持久走・長距離走の突然死は, 発生している状況に特異な傾向がみられることに注意しなければならない。過去10年間の持久走・長距離走における突然死を発生場合別にみると, 約9割が保健体育の授業中に発生している(図表3-23)。つまり, 持久走や長距離走の突然死は, 普段部活動で長い距離に走り慣れている陸上部の生徒よりも, 長い距離を走り続けることにあまり慣れていない生徒や運動不足の生徒に起きやすい傾向にあると推察される。

　学校現場では, 教師が長距離走と持久走を混同してとらえている場合も多く, 自分の限界まで挑戦して走ることや苦しさを乗り越えた先の達成感を味わうことに教育的意義を見出している教師も少なくない。そのため, 自己のペースでのんびり走る生徒や, 走る表情に余裕のある生徒を見かけると「もっとペースを上げて走ろう！」「もっと

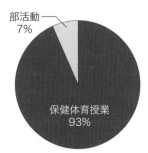

図表3-23　持久走・長距離走の突然死
(2008-2017)

追い込んでいこう！」とついつい声をかけたくなるのではないだろうか。しかし，普段あまり走り慣れていない生徒や運動不足の生徒に無理を強いるような指導は突然死のリスクを高めてしまう可能性があることを教師は頭に入れておかなければならない。持久走・長距離走の指導にあたっては，生徒の実態把握だけでなく授業のあり方を再検討する必要があるだろう。

■ リスクを想定した体育・スポーツ指導への転換

　これまでの体育・スポーツ活動における安全は，「スポーツにケガはつきもの」というつきもの論か「危険な運動は廃止する」という安全第一主義の両極端で語られることが多かったように思う。体育・スポーツ活動はリスクと背中合わせの活動であるが，安全第一主義の体育・スポーツ活動に留まってしまえば，生徒が運動に触れる機会や運動そのもののおもしろさが損なわれてしまう。逆に，「スポーツにケガはつきもの」という考えは，実際に防ぐことができる事故をも許容してしまう危険性がある。

　大事なことは，その運動種目にどのようなリスクが内在するのかを教師や指導者が学ぼうとする姿勢である。先述のように，事故の傾向を見るだけでも各運動種目のリスクが見えてくる。これから教師・指導者に求められることは，「スポーツにケガはつきもの」という妥協や安全第一主義という姿勢ではなく，リスクと向き合い事前にリスクを回避するための対策が講じられた体育・スポーツ指導である。

（中村有希）

②水泳における安全指導
■ 水難事故の状況

　前項において，教師や指導者が運動種目に内在するリスクと向き合い，それらを回避するため，不断の検討を重ねることが安全配慮につながることが理解された。ここでは，水難事故の防止に焦点をあて，水泳における安全指導についてさらに考えてみる。水泳の安全指導は，生涯にわたる豊かなスポーツライフの創造という観点から，生徒が学校を卒業した後の水辺活動まで視野に入れる必要がある。このことを念頭において，水難事故の発生状況を概観していこう。

統計(警察庁生活安全局地域課，2018)によると，2017年中，わが国では，1,341件の水難事故が発生し，1,614人が水難者となっている。このうち，死者・行方不明者は679人に及ぶ。水難事故による死者・行方不明者全体の場所別構成比は，海56.6％，河川25.6％，用水路8.4％，湖沼池8.1％，プール0.3％，その他1.0％であり，行為別構成比は，魚とり・釣り32.3％，水遊び9.0％，水泳6.9％，作業中6.5％，通行中6.2％，その他39.2％である。また，中学生以下の死者・行方不明者だけをみると，場所別構成比は，河川65.4％が最も高く，次いで海15.4％，湖沼池11.5％，用水路3.8％，プール3.8％であり，行為別構成比は，水遊び46.2％，魚とり・釣り19.2％，通行中3.8％，その他30.8％である。したがって，水難事故は，①発生件数に対する死者・行方不明者数の割合が高いこと，②自然環境下の水域での発生割合が高いこと，③死者・行方不明者の場所別構成比をみると，全体では海(56.6％)，中学生以下の子どもでは河川(65.4％)が最も高いこと，④行為別構成比からは，不意に水中に身を投げ出されるケースが少なくないことが推察されること等が特徴として挙げられる。

なお，死者・行方不明者の場所別に占めるプールの構成比は，全体0.3％，子ども3.8％であり，自然環境下の水域と比較して高くない。しかし，このことはプールが無条件に安全であることを意味しない。1998年度から2015年度までに，学校管理下の体育活動中(体育授業，運動部活動，体育的行事)に発生したプールにおける死亡・重障害事故は，溺水32例，脊髄損傷31例，突然死等23例である(日本スポーツ振興センター，2017)。

水辺の活動は，楽しく魅力的であると同時に，常に危険と隣り合わせである。

■ **着衣泳の意義と限界**

水泳の授業は，生徒にどのような力を身につけさせたらよいのだろう。言い換えれば，水泳領域の指導内容は，どのようにとらえたらよいのだろう。それは，何かの泳法で長い距離を泳がせたり，速く泳がせたりすることだけだろうか。

2017年版中学校学習指導要領を見ると，クロール，平泳ぎ，背泳ぎ，バタフライ等の泳法を身につけさせたり，効率的に泳がせたりすることが内容とし

て示されている。しかし，水泳の学習内容は，生徒が生涯にわたって豊かな水辺活動を文化として享受する基礎を培う必要があり，したがって，いくつかの泳法等の技能を定着させるだけでは十分とはいえない。たとえば，先に概観した水難事故の実態を念頭におけば，万が一，水難事故に遭った場合の対処法を身につけさせたり，水辺活動を安全に行わせたりする能力を培うことが重要であることは明らかである。このような観点から見ると，"着衣状態で不意に水中に身を投げ出された際にパニックに陥らず，冷静に対処して自己の生命を守ること"を目的に，水面に浮いて呼吸を確保したり，長く浮き続けたりすることを中心的な内容とする着衣泳は，水難事故に遭った際の生命保持に資する方法を習得させる重要な意義をもつことがわかる。なお，着衣泳は，中学校学習指導要領解説保健体育編（文部科学省，2018）において「着衣のまま水に落ちた場合の対処」と記されている。これは，着衣泳が"着衣状態での泳法"と誤解されないように言い換えられたものである。

　ところで，着衣泳を実施しさえすれば，水難事故から生徒の身を守ることができるのだろうか。答えは，否である。着衣泳は，着衣状態で水中に身を投げ出された際，背浮き等によって呼吸を確保して，救助（あるいは自助）を待つことを想定して行われている。たとえば，一般に勾配が急峻なわが国の河川では，浮いて助けを待とうとしても流されてしまうため，着衣泳の効果を期待しすぎない方がよい。つまり，着衣泳は，事後対応的な生命保持の観点から重要な意義が認められるものの，実際の水難事故は不確定な要素が大きく，その効果は，むしろ限定的であるといえる。また，服を着た状態でプールに入るという着衣泳の形だけを真似した授業は，生徒に誤った認識を与え，安全を脅かすことになってしまう可能性があることを知っておく必要がある。

■ 着衣泳の効果を高めるために

　着衣泳は，水難事故から身を守るための方法として意義が認められる。しかし，その効果は，万能でなく，むしろ限定的である。重要なのは，その可能性と限界を知ったうえで，水難事故から身を守るという目標に迫る授業づくりを進めることである。

では，具体的には，どうしたらよいのだろう。残念ながら現時点で，唯一絶対の方法を示すことができない。しかし，着衣泳の学習効果をより高めたり，より持続させたりするための有効な方法はある。それは，特別なことではなく，事前・事後指導を充実させるのである。たとえば，自然環境下の水域に着衣状態のまま不意に身を投げ出されて発生するケースが見られることを説明し，着衣泳の必要性を生徒に理解させたり，着衣泳の授業で経験を意味づけ，水辺で安全に活動するための対策を考えさせたりすれば，未然に水難事故を防止する能力を培うことにつながる。また，教育通信等を用いて，生徒が学習したことを保護者に知らせ，水難事故について家庭でも考える機会を設けることによって，水難事故の防止に資する学習効果を持続させることが期待できることもわかっている。

　いずれにせよ，服を着た状態で水に入るという経験自体を目的にしてしまわないよう，水難事故の防止という観点から内容を明確にして，方法を工夫することが重要である。そうした授業づくりによって，生徒の生涯にわたる水辺活動の実質的な安全につながる効果を得ることにつながっていくであろう。

■ 河川で水難事故防止学習を行う効果

　次に，水難事故防止学習を河川で行うケースをみていこう。

　河川は，中学生以下の水難事故による死者・行方不明者の場所別構成比が最も高かった(65.4%)。したがって，河川での学習は，プールと比べ，より実際的な場面を想定して行われている。

　河川での学習の主な学習活動は，①河川の歩行，②伏し浮き，③棒を用いた救助体験であった。生徒は，学校指定の運動着(長袖，長ズボン)を着用した。生徒は，河川での学習を通してどのようなことを感じ取ったのだろう。

　図表3-24は，岐阜県の山間部の中学校で行われた河川での学習に参加した生徒が授業の直後に書いた感想文をセンテンスごとに抽出し，分類した結果である。

　記述内容は，いずれも河川で直接体験したからこそ表現できるものばかりである。なかでも，「水温」，「流速」，「河床」，「水深」のカテゴリーは，ポイン

図表3-24 河川での水難事故防止学習後の生徒の感想の分類結果　　N＝159

カテゴリー	センテンス数(%)	記述例1	記述例2
水温	110(18.1%)	思ったより川は冷たい	手足が固まるほど冷たい
河川の危険性	85(14.0%)	遊び心だけでは危険	気持ちがいいが危険である
流速	80(13.1%)	川の流れは速い	流されそうになる
救助法	76(12.5%)	川に適した方法を知る	竿でも助けられる
河床	30(4.9%)	石で歩きにくい	足元に注意して歩く
動きにくさ	25(4.1%)	思うように動けない	服が邪魔で上れない
水深	24(3.9%)	足がつかなくて不安	深くてぞっとする
落ち着き	23(3.8%)	本番では冷静になる	冷静な判断が必要
プールとの違い	21(3.4%)	プールは安全だ	プールより実践的だ

※総センテンス数は609。
出所）稲垣・城後（2002：p17）を一部修正。

トである。なぜなら，この4つのカテゴリーは，河川の水難事故の四大原因（岐阜県警察本部，2004）と密接に関連する（水温⇒心臓麻痺，流速⇒流される，河床⇒転倒・転落，水深⇒深みにはまる）からである。生徒は，これら河川の危険な要因を体験的に理解し，その結果として「河川の危険性」を感じ取るのである。

河川での学習を通して，生徒が体験的に河川の危険要因を理解することは，未然に水難事故を回避する能力を培う効果が期待できることを示唆している。また，河川での学習は，生徒と河川の関係を遠ざけることにはならない。なぜなら，生徒は，河川での学習を通して河川の危険性を理解するのと同時に，河川に対する親近感をもつからである。

■ カエル足と地域の実態に応じた指導

プールだけではなく，自然環境下の水域での安全を考えると，いくつかの身につけさせておきたい技能がある。なかでも，水深の深いところで呼吸を確保するための立ち泳ぎ，水面を安全に移動するための横泳ぎは，生命を保持するための重要な技能である。そして，これらの技能には，足裏で水をとらえるという平泳ぎのカエル足と共通する要素がある。万全の安全配慮のもとに河川で水泳の授業を行うと，プールの水面を25m移動できるのに，泳げなくなって

しまう生徒がみられる。こうした生徒は，平泳ぎのカエル足が定着していないことが多い。つまり，平泳ぎのカエル足は，正しいフォームで泳ぐためだけでなく，水中での安全確保につながる運動の基礎としての意義が確認できる。

ところで，水泳の授業に関連し，"地域や学校の実態に応じた安全指導"は，どのように行ったらよいのだろう。確かに，生徒の生活圏内にある海や河川等に関する安全指導は重要である。しかし，"地域や学校の実態に応じた安全指導"の具体的な内容は，地域の水域を想定するだけでは十分とはいえない。なぜなら，たとえば，山間部の人が海水浴場に出かけて，あるいは，都市部の人が河川で水遊びをして水難事故に遭うといったケースは珍しくないからである。

このように考えると，"地域や学校の実態に応じた安全指導"は，山間部の生徒に河川のことを，沿岸部の生徒に海のことを教えればよいというような簡単な話ではなく，生徒の生活圏外の水域に関する内容も含めて扱う必要があることがわかる。また，どの水域にも共通する指導内容を検討することも忘れてはならない。平泳ぎのカエル足は，その具体的な内容の一つとして挙げられる重要な要素である。

■ **もう一つのアプローチ**

最後に，水泳を扱わない場合でも必ず取り上げることとされる「水泳の事故防止に関する心得」(文部科学省，2018)について述べる。

水泳領域の安全に関する知識は，学習指導要領の前身である学校体育指導要綱(文部省，1947)においてすでに扱われ，直近の改定においても重要な指導内容として示されている。ただし，その内容は，昭和40年代の改定を境に水難事故の防止というより，水泳の授業を円滑に遂行することの方が重視されているとの指摘がある(髙橋，2012)。また，実際には，水泳の授業の有無によって指導機会に多寡があるという指摘もある(稲垣・岸，2018)。

生涯スポーツの理念とわが国の水難事故の実態をあわせて考えると，「水泳の事故防止の心得」は，水泳の授業の有無にかかわらず，生徒の生涯にわたる自然環境下の水域を含む水辺活動の安全を視野に入れて行う必要がある。その具体的な内容をどうするかは，保健体育科の教師自身が自立的に授業づくりに

向かう中で明らかにする必要がある。　　　　　　　　　　　（稲垣良介）

【さらに学習を深めるために】
1）高橋宗良「日本泳法に見る安全水泳の教育内容に関する研究」『野外教育研究』15巻1号，2012年，pp.33-44.
　水難事故防止学習の指導内容について日本泳法に焦点をあて詳細に検討し，立体泳法等にみられる，浮くことに関する知見と游泳術が水難事故発生予防，被害発生予防等に資することを報告している。
2）稲垣良介・水沢利栄・田辺章乃「危険予知トレーニングの手法を導入した児童に対する水難事故防止学習に関する事例的研究」『教育医学』63巻3号，2018年，pp266-273.
　危険予知トレーニングの手法を導入した着衣泳の事後指導の学習効果を検討し，未然防止に資するとされるリスク認識の残存効果が期待できることを報告している。
3）稲垣良介・岸俊行「地域河川を利用した水難事故防止学習が生徒の河川に対する認識に及ぼす影響」『安全教育学研究』15巻1号，2015年，pp.21-26.
　河川での水難事故防止学習前後の河川環境に対する認識，河川に対する認識について詳細に検討し，河川に対する親近感はプラスの方向に変化すること，学習内容は生活実態を踏まえて構成することが肝要であることを報告している。

3.4　体育の学習評価

①体育の学習評価の現状と課題

　これまで，中学校や高等学校では「技能」に偏重した学習評価を目にすることが多かった。中学生や高校生の意識の中にも，「技能の高い生徒は体育の評価が高く，技能の低い生徒は評価が低い」という暗黙の了解があることも否定できない。

　中学校・高等学校の体育授業では，一人の教員が場合によっては300名を超える生徒を評価しなければならないケースもある。学習評価の資料の収集・分析に負担を感じている教員は中学高校ともに60％を超え，高等学校では「評価方法や評価結果の扱いについての教員間での共通理解」についての負担感が大きくなっているという報告もある（文部科学省，2018）。そのような状況のなか，担当教員による評価の偏りを防ぐためか，数値化できる技能テストの

できばえや達成した記録などの量的評価が中心となってしまう傾向にある。こういった評価を行っていくと，努力しても技能レベルが低い生徒は授業に対するモチベーションが下がってしまいかねないし，その結果，「できた・できなかった」といった技能偏重の評価によって体育嫌いや自己肯定感の低い生徒を生みだしてしまう危険性もある。評価が生徒たちの学習意欲に与える影響は大きいのである。

　小学校では学級担任が体育授業を行うので担任する学級の子どもたちだけを評価するのに対して，一人の教師が数多くの生徒を対象に評価を行わなければならない中学校・高等学校では，学習のプロセスや数値化しにくい事項を細かく評価することはかなり難しい。無理に数値化しようとすると，授業の出席状況や発言回数などを「関心・意欲・態度」に，学習カードの提出状況やそこでの文章量などを「思考・判断」に，定期考査の点数をそのまま「知識」に反映させてしまったりもする。これでは，学習評価の本来の目的からすると本末転倒と言わざるをえない。

②体育における学習評価とは

　学習評価とは，「学校における教育活動に関し，子どもたちの学習状況を評価するもの」(中央教育審議会, 2010)とされている。その目的は，①学習者の自己理解や自己認識を促すこと，②教師が指導の改善に活かすこと，そして③指導要録の記載その他の必要を満たすこと，にある(宇土, 1981)。先に上げた，数値化できるものを「関心・意欲・態度」「思考・判断」「知識」に結びつけるような取り組みは，最も大切な①②を欠いたまま，③の「評定」に「評価」を矮小化してしまっているわけである。

　具体的な作業を考えてみると，授業が目指す「目標に準拠した評価」，学習状況を分析的に捉える「観点別学習状況の評価」と，それらを総合的に捉える「評定」として実施することが一般的に行われている。

　ここでいう「目標に準拠した評価」とは，授業が目指している目標に照らしてその学習の実現状況を見るものである。「観点別学習状況の評価」(以下，「観

点別評価」)とは，各教科・科目の目標や内容に照らして，学習の実現状況がどのようであるかをいくつかの観点ごとに評価し，生徒の学習状況を分析的に捉えるものである。「総括的な評価としての評定」(以下，「評定」)とは，観点別評価をもとに統括的な学習状況を示すため，5段階の評定を行うことである(中央教育審議会，2010)。

　従来の技能テストやペーパーテストといった評価だけでなく，多面的に学習評価を行い，総合的な評価として評定を出そうとするオーセンティック・アセスメント(真正の評価)が認知されつつある。オーセンティック・アセスメントには，パフォーマンス評価，ポートフォリオ評価，自己評価の3つの評価活動がある(加藤，1998)。

　パフォーマンス評価とは，「知識やスキルを使いこなす(活用すること)を求めるような評価方法」(西岡，2013)のことである。たとえば体育においては，これまで行われてきた実技テストや選択回答式のペーパーテストに加え，球技であればゴール型に関する知識や技能を総合して活用することが求められるようなパフォーマンス課題を設定することが考えられる。

　ポートフォリオ評価とは，体育の場合，ゲーム場面の動画，学習カード，自己評価の記録等々さまざまな学習記録を蓄積したポートフォリオを作成する過程を通して，「学習者が自ら学習のあり方について自己評価することを促すとともに，教師も学習者の学習活動と自らの教育活動を評価するアプローチ」(西岡，2013)のことで，パフォーマンス評価の一種である。

　自己評価とは，文字通り学習者自身による評価のことである。学習カードに記載される生徒自らの記述等は，ともすると「関心・意欲・態度」「思考・判断」といった観点からの「評定」の材料にされてしまう現実があるが，現在の体育が生涯スポーツの実践に向けて構想されていることを踏まえるならば，自らの学習を自身で振り返って評価・反省し，新たな目標を設定していく力を身につけることは，体育の大切な学習内容でもある。

③体育における「観点別評価」について

2017年告示の中学校学習指導要領では，身に付けさせたい資質・能力を，「知識及び技能」「思考力・判断力・表現力等」「学びに向かう力・人間性等」の3つの柱として示し，全教科等において，教育目標や内容を資質・能力の3つの柱に基づき再整理することとした。評価に関しても従来の4観点から「知識・技能」「思考・判断・表現」「主体的に学習に取り組む態度」の3観点に沿った整理が検討され，各教科等の評価の観点のイメージ(図表3-25)が提案された(中央教育審議会, 2018)。以下，評価の3観点の実際について説明していく。

図表3-25 各教科の評価の観点のイメージ

観点(例)	知識・技能	思考・判断・表現	主体的に学習に取り組む態度
各観点の趣旨のイメージ(例)	(例) ○○を理解している／○○の知識を身に付けている。○○することができる／○○の技能を身に付けている。	(例) 各教科等の特質に応じ育まれる見方や考え方を用いて探求することを通じて，考えたり判断したり表現したりしている。	(例) 主体的に知識・技能を身に付けたり，思考・判断・表現しようとしたりしている。

出所) 中央教育審議会(2018)

■「知識・技能」の評価

「知識・技能」の評価は，「各教科における学習の過程を通した個別の知識及び技能の習得状況について評価を行うとともに，それらを知識及び技能と関連付けたり活用したりする中で，他の学習や生活の場面でも活用できる程度に概念等を理解したり，技能を習得したりしているかについて評価するもの」(文部科学省, 2018)である。

これまで，「知識・技能」の評価は，その種目の歴史，ルール，個人技能のポイントなどの事実的な知識の習得を問うペーパーテストによる知識の評価や，ドリブルのタイム，パスやサーブなど特定の技能を取り出し，測定条件をある程度統一したクローズドスキルのテストが行われてきた。そこでは，テストで測られる技能とゲーム中に発揮することが期待される技能が一致していないというケースが多く見られた。実際のゲーム場面でどのくらい技能発揮がで

きているのかなど，ゲーム中の個人的技能に加え，集団的技能や戦術理解も評価することが必要である。

こういった問題に対し，実際のゲームにおける意思決定，適切な動き，技能発揮に関わる複数の行動などを評価する「ゲームパフォーマンス評価法（GPAI）」（グリフィン，1999）が提案されている。それは，個人のボール操作だけでなく，サポート活動などのボールを持たない時の動きも評価対象としている。このゲームパフォーマンス評価法の例を図表3-26に示した。記録方法としては，基準となる動きを発揮した場面について適切か不適切かを記録し，その数や割合で評価する方法や，3段階もしくは5段階で評価する方法がある。一人の教師が授業中に行われる試合すべてをその場で評価することは不可能であるので，ビデオ撮影してゲームの様子を視聴しながら教員が評価するか，試合に出場していない生徒に記録してもらう方法などが考えられる。

図表3-26　ゲームパフォーマンス評価法の実際

GPAI　バスケットボール
クラス＿＿＿＿＿＿　評価者＿＿＿＿＿＿＿＿＿＿　日付＿＿＿＿＿＿＿＿

〈カテゴリー〉
①意思決定　プレーヤーがフリーのチームメイトにパスをしようとした。
②技能発揮　味方が操作しやすいパスを送ることができていた。
③サポート　守備者を引きつけてゴールから離れていた。
※記録方法：該当するカテゴリーに×印をマークする

氏名	意思決定		技能発揮		サポート	
	適切	不適切	有効	非有効	適切	不適切
A	××	×		×	×	
B	×		×		×	×××
C						
D						
E						
F						

出所）グリフィン（1999）に基づき筆者作成

■「思考・判断・表現」の評価

　「思考・判断・表現」の評価は，「各教科等の知識・及び技能を活用して課題を解決する等のために必要な思考力，判断力，表現力等を身に付けているかどうかを評価するもの」(中央教育審議会，2018)である。体育においてはこれまで，学習カードを活用した実践や評価活動が行われてきたが，学習カードの記述のみで，「思考・判断・表現」を評価することは困難である。グループでの話し合い，作戦の立案や合意形成の場面，発表場面など，体育の特性に応じた多様な活動における評価方法を工夫していくことが求められる。

　具体的な評価方法としては，タブレット端末などICT機器を活用して，チームの話し合いの様子を動画撮影，本時の個々の振り返りをチームごとにインタビュー形式で録画し保存する。各チームのタブレット端末にチームミーティング場面を動画で蓄積したり，本時のねらいを達成した場面，課題となった場面を選択して教員用のパソコンに送信したりする「eポートフォリオ」としての活用も実践例が報告されてきている。「eポートフォリオ」とは，生徒の学習の記録を電子化して蓄積したもので，教員が指導と評価に役立てたり，生徒が学習の振り返りに役立てたりすることができる。タブレット端末を一人一台持つことができるようになればタブレット端末を自宅に持ち帰り，教師が予め撮影して保存した見本動画を見て予習したり，ゲーム中の自分のフォームやチームの様子を見て復習したりすることが可能になる。学習内容を自宅で家族と共有することもできる。撮り溜めた動画や静止画などの保存や共有の方法，自宅にデータを持ち帰ることは可能かなど，環境整備や情報管理の面が今後の課題となってくる。

■「主体的に学習に取り組む態度」の評価

　「学びに向かう力・人間性」は，「主体的に学習に取り組む態度」として観点別評価(学習状況を分析的に捉える)を通じて見取ることができる部分と，観点別評価や評定にはなじまず，こうした評価では示しきれないことから，個人内評価(個人のよい点や可能性，進捗状況などについて評価する)を通じて見取る部分が

あることに留意する必要がある(中央教育審議会，2018)。

　体育における具体的な評価の方法としては，学習ノートやレポートにおける記述の内容，チームや全体での振り返りでの様子，教師の観察による評価，生徒による自己評価や相互評価などについて，総合的に評価していくことが望ましい。その際に，文章での記述が得意な生徒と不得意な生徒の間のギャップを少なくするために，例えば，チームごとにミーティングの内容を動画で撮影したり，インタビュー形式で個人での振り返りの様子を撮影して撮りためたりしていく。学習カードや観察，撮影された動画から，「主体的に学習に取り組む態度」を評価していく方法も考えられる。

④学習カード等を活用した学習評価の実際

　技能に偏重した評価とならぬよう，授業記録，学習カード，eポートフォリオ，ゲームパフォーマンス評価，定期考査の結果等の評価材料を用いて多面的かつ総合的に学習評価を行うことが求められている。ここでは，実際の授業場面における学習カードを活用した学習評価について説明していく。一例として中学校第1学年「ベースボール型」において，実際に筆者が活用した学習カードを図表3-27に示した。

　「2. 全体目標＆個人目標設定」では，教師が設定した全体目標に対して，既習事項などを元に個人目標を設定している。技能の評価として，「6. 各回の記録」では，準備運動にプラスして実施する「2人組での30秒クイックスロー」(塁間でのキャッチボールを30秒間で何往復できたか)や「ベースランニングタイム」(本塁→一塁→二塁→三塁→本塁の1周のタイム)を行い，「7. 技能チェック表」では「打つ」「捕る」「投げる」「守備」などについて自己評価や他者評価など技能面を記録する。「8. 自己評価表」では，「主体的に学習に取り組む態度」「思考・判断・表現」「知識・技能」の3観点についてそれぞれ自己評価を行って点数化し，各授業の点数を求めたり，各観点の授業を通した合計点を求めたりできるように工夫した。

　チームの課題を発見して解決できたかどうかなどを自己評価するため，チー

図表 3-27 ベースボール型における学習カードの例
(上段右・左・下段左:個人カード,下段右:チームカード)

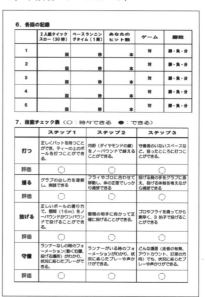

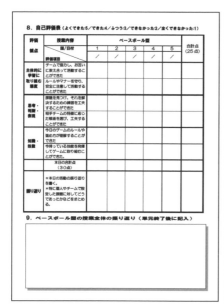

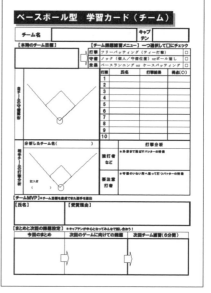

ムの学習カードも活用したい。チームの課題解決に一番貢献した生徒を「チームMVP」に選出し、その理由も添えて全体の前で発表すると、「チームに貢献する」という意識が生まれ、意欲が高まる様子が見られた。

⑤これからの学習評価

　中学校や高等学校では教科担任制のため、一人の保健体育教師の中だけで指導・学習・評価を完結してしまいかねない。今後は、体育の教科特性を明らかにしたうえで、カリキュラムマネジメントの視点から他教科との連携や教科横断的な資質・能力の育成を図ることが重要である。また、学校全体の組織的な改善、地域に開かれた教育課程の実現に向けて、学校、保護者、地域社会が連携した教育活動を行っていく必要がある。

　保健体育科の教師が、学習指導、部活動指導、その他のさまざまな業務やスポーツ経験等を通して培ってきたリーダーシップやフォロワーシップを発揮し、学習評価を含めた教育活動の中心的な存在となっていくことを期待したい。

(阿部隆行)

【さらに学習を深めるために】

木原誠一郎・大貫耕一「教えと学びを振り返る体育の評価」『体育科教育』第52巻第7号(別冊⑲)，2004年
　「目標に準拠した評価」の理論と方法が、実践例とともに示されている。

【第Ⅲ章・引用文献】

稲垣良介・岸俊行「水泳の心得の指導を受けた経験に関する調査研究―大学生を対象にして―」『体育科教育学研究』34巻2号，2018年
稲垣良介・城後豊「地域河川を利用した着衣泳の学習効果に関する研究―プールでの着衣泳との比較から―」『体育科教育学研究』19巻1号，2002年
内田良『教育という病―子どもと先生を苦しめる「教育リスク」』光文社新書，2015年
宇土正彦『体育学習評価ハンドブック』大修館書店，1981年
宇土正彦編『体育の学習：指導の研究』光文書院，1986年
加藤浩次『生きる力を育てる評価活動』教育開発研究所，1998年

菊幸一「学習過程」勝田茂ほか編『最新スポーツ科学事典』平凡社，2006 年，pp.106-109

岐阜県警察本部『水難事故のあらまし－平成 15 年中の水難事故と救助活動状況－』2004 年

グリフィン，L. L. 他著（高橋建夫・岡出美則監訳）『ボール運動の指導プログラム 楽しい戦術学習の進め方』大修館書店，1999 年

国立教育政策研究所『評価規準の作成，評価方法等の工夫改善のための参考資料【中学校保健体育】』教育出版，2011 年

佐藤 徹「指導ポイントをどうとらえるか」金子明友監修，吉田茂・三木四郎編『教師のための運動学—運動指導の実践理論』大修館書店，1996 年，pp.134-140

品田龍吉・池田延行「陸上運動」宇土正彦編『小学校 新しい体育の考え方・進め方』大修館書店，1987 年

清水紀宏「外生的変革に対する学校体育経営組織の対応過程：２つの公立小学校の事例研究」『体育学研究』46 巻 2 号，2001 年，pp.163-178

杉原 隆『運動指導の心理学—運動学習とモチベーションからの接近』大修館書店，2003 年

杉山哲司「スポーツにおける目標志向性と攻撃性との関係」日本心理学会発表論文集，2005 年

鈴木 聡「セストボールの戦術学習とゲーム分析」高橋健夫編著『体育授業を観察評価する』明和出版，2003 年，pp.96-99

髙島稔「体育の学習（指導）の形態」宇土正彦編著『体育科教育法入門』大修館書店，1983 年，pp.76-87

髙田俊也・高橋建夫「体育の学習評価」『新版体育科教育学入門』大修館書店，2010 年

高橋健夫「体育の学習過程」宇土正彦・髙島稔ほか編『新訂 体育科教育法講義』大修館書店，2000 年，pp.78-88

高橋宗良「日本泳法に見る安全水泳の教育内容に関する研究」『野外教育研究』15 巻 1 号，2012 年．

竹之下休蔵ほか「計画の立て方とその考え方」『こどもと体育』33 号，1980 年，pp.7-15

團琢磨「バレーボール」宇土正彦編著『体育科教育法入門』大修館書店，1983 年，pp.260-269

中央教育審議会「児童生徒の学習評価の在り方について（報告）」文部科学省，2010 年

中央教育審議会「幼稚園，小学校，中学校，高等学校及び特別支援学校の学習指導要領等の改善及び必要な方策等について（答申）」初等中央教育分科会教育課程部会．文部科学省，2016 年

中央教育審議会「「幼稚園，小学校，中学校，高等学校及び特別支援学校の学習指導要領等の改善及び必要な方策等について」(答申)での主な指摘事項について 資料 2」初等中等教育分科会教育課程部会児童生徒の学習評価に関するワーキンググループ．文部科学省，2018 年

永島惇正「体育の学習と指導(自発的学習と指導)」宇土正彦・高島稔ほか編『新訂体育科教育法講義』大修館書店, 2000年, pp.60-68

永島惇正「研究委員会問題提起」沖縄県大会実行委員会編『第35回全国体育学習研究協議会つみかさね』1991年, pp.9-22

西岡加名恵「育成すべき資質・能力を踏まえた教育目標・内容と評価の在り方に冠する検討会(第2回・参考資料)」中央教育審議会, 2013年

日本スポーツ振興センター「学校の管理下の災害」2008・2009・2010・2011・2012・2013・2014・2015・2016・2017・2018年

日本スポーツ振興センター「学校の管理下の死亡・障害事例と事故防止の留意点」2010・2011・2012・2013年

長谷川悦示「体育嫌いを生まないための教師の心得と方策」『体育科教育』50 (3), 2002年, pp.22-27

ベネッセ教育総合研究所(2015)「第5回学習基本調査」データブック, 2015年. https://berd.benesse.jp/shotouchutou/research/detail1.php?id=4801&g_k_date=20181021&_ga=2.260055631.392457765.1540100507-1730243110.1540100507(最終閲覧2019年1月20日)

細江文利「体育授業の方法」宇土正彦監修『学校体育授業事典』大修館書店, 1995年, pp.150-158

ホイジンガ, J.(高橋英夫訳)『ホモ・ルーデンス』中公文庫, 1973年

宮本美沙子編著『達成動機の心理学』金子書房, 1979年

文部科学省「学習指導と学習評価に対する意識調査報告書」(平成29年度文部科学省委託調査)浜銀総合研究所, 2018年

文部科学省「柔道の授業の安全な実施に向けて」2012年 http://www.mext.go.jp/a_menu/sports/judo/1318541.htm(最終閲覧2019年1月20日)

文部科学省「中学校学習指導要領」2017年

文部科学省「中学校学習指導要領解説 保健体育編」2018年

文部省「学校体育指導要綱」1947年

Ames, C., Achievement goals, motivational climate and motivational processes. In G.C. Robert (Ed.), *Motivation in sport and exercise*. Human Kinetics, 1992, pp.161-176.

Ames, C. & Archer, J., Achievement goals in the classroom: Students' learning strategies and motivation processes. *Journal of Educational Psychology*, 80, 1988, pp.260-267.

Biddle, S.J.H., Enhancing Motivation in Physical Education. In Robert, G.C. (Ed.), *Advances in motivation in sport and exercise*. Human Kinetics, 2001, pp.101-127.

Caillois, R., *Les Jeux et Hommes*. Gallimard, 1958.(カイヨワ, R.C., 清水幾太郎・霧生和夫訳『遊びと人間』岩波書店, 1970年)

Csikszentmihalyi, M., *Beyond Boredom and Anxiety*, Jossey-Bass, Inc., Publishers, 1975.(チクセントミハイ, M., 今村浩明訳『楽しみの社会学』思索社, 1979年)

Epstein, J., Effective schools or effective students? Dealing with diversity. In Haskins, R & Macrae, D. (Eds.), *Policies for America's Public Schools: Teachers, Equity, and Indicators*. Ablex

Publishing corporation, 1988, pp.89-107.

Mageau, G.A. & Vallerand, R.J., The coach-athlete relationship: a motivational model. *Journal of Sports Science*, 21, 2003, pp.883-904.

Nicholls, J.G., The General and the Specific in the Development and Expression of Achievement Motivation. In Robert, G.C. (Ed.), *Motivation in sport and exercise*. Human Kinetics, 1992, pp.31-56.

Ryan, R.M & Deci, E.L., 1：Overview of Self-Determination Theory：An Organismic Dialectical Perspective. In Deci, E.L. & Ryan, R.M. (Eds.), *Handbook of Self-Determination Research*. Rochester, NY：The University of Rochester Press, 2002, pp.3-33.

Pelletier, L.G., Fortier, M.S., Tuson, K.M., Briere, N.M. & Blasis, M.R., Toward a New Measure of Intrinsic Motivation, Extrinsic Motivation, and Amotivation in Sports: The Sport Motivation Scale (SMS), *Journal of Sport & Exercise Psychology*, 17, 1995, pp.35-53.

Schmidt, R.A., *Motor learning and performance:from principle to practice*. Human Kinetics, 1991.（シュミット，R. A．，調枝孝治監訳『運動学習とパフォーマンス―理論から実践へ』大修館書店，1994年）

第Ⅳ章

今もっている力で始める授業づくりの実際

はじめに

　この第Ⅳ章では，これまでに述べられてきた体育の授業づくりを支える理論を根拠にして構想された授業づくりの実際を紹介する。

　最初は，「生徒の嫌う運動」の授業づくりである。持久走やマラソンと呼ばれる長い距離を走る運動は，授業で不人気な運動の代表といえるが，学校の外では，強制もされないのに走っているたくさんの市民ランナーがいる。つまり，この運動は他の種目と比べて決して魅力がないわけではなく，これまで教師がその魅力をよく考えてこなかったがゆえに，体育の授業でそれを伝えられていなかったということがよくわかる実践である。

　次は，「準備運動の工夫」から取り組んだマット運動の授業づくりである。準備運動はその後の主運動に対して準備するのだから，それぞれの種目に応じた準備が行われなければならないはずである。ほとんどの実習生は指導案を書く際に「準備体操」と書いてしまうが，これはどの種目の授業でもその始まりがラジオ体操のような同じ体操だった経験に根差している。このような現実に対して，再考を促す実践である。

　三番めは，「学習の場や学習資料を工夫」した走り高跳びの授業づくりである。場がひとつかせいぜい2つで，低い高さから始めてだんだん高さをあげながら順番に跳んでいき，跳べなくなったら抜けていくという以前からある授業が，いかに教師の怠慢による産物であったかに気づかされる実践である。

　四番めは，「個に応じためあての持ち方」について工夫した長距離走とマット運動の授業づくりである。運動をめぐる個人差は，中学・高校期にさらに拡大していく。だが，中学や高校の体育教師たちは，生徒の個々に応じて授業づくりを考えるという視点が弱い。その問題を浮き彫りにする実践である。

　五番めには，「グループ学習を大切にした」実践として，バスケットボールと水泳の授業が取り上げられる。体育の授業でよく使われるグループ学習という学習形態について検討し，個人と集団との関係をしっかりとつなぐことで学習の深まりを導いた例が，集団種目と個人種目それぞれにおいて紹介されている。

六番めは，「ルールや場の工夫」に注目したサッカーの実践である。球技の授業はどの種目においてもこれらの工夫が必要になるにもかかわらず，中学や高校の体育授業では公式ルールが絶対視される場合も少なくない。こういった問題を再検討するきっかけになる実践である。

　七番めは，「カリキュラムの工夫」と日々の授業を結んだ授業づくりである。異学年縦割りというここでの授業形態は，学校全体にその実践の価値や意味を納得してもらえなければ実現できない体育のカリキュラムである。どうしてこのようなことが実現できたのかは，この授業を受けた生徒たちの変容から十分に理解することができるだろう。

　八番めは，「今もっている力で踊る工夫」をしたダンスの授業づくりである。恥ずかしいというダンスの授業における大きな障害に対して，いかにそれに向き合えばよいのかを具体的に教えてくれる実践である。

　九番めは，「これまで教えられてこなかった運動」のタグラグビーを授業で取り上げた実践である。次々にニュースポーツが生まれる昨今，ただ単に面白そうだったから…といった安易な種目の取り上げ方も散見されるが，なぜこの種目を授業で取り上げるのかについての明確な根拠が示されている実践である。

　十番めは，「特別支援学校」の授業づくりがダンスで紹介されている。これらの学校では，しばしば体育の授業は行動訓練や機能回復のような面が強調されることも少なくないが，この実践は他の実践と何も変わらない，生涯スポーツへ向けた体育授業の取り組みである。

　最後に，「保健の授業づくり」を取り上げる。そこでは，保健の授業自体が生徒たちにとって内発的に動機づけられた面白い実践となることをめざしているが，この点は体育実技の授業づくりについての考え方と全く同じである。

　ここに提示した授業づくりと関連したテーマは，各自がこれから考えてみようとする授業づくりの手がかりになるはずである。たとえば，指導案にオートマティックに「準備体操」と書くことをストップして，自分が教える運動に対応した「準備運動」を考えてみてほしい。そうすれば自ずと，その種目それ自体のさまざまな研究へと導かれていくことになるからである。　　　（鈴木秀人）

1. 生徒の嫌う運動の授業づくりを考える

ジョギングの実践例

谷口善一
（練馬区立石神井中学校における実践）

■「がんばれ！」より「ナイスペース！」

　昨今は各地の名所を走ってめぐるイベントが開催されたり，街路をジョギングする人が増加したりするなど，ジョギングやランニングは大変なブームとなっている。しかし，地域では長い距離を走ることを楽しむ人が増えている一方で，体育授業で行われる持久走や長距離走などの長い距離を走る運動は，生徒たちにとってできれば避けたい学習のようである。

　その原因は，持久走や長距離走の授業において，どんなに辛くてもそれに耐え，最後まで走り切ることのみを求められる，また体力の向上や精神力の向上を目標に掲げられることにあると感じている。そのような授業では，生徒に頑張ることを強いるため，教師から生徒へ，または生徒同士で「がんばれ！」「最後まで諦めないで！」などのかけ声がグラウンドに響くことになる。こういったかけ声により，一部の生徒は前向きになれるかもしれないが，走ることが苦手な生徒にとっては，遅いことがはっきりと仲間に見られてしまうことや，頑張っているのにさらに頑張りを求められることで，ただただ苦痛な運動となってしまうのである。

　そこで本実践では，一人ひとりが今もっている力で走ることができる「気持ちよいペース」で走るジョギングに取り組んだ。ジョギングを楽しむことで，生徒が抱いている長い距離を走ることに対するネガティブなイメージを，ポジティブなものに変えることをめざした。

■ 授業の実際

(1) 対象となる生徒の実態

　本稿では，同一の女子生徒を対象にして，中学校2年時と3年時の1月から2月にかけて，それぞれ6時間計画で実施したジョギングの授業の成果を述べる。

　彼女たちは，その多くが運動することに対して前向きで，これまでほとんどすべての単元で積極的な姿勢で授業に臨んでいた。しかし，1年時の長距離走の学習では，自分の設定したペースを保って走り，次時にはより速いペースをめざすことと，走距離をのばすことの2つをねらいとした12分間走を経験しており，毎時間の終わり

に,「あと何回で長距離走の授業は終わりですか？」と悲痛な表情で聞いてくる生徒が
いた。運動に前向きな彼女たちにとっても長い距離を走ることは，できれば避けたい
運動となっていた。そのため，2年時からは，陸上競技の長距離走としてではなく，
体つくり運動の持久走として扱うこととして年間指導計画を変更し，次に示すような
ジョギングの実践を計画した。

(2) 学習内容

　ジョギングの授業ではより長い距離を走ることや，より速いペースにすることを求
めるのではなく，より「自分のペースをつかんで"気持ちよく"走ること」をねらい
として図表4-1のような単元計画で実施した。

図表4-1　ジョギングの単元計画

1	2	3	4	5	6
オリエンテーション 試しのジョギング (10分間)	2年時「自分のペースをつかんで15分間気持ちよく走ろう」 3年時「自分のペースをつかんで20分間気持ちよく走ろう」 ※記録に挑戦したり，友達と競い合ったりするなど，自分なりの楽しみ方を見つけて走る				まとめ

　また生徒と，できるだけ時間内は歩かないで走り続けることと，「がんばれ」ではな
く，「ナイスペース！」や「リズムがいいね」などのポジティブな声かけをすることを
約束した。さらに，ペースには個人差があること，同じくらいのペースの友達と話し
ながら走っても構わないことも確認した。

　加えて，「気持ちよいペース」をつかむための手がかりとして，2年時には自覚的
運動強度を，3年時には自覚的運動強度とカルボーネン法を利用した。自覚的運動強
度とは，運動のきつさを自分の感覚で表すものであり，図表4-2に示す対応表はボル
グスケールを参考にして，筆者が編集を加えたものである。これをコース脇に掲示し
て，生徒が値を確認しながらペースの調整を行えるようにした。また，カルボーネン
法とは，年齢や心拍数から運動強度を算出する方法である。図表4-3の対応表で示す
心拍数の目安は，年齢は15歳，安静時心拍数65回/分と仮に設定したものである。
生徒個人の学習カードには各自の年齢と安静時心拍数から算出した値を記入させた。

図表 4-2 自覚的運動強度対応表

自覚的運動強度	
20	もう限界
19	非常にきつい
18	
17	かなりきつい
16	
15	きつい
14	
13	ややきつい
12	
11	楽に感じる
10	
9	かなり楽に感じる
8	
7	非常に楽に感じる
6	安静

⇔ 対応

図表 4-3 カルボーネン法による運動強度と心拍数の対応表
※目標心拍数＝〔(220－年齢)－安静時心拍数〕×運動強度＋安静時心拍数

強度(%)	目標心拍数(回/分)
100	200
90	190
85	
80	180
70	
65	160
60	
50	135
40	
35	115
30	
20	95
15	
10	
0	65

(3) 場の設定

　200mトラックの周回では単調で飽きてしまうおそれもあったため，グラウンドを最大限に使用し，400mと300mのコースも設定して選択させた。また，走る距離を伸ばすことを目標にする生徒もいるために，目安として10mおきにマーカーを置き，正確に距離を確認できるようにした。

■ 指導の工夫と授業の様子
(1) 走る時間

　時間の設定は，1年時に12分間走を実施していたことと，10分程度ではペースを意識せずに頑張って走り切れてしまう生徒がいると考え，2年時では15分間とした。また，3年時では前年の実践の様子から判断し，5分延長しても自分のペースで走り切ることができると判断して20分間とした。

(2) ジョギング中の"ペア"の存在

　授業ではペアをつくり，お互いのペースや自覚的運動強度，その日の感想などを共有させる時間を設け，アドバイスを言い合うように促した。しかし，ジョギング中はこのペアが必ず同

ペア，仲間と声をかけ合う姿

じペースで一緒に走らなければならないわけではないので，ペアとは別の仲間と一緒に走ったり，一人で黙々と走ったりする生徒もいた。自分のペアをコース内で追い越したり，お互いの姿が見えたりした時には必ず声をかけあうようにしたが，そうすることで，お互いの存在を意識しながら，自分のペースだけではなく，ペアのペースや走り方も気にしながら走ることができた。ペアに声をかけた時に，近くで走る生徒にも自然と声をかけるようになり，単元の後半ではグラウンド全体が生徒の声であふれる和やかな雰囲気になった。

(3) BGMの活用

　生徒からリクエストを募り，ジョギング中に聞きたいテンポの良い曲をBGMとして使用した。これにより，全体の雰囲気が明るくなると同時に，運動の苦手な生徒は，流れている音楽のテンポに合わせて走ることができることから，15分～20分のジョギングは「あっという間」と感じるようになった。最後まで歩かずに走ることができたり，BGMが自分のペースを見つけるための手がかりとなったりした。

■ 2年時から3年時の生徒の変容

(1) 2年時の様子～初めてのジョギング

　1時間目には単元の見通しと1年時に行った12分間走との違いを簡単に説明し，授業中の約束を確認したうえで10分間のジョギングを実施した。生徒にとっては初めて行う内容であり，これまではより速く，より長く走ることを求められていたのに，それぞれのペースでジョギングするということがイメージできず，少し戸惑う様子であった。初めは，多くの生徒が団子状態で走り，数名が速いペースで走っていた。教師は一緒にジョギングしながら各自のペースでよいということを助言した。初めてのジョギングは終始笑顔がみられ，楽しみながら走ることができており，「同じくらいのペースの人がいたので次から一緒に走ってみたい」などポジティブな感想が生徒の学習カードに書かれていた。

　ジョギングの学習を何度か経験していくと，「前回よりも気持ちよく走ることができた」「また次もこの気持ちよさを味わいたい」など，さらにポジティブな感想が多くみられるようになった。ところが，何人かの生徒は，最後の1分はとにかく速く走ろうとしていた。これは，1年時に経験した12分間走の影響だと思われた。長距離走からジョギングへ，生徒の意識を変えていくのは簡単ではないと感じ，3年生でも継続して実践する必要性を痛感した。

(2) 3年時の様子～ペースの多様性

　授業が始まると，前年に実施した時よりも自分のペースを意識して走る姿が目立った。ペースを一定に保つ以外に，たとえば5分おきに速いペースとゆっくりのペースを交互に取り入れてみたり，ビルドアップさせて後半に向けてより速いスピードに挑戦してみたりするなど，多様なペースを試みる生徒が増えてきたのには感心した。ペアへかける言葉も「ナイスペース」などの励ましの声のみではなく，「少し苦しそうな顔だよ」といった具体的な内容に変化した。

　このように自らのペースを主体的に設定し，それぞれの走り方で楽しむ生徒の姿が見られるようになったのは成果のひとつである。2年次にみられた無理なラストスパートはなくなり，自身が考える「気持ちよいペース」を求めた学習となった。

■ まとめにかえて

　本実践ではとくに，運動が苦手な生徒の方が長い距離を走ることに対してポジティブな感情をもつ傾向が顕著であったように思う。たとえばS子は，どの運動に対してもできればやりたくはないと常に言葉に出しており，授業中にため息をつく姿さえ見せていた。しかし，今回の授業では「一定のペースで走りきる」というめあてを設定し，ペアからアドバイスを受けてそのめあてを達成できたことに喜びを感じ，最後の時間には「また走りたい！」と学習カードに記していた。また，Y子はジョギングの楽しさを家族に伝え，定期的に母親と一緒に近くの公園をジョギングしていると嬉しそうに話をしてくれた。

　以上のような感想や授業中の様子から，運動が苦手な生徒はもとより，得意な生徒であっても敬遠しがちな持久走・長距離走ではあるが，教師の計画や指導の工夫で，一人ひとりがそれらの面白さに触れ，走ることそのものを楽しむことができるのだと確信した。

【さらに学習を深めるために】

佐藤善人「義務教育期におけるランニングのカリキュラムに関する研究─小学校と中学校の接続に注目して─」『ランニング学研究』29巻1号，2018年，pp143-156
　小学校5年時から中学校1年時まで同一の児童・生徒を追って，ランニングの授業づくりを検討している。義務教育期にどのような実践を進めるべきかを考えるうえで参考になる。

2. 準備運動の工夫から授業づくりを考える

マット運動の実践例
上野佳代
（東京学芸大学附属小金井中学校における実践）

■ マット運動の危険性

マット運動は，回転したり，体を支持したり，バランスをとったりして，いろいろな技に挑戦することが楽しいスポーツである。生徒にとっては，自分の体をどんなふうに，またどうやってコントロールできるのか，試しながら動くことが楽しいスポーツでもある。

しかし，「できる」「できない」が明確になるため，達成感を味わうことができる反面，自信を失い，苦手意識をもってしまう危険性もある。マット運動の授業を通して，自分自身に肯定感がもてない，中学校での体育授業に期待がもてない…という状態にはならないようにすることが重要である。

■ 中学校では小学校より難しい技をめざすのか？

小学校から中学校へ進み，体格や体力の変化に伴う個人差はますます大きくなっている。それは技のできばえに反映され，小学校でできなかったことが簡単にできたり，逆に小学校ではできていたことができなくなったりしていることがある。筋力が増えて回転速度がコントロールできずに勢い余ってマットから投げ出される男子生徒や，自分の体重を支えられずに倒立ができなくなってしまったことにショックを受ける女子生徒が出現するのである。

指導者は，そのような発達状況を踏まえ，個人差がますます広がる中で，すべての生徒が小学校で習得してきた技より高度な技に取り組むことが必ずしも適切な学習とはいえないということは，理解しておかなくてはならないだろう。

■ マット運動での学び

そこでマット運動では，「できるかできないかわからないけれども，やってみよう」という挑戦する気持ちをどの生徒にももたせることが重要であると考えた。今，自分ができる動きや技を発展させていくことを中心に学ばせたい。つまり，他者との比較ではなく，「ここまでならできる」「これならできる」といった，自身の中の小さな変容を確認して発展させていくことから挑戦する気持ちをもたせ，意欲的に実践を繰り

返し，その結果として技が洗練されていったり，難易度が高まったりするという学習である。

また，技を発展させていくために必要となる視点をもたせ，そこからポイントを探ったり，コツをつかんだりするという思考を促す分析能力は，中学生だからこそより一層期待することができ深い学習となる。

■ **自分に合ったウォーミングアップを考える**

さて，これまで述べてきたようなマット運動の授業づくりを進めていくためには，準備運動の工夫が不可欠である。安全の確保だけでなく，これから取り組む技に必要な動きの経験を積むことが必要だからである。この授業ではマット運動で求められる動きに合わせて，ウォーミングアップは次の2段階で行った。

まず，筋肉をゆっくりと伸ばす静かなストレッチ（スタティックストレッチ）から始める。ここではゆったりとした音楽を流し，リラックスした気分で行った。あらかじめ7種類ほどのストレッチを紹介しておくが，生徒はその時の体調や挑戦する予定の技に合わせて，自分に適したストレッチを重点的に選んで行うようにした。

たとえば，前日の部活動がハードであったため筋肉痛がある場合はその箇所をしっかりと伸ばせるようなストレッチ，開脚前転に挑戦したい場合は股関節の柔軟を高めるようなストレッチを選ぶことになる。最初は自分に合ったものを選ぶことができず，周りの友達の真似をしていた生徒も，次第に自分に必要なストレッチがわかるようになり，さまざまなストレッチに取り組む姿がみられるようになる。

次に，筋肉と関節の可動域を高め血液循環を促すストレッチ（ダイナミックストレッチ）を行う。ここではアップテンポの音楽に合わせて，グループごとにカードに表示された主運動につながる例示を見ながら，自分たちのペースですすめていく。カードは，小さな動きから大きな動きへ，またやさしい動きから複雑な動きへと移行するような順に束ねてある。単元が進んで動きがなめらかになってくれば，難度の高い動きが表示されたカードに差し替えていく。

自分に必要なストレッチを行う生徒たち

班ごとに進めていくダイナミックストレッチ

最初に表示した前転「大股歩き前転」

次に表示した前転「手押し車前転」

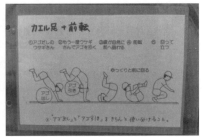
最後に表示した前転「かえる足からの前転」

　たとえば，最初に行う前転系の動きである「大股歩き」は，歩きながらでも首をしっかりいれて背中を丸めることができれば，腰が高い位置からでもスムーズに回転できるのがわかるような運動である。慣れてきた生徒には，下の写真の「大股歩き前転」のように手をつかないで回転することも薦める。次の「手押し車前転」では，友だちに脚を持ってもらい，軽く押してもらうような状態から回転する。腕で支えるためには背筋を伸ばし，回転する時には背中を丸める必要がある。この両者の動きを切り替えるタイミングを理解する運動である。これは，倒立前転にもつながる運動感覚となる。さらに発展した動きである「かえる足からの前転」では，勢いをつけすぎると背中から倒れてしまう。自分の足をあげるために必要な勢いをコントロールしながら，体の前傾を感じた時に首をいれ背中を丸めて回転することが求められる動きである。

　このように，ウォーミングアップの中で，その後の技の習得につながる動きの経験を積んでいくのである。

■ 単元の前半 —技につながる動きの感覚を身につける

　単元の前半は，「この技はできるか，できないか」というような技の習得からではなく，自分の体がどのように動いているのかを確かめることから始めた。また，技を習得していくにはその系統を理解しておく必要がある。そのために，課題を提示し意識して運動することから，基本的な動きの感覚づくりを系統立てて行っていった。

(1) 回転系の学習
課題① 「背中をマットに接して回転する」とはどんな動きか
　マット運動が苦手という生徒でも，抵抗なくできる前転を取り上げた。なめらかな前転をめざすためには「首を入れて回る」ということは，中学生にとって周知のことである。しかし，なぜそうしなければならないのかを考えさせ，そこから首→背中→腰といった順次性が重要であること，さらにその順次性は，これから他の技を習得していくうえでも意識しなくてはならないポイントであることを理解させた。

課題② 勢いをつけた前転とゆっくり回る前転とはなにが違うのか
　「勢いをつける，つけない」といった二通りの前転を実際に試しながら，その違いを考えることを促した。生徒は，勢いをつけるために助走やジャンプをするという答えは簡単に思いつくのだが，腰の位置も重要なポイントであることに気づいている生徒は少ない。単にスピードをつけるだけでなく，腰の位置を高くすることによって，回転力が増すことに気づかせた。

課題③ 大きな前転とはどんな前転なのか
　大きな前転をイメージさせるために「ダイナミックな動き」とはどんな動きかを考えさせた。多くの生徒が，腰を高く，勢いをつけ，膝を伸ばす前転を試みていた。その際，課題①で学んだ順次性を守らないと痛い思いをする経験を通して，どの技にも共通した習得のポイントがあることを理解させた。

課題④ 4種類以上の前転ができるようになる
　課題①から③の経験をふまえて，自分の体をコントロールできるのか試すことをめざした。右の写真は，カエル足状態で静止，そこからゆっくりと前転できるかを試している生徒の姿である。カエル足状態では背を伸ばし，前転では背を丸めるという，その切り換えのタイミングをつかむことが難しい。何度

カエル足から前転に挑戦する生徒

も挑戦していくことで，自分では見えない動きを感覚的につかむようになってくる。

また，この前転でなくてはいけないという縛りをなくし，自分がコントロールできる前転を追究させることで，ここでの学習は，他者との比較ではなく，自分の体と向き合うことであることも理解させた。

(2) 倒立系の学習

課題① 体を支持して足をあげることができるか

逆さ感覚を身につけることをめざした。できない生徒が半数近く存在し，抵抗感も強い。補助をつける，三点倒立をする，壁を利用する等，自分が取り組みやすい方法で行わせた。友達に脚を持ち上げてもらって，生まれて初めて逆さまになったという生徒も存在した。

課題② 体を伸ばして倒立するポイントは何か

倒立でバランスをとるためには背筋を伸ばす必要がある。よく「あごを出して，前を見る」というが，これは背筋を伸ばすこととどう関連しているのか，頸反射の話を交えながら納得させた。そして，肩に体重がかかる感覚とともに，どこに力を入れるのかを探らせていった。

課題③ 「倒立から前転」と「倒立からブリッジ」では何が違うのか

これまでの順次性と関連して，倒立静止から次の動きに移行するときには，何を意識し，どこに力を入れるべきかを考えさせた。倒立前転にするか，倒立ブリッジにするかは，生徒に取り組みやすいものを選択させた。逆さになっている状態で，自分の体がどうなっているのかを把握することは難しい。下に示したのは，左から事前にどこを意識するのかのコメント，実際の倒立静止，その後の自己評価のコメントであ

意識すること
僕は倒立静止をやります。体の軸が一直線になるように，視線が真下になるようにするのと，あと足が曲がらないように，しっかり体重を支えることを目標にします。

自己評価コメント
えっと，足がうまくあがらなかったということもあるんですけど，視線はうまく下にいったので，まあ75点ぐらいです。

生徒の倒立静止

る。生徒は、足がうまく上がっていないと感じているようだが、実際にはやや体が傾いているものの、膝もしっかりと伸びた逆さになっている。ここに表されているように、自分では見えない自分の体の様子を、感覚でつかむことは難しいことがわかる。

■ 単元の後半 －技の系統を理解して練習する

　単元の後半は、自分ができるようになりたい、またはより美しくできるようになりたい技を見つけ、その技を習得するためには、系統を理解し発展させていく必要性を理解して進めていく。そのために、同系統の技をめざす仲間同士で、場を工夫したり、アドバイスをし合ったりといった学習を行った。

　技を習得する際に、一番難しいのは自分がどんな動きをしているのか、思い通りに体を動かすことができているのかを確かめることである。授業では、次の3つの方法を利用した。

　第1に、ICT機器を利用して、映像で確認することである。現在は、さまざまなICT機器があり、生徒が簡単に操作することができるものも多い。タブレット端末を利用したところ、撮影したものを瞬時に、そして仲間と顔を突き合わせてみることができるので、互いに動きの様子を指摘し合うには有効な手段であった。

仲間と一緒にタブレット端末の映像を確認する生徒

　ただし、できない生徒は運動感覚をもっていないことが考えられ、いくら映像や連続図でテクニカル・ポイントの説明を受けても、動き方の感じをつかむことができないことも理解しておかなくてはならない。つまり、映像や連続図が子どもに有効ではないこともあるといえるのである。また、ただ何となく全体を映しているだけでは、分析能力も高まらない。指導者は、生徒に何を意識させて撮影するのかを明確に指導する必要がある。

　第2に、仲間の目のカメラで確認することである。マット運動の技を、コマ送りや分断してとらえるのではなく、一連の流れとしてイメージできるようにする必要がある。ICT機器の映像を見てアドバイスし合うだけでは、そのイメージはもちにくい。そのために、「仲間の目のカメラでアドバイスをもらう」を課題とし、意識させる。互いに仲間の動きを見つめ解決することが自分なりの感覚をつかむ

ことにもつながる。

　第3に，自分の感覚で確認することである。最終的に動きを獲得するためには，見える動き方と見えない感覚を合致させなくてはならない。この表裏が一体となった時に固有の意識が生まれ，コツの自覚にもつながると考えられる。授業では「これができるようになった」という発言ではなく，「このようにしたからうまくいった」という意識を加えた発言を求めた。いわば「動く感覚への気づき」が必要であり，動作の結果だけではなく，動作が上達する過程における感覚の変化に意識が向けられなければならない。

■ まとめ

　マット運動では，できる・できないが明らかになりやすい。この授業では，そのできばえを他者と比較してしまうような学習の払拭をめざした。そのために，今の自分がどういう動き方をしているのか，そしてどうやってコントロールできるようにするのかという，自分の体に向き合うことを学習の中心に置いてみた。

　近年の子どもに見られる運動体験の貧困化を踏まえると，ここで紹介したような動きの経験の蓄積に配慮した授業づくりは，今後もさらに必要とされていくだろう。生徒たちは，指示された通りにただ練習して技を習得していくのではなく，その技の構造や系統を理解して，自分の体の動き方を感じ取りながら進めていく学びに楽しさを見つけていたようである。中学校に入学して初めての体育授業において，中学生ならではの新たな学びと出会ったようであった。

【さらに学習を深めるために】

三木四郎ほか編『中・高校器械運動の授業づくり』大修館書店，2006年
　　器械運動の技の説明が詳しくされており，予備的運動や場の工夫も具体的に紹介されていて参考になる。

三木四郎『新しい体育授業の運動学』明和出版，2005年
　　器械運動の授業づくりを支える運動学の理論がわかりやすく解説されている。

安達光樹・鈴木秀人「小学校の器械運動における技の習得に関する研究―運動形成の五位相とその識別方法に焦点を当てて―」『体育科教育学研究』25巻1号，2009年，pp. 15-38
　　子どもの技の習得をどのように見るのかに関する理論を授業に適用した実践研究が報告されている。

3. 学習の場や学習資料を工夫した授業づくりを考える

走り高跳びの実践例

川城　健
（千葉県茂原市立東中学校における実践）

■ 何を学ばせたいか＝何を伝えたいか

　中学校における体育の授業は，技術を習得させることを中心に行われることが多い。走り高跳びの授業も例外ではない。確かに，「助走」「踏切り」「空中動作」「着地」と身につけるべき技術は数多くある。しかし，実際の現場の授業を観てみると，走り高跳びの用具が1～2組程度という場合が少なくない。大学生に聞いてみると，ほとんどの学校がそうであったようである。そのような用具で40人の生徒が学習するとなると，50分間の授業で，いったいどれだけの練習や記録への挑戦ができるであろうか。そこで，やむなく先生の指示がとぶことになる。「次！」「次！」「次！」…言葉ではなく，笛の場合もある。そこには，体育の「学習（ラーニング）」の姿はなく，生徒の思いは考慮されない「訓練（トレーニング）」としての走り高跳びだけが存在する。

　あるいは，生徒の自主性や主体性を重視すると称して自由にやらせる放任の授業もある。そこでは，運動の得意な生徒が場を独占し，苦手な生徒には挑戦に加わる余地はなく，それを教師は「やる気のない生徒」と評価してしまうこともある。

　現在，大学で「体育の授業づくり」の講義を受けもっている。学生に走り高跳びの印象を聞いてみると，「苦手」「嫌い」という答えが少なくない。それは，取りも直さず小・中学校時代の授業経験に起因するものであった。生涯スポーツ実践，および実践する力を育むことをめざす学校体育では，「運動嫌い」「体育嫌い」を生んではいけない。だからこそ，走り高跳びの「楽しさ・面白さ」を伝えたいと考え，中学1年生を対象に実践したことを，場づくりや学習資料の工夫を中心に紹介してみる。

■ どのように…全員が平等に挑戦できる機会を保障する場づくり

(1) 用具の準備

　学習環境を整えるために，以下のようなさまざまな用具を準備した。

①スタンド…給食センターで調達した3Lの空き缶に塩ビ管の支柱（2m）を立て，コンクリートで固めて作った。支柱には10cmごとに目盛りを付け，バー受けは，大きい洗濯バサミを利用した。

②バー…4～5mの資材用の竹竿に赤と黒のペンキを塗り，本物らしくした。

③マット…家庭で使用しなくなった厚めのスポンジ製の寝具用マットを活用した。
④物差し…幅3cm×2mの胴縁板に2cmごとの目盛りをつけて作成した。
⑤輪…ビニールホースで，直径50cmの輪を3～5個作った。熱湯につけ柔らかくしてから作るとよい。5個あると，輪を助走の方向に合わせて移動しなくてすむ。
⑥外用の踏切板…跳び箱用のものでよい。不足分はコンパネで製作した。
⑦カゴ…グループの学習用具をまとめて持ち運びできる。

(2) グループの分け方

1グループを6～7人として，40人を6グループに分けた。

ノモグラム(図表4-4)を用いて，跳躍力と身長にもとづいた目標記録を求め，現在の記録と目標記録の差から得点表(図表4-5)によって得点を割り出し，チーム全員の「合計点」がほぼ同じになるようにグループ分けをした。ただし，同人数にならない場合もあるので，平均点でも均等なチームになるように配慮した。

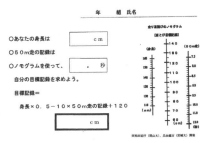

図表4-4　ノモグラム
個に応じた目標設定に最適な学習資料となる

得点	今日の記録 － 目標記録
10	1　以上
9	0 ～ －2
8	－3 ～ －5
7	－6 ～ －8
6	－9 ～ －11
5	－12 ～ －14
4	－15 ～ －17
3	－18 ～ －20
2	－21 ～ －23
1	－24　以下

図表4-5　得点表
自己の頑張りを得点化することにより，めあて作り・目標づくりに有効である。

(3) 場づくり

6組の用具は，図表4-6に示したように半径8～10mの円周上に均等な間隔でセットした。初めにセットした位置に紐等の印を埋めて，次時からもスムーズに同じ環境で学習できるようにした。試技は，円の外から助走し，円の内側へと跳ぶようにする。教師は円の外側に位置して全体を見渡せるようにするとともに，全体を集める場合は中心に集め，短時間で効率よい全体指導ができるようにした。

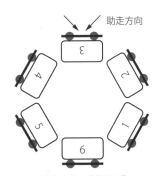

図表4-6　学習の場

(4) ラウンド制

　用具が少ないうえに，より高く跳ぶことを目標にした授業では，高い高さを跳べない生徒や運動の苦手な生徒は早い段階で活動が終わってしまい，跳べる生徒と運動の得意な生徒が長く高跳びを楽しむという時間になってしまいがちである。そこで，「ラウンド制」を採用し，すべての生徒の挑戦回数を同じにし，1回目を全員が跳んだら，2回目に入るという方法を取り，跳べる子も跳べない子も挑戦の回数は平等にした。

■ 授業の展開

図表4-7　走り高跳びの単元計画

1	2　3　4　5　6	7　8　9　10
オリエンテーション ・単元のねらい ・単元の見通し，学習の進め方 ・今跳べる高さを確認する ・チーム分け（次時の始めに）	ねらい1（今もっている力で） 「いろいろな場で，グループ対抗で競争しよう。」 ①輪踏み高跳び ②アクセント高跳び ③二本バー高跳び ④①～③の中から，もう一度やってみたい場で競争しよう。	ねらい2（高まった力で） 「自己の課題に合った活動の場で練習し，自己新記録に挑戦しよう。」 ①踏み切りを合わせる→　輪踏み ②助走のリズム→　アクセント ③抜き足，空中動作→二本バー まとめ

(1) ねらい1（今もっている力で）

①それぞれの場（輪踏み，アクセント，二本バー）を1時間ずつ，目標記録との差を得点表を用いて得点化し，グループの合計点で競争する。グループの人数が同じでない場合は，平均点で競争する。

②授業の前半は，グループ内での練習。後半は，他のグループと競争する。二本バー高跳びの場合は，対戦相手と練習の段階から場を合体させて，二本バーの場を作る。

③5・6時間目の2時間は，対戦相手とやってみたい場を選び，競争を楽しむ。このような主体的な学習に慣れていない場合は，事前に対戦相手は決めておくという方法もあるが，学習に慣れてくるとその場で交渉係が決めることができる。

④競争は，その日の残された活動時間によって3～5回（ラウンド）とする。
　　各自始めに挑戦をスタートする高さを申告し，それに沿ってバーの上げ下げをする。バーは，低い高さから，2cm単位で上昇させていく。

バーの上げ下げは，チームで協力し合ってゲームをスムーズに進められるようにローテーション制で行う。
　　以下のように，一人ひとりどの高さから挑戦を始めるかを考えることが，相手グループに勝つことにつながる作戦となる。
　　例1　確実に跳べる高さから挑戦し，高得点をめざす冒険はしない作戦。
　　例2　今日は調子がいいから，自己新記録に挑戦して最高得点をねらう作戦。
　　例3　例1と2の中間で，自己新記録の2cm，あるいは4cm下から挑戦し，確実に得点もしつつ自己新記録にも挑戦する作戦。

(2) ねらい2（高まった力で）

①ねらい1で見つけた個々の課題（「助走」「踏み切り」「空中動作」「着地」）を解決するため，下のような「各場のもつ意味＝上達する要素」を理解し，それぞれ課題に合った活動の場を選んで練習し，自己新記録に挑戦する。
　　A　輪踏み…踏み切り　B　アクセント…助走のリズム　C　二本バー…抜き足，空中動作
②授業の前半は，グループを離れ「課題別の場」で練習し，後半はグループに戻り，記録会をする。
　　ここでもラウンド制を用い，全員が同じ回数の試技ができるようにする。3つの課題別の場については，どのグループの場を何の課題解決の練習の場にするかは教師が指示する。
③自己の頑張りを「得点表」で得点化する。
　　チーム内で競争したり，チームの合計点を出したりして，6チームの中で「頑張った度」を競うのもよい。人数が違う場合は，平均点で競うようにする。
　　この学習は，他者との競争ではなく，自己の頑張りを得点化し，競争するというものである。競争の相手は，他者ではなく以前の私であることを強調する。その結果，多くの運動が苦手な生徒が，他者との比較から解放され，安心して学習することができたという感想を述べていた。

■ 教師の意図

　　あえて「ゴムバーに鈴」という場にはしなかった。これは，「ゴムバーに鈴」では，触れると鈴が鳴り「アウト（失敗）」となってしまう。しかし「竹バー」は，触れてもバーが落ちなければ「セーフ（成功）」である。そのヒヤヒヤ感，ドキドキ感，ヤッター感が面白いと考えた。実際に授業では，「セーフ！」や「ラッキー！」，「ヤッター！」の声

が何度も聞かれた。ただし，課題別の練習の場では，恐怖心がある生徒のために「ゴムバーに鈴」もあってもよいと考えている。

　各グループで，リーダー・用具責任者・準備運動係・交渉係などの役割分担を決め，学習時はバーの上げ下げやマットの移動など，全員が"協力を心掛ける"ように指導する。試合や記録会は，必要事項と終了時間を指示し，後は生徒たちに任せた。

■ 技術的な指導

　バーから50cmの位置に，バーと平行にラインを引き，その中央に印をつけ，踏み切り位置を意識させるようにした。助走は，バーに対し30度〜45度の角度で入ることがやりやすいことを知らせ，また奇数歩(3歩，5歩，7歩)とし，第1歩目は「踏み切り足」からスタートするように指導した。

　輪踏み高跳びでは，「3歩助走」とし，1・2・3(イチ・ニッ・サン)のリズムを体得させるようにし，踏み切り足が合うことを重視した。3歩では，助走にスピードがつきづらく記録も思ったようには出ないが，全員が同じ条件であり，踏み切り足を合わせることを重視した。

輪踏み

　アクセント高跳びでは，「5歩助走」とし，1・2・1・2・3(イチ・ニ・イチ・ニッ・サン)のリズムを体得させることを重視した。踏切板は，1・2・1・2・3のひとつめの「2」の位置に置いた。

アクセント高跳びで練習

　二本バー高跳びでは，5歩助走とし，輪や踏切板を使っての助走も可とした。1本目と2本目のバーの間隔を20〜30cmとした。間隔が開きすぎると，跳び越える難しさが増し，恐怖心も大きくなる。バーではなくゴムで行うこともできる。

　どの場も，最後の3歩(1・2・3)は，輪踏みで体得したリズムになることを確認した。

　どの時間にも，学習カードと学習資料は欠かせな

二本バーで練習

いものである。その日のめあてや取り組みの様子等を記録させるようにした。

安全指導として、スタンドよりもマット側には待機しないこと、周辺に物を置かないことを指導する。マットは、助走方向に合わせて左右に移動するとより安全が確保できることを指導する。

■ まとめにかえて

すべての生徒に走り高跳びの「楽しさ・面白さ」を味わわせることをめざして実践した。安全に配慮した用具の工夫、「ラウンド制」のような学習活動の工夫、集団づくりやマナーの重視、そして、ねらい1は「競争」でねらい2は「達成」でという単元構成など、それらは、常に「運動の苦手な子どもに運動の楽しさを味わわせるには」という課題から導かれたものであった。

苦手な女子も自分の目標記録へ挑戦

中学校卒業時に手紙をくれたSさんは、「1年生の時には、初めてと言っていいくらいの体育の楽しさを味わわせていただきました。高跳びでノモグラムの目標を跳べた時の楽しさ・うれしさを一生忘れないと思います。」と書いてくれた。

彼女は、大嫌いだった体育で楽しさを味わい、記録の向上で自分に自信をもつことができた。どの工夫・配慮が、Sさんを体育の授業に前向きにさせたかはわからない。ただ、この授業は、今ある用具に授業を合わせたのではなく、やりたい授業に用具を合わせた授業であった。大学を卒業した彼女に当時の話を聞くと、「『こう跳ぶのよ』、『こう跳びなさい』と言われてもできないんです。先生は強制しなかった。授業が楽しかった。イヤじゃなかった」と頑張ることができた理由を話してくれた。

【さらに学習を深めるために】

川城健「すべての子どもに『走り高とび』の楽しさ・おもしろさを味わわせる工夫」全国体育学習研究会編『「楽しい体育」の豊かな可能性を拓く』明和出版、2008年、pp. 188-191
ここで紹介された授業実践について、Sさんの状況などがより詳しく書かれている。

4. 個に応じためあての持ち方から授業づくりを考える

長距離走の実践例

田口 智洋
(岐阜大学教育学部附属中学校における実践)

■ 不人気な種目である長距離走

　秋から冬にかけて，多くの中学校で長距離走は実践されている。その様子を観察すると，ただ黙々と走り，表情をゆがめている生徒の姿を見ることは少なくない。長い距離を走ることは身体的な苦痛を伴うため，「辛い」「きつい」といった声はたくさん聞こえてくる。事前にアンケートをとると，決まって長距離走は最も嫌いな運動のひとつに挙げられるのが現状である。

　長距離走が嫌われる原因のひとつとして，他者との競争を中心的な学習内容として，定められた距離を何分何秒で走ったかで評価する学習のあり方が挙げられる。すなわち，現在広く行われている長距離走の学習では，一定の距離をいかに速く走るかが生徒に求められており，それが生徒に身体的な苦痛だけでなく，精神的な苦痛も与えているといえる。

　長距離走が得意な生徒にとっては，自分の限界に挑み，いかに速く走るかをめざすことは楽しいであろう。しかし，長距離走が苦手な生徒は，タイムは遅くて体もきつく，そして速い生徒には抜かれ続ける。その度に辛さは増すばかりである。

　これでは，苦手な生徒は長距離走の「面白さ」を実感することはできない。ただ走るだけの時間ではなく，長距離走の「面白さ」であるタイムを短縮していくことや，自分自身の限界に挑戦すること，そして仲間と一緒になって頑張ることの大切さを学ばせたいと考えた。具体的には，目標タイム達成への明確なめあてをもつために，ラップタイム表を活用したペース走を実施した。さらに，仲間と一緒になって応援し，励まし合うペア学習に力を入れて実践に取り組んだ。その様子を，中学校2年生女子の実践を例に紹介する。

■ 長距離走の「面白さ」とは

　学習のねらいを，「自分の走力に応じたペースをつかみ，一定のペースで走り，目標タイムをめざして2000m走を楽しもう」と設定した。体つくり運動には，「動きを持続する能力を高めるための運動」として持久走がある。しかし，持久走は長距離走とは異なる特性をもつ運動である。持久走は自身の体と向き合い，健康の保持増進，全

身持久力の向上がねらいとなる。一方，長距離走は陸上競技の1種目であり，他者と競い合うこと，自己の記録を更新していくことが，その「面白さ」といえる。

だが，先に述べたように，他者との競争に重きをおいて学習を進めると，能力差から生徒にとって辛い長距離走の学習になる危険性がある。そのため，自分に合ったペースを見つける「ペース走」を単元に取り入れることで，自己のペースを守りながら目標タイムを更新していく「面白さ」，つまり達成型の特性に重きをおいて長距離走の学習を進めることにした。

■ 授業の実際
(1) ラップタイム表を用いた学習カードの活用

自分に適した一定のペースを知るためには，1周ごとのタイムからペース配分を理解する必要がある。そのため，図表4-8に示すようなラップタイム表を作成した。これを用いれば，1周200mのトラックを何秒ペースで走れば，2000mをどの程度の記録で走れるのかが一目で理解できる。そのため，目標タイムの設定と，その達成のための200mのラップタイムの把握が容易となり，めあてを立てやすくなった。

このラップタイム表は，めあての設定に役立つだけではない。これを用いることで，走者の1周ごとの目標タイムと実際のタイムとのズレをペアが容易に把握できる。そのため，ペアがラップタイム表を確認しながら「このペースだと，何分何秒になるよ」「もう少し速く（遅く）」と声をかけることができ，教え合いも促進された。

図表4-8　ラップタイム換算表（1周200m）

距離　　　　　　　200m ラップタイム	200m 1周目	400m 2周目	600m 3周目	800m 4周目	1000m 5周目	1200m 6周目	1400m 7周目	1600m 8周目	1800m 9周目	2000m 10周目
35秒	35'	1'10	1'45	2'20	2'55	3'30	4'05	4'40	5'15	5'50
36秒	36'	1'12	1'48	2'24	3'00	3'36	4'12	4'48	5'24	6'00
37秒	37'	1'14	1'51	2'28	3'05	3'42	4'19	4'56	5'33	6'10
38秒	38'	1'16	1'54	2'32	3'10	3'48	4'26	5'04	5'42	6'20
39秒	39'	1'18	1'57	2'36	3'15	3'54	4'33	5'12	5'51	6'30
40秒	40'	1'20	2'00	2'40	3'20	4'00	4'40	5'20	6'00	6'40
41秒	41'	1'22	2'03	2'44	3'25	4'06	4'47	5'28	6'09	6'50
42秒	42'	1'24	2'06	2'48	3'30	4'12	4'54	5'36	6'18	7'00
43秒	43'	1'26	2'09	2'52	3'35	4'18	5'01	5'44	6'27	7'10
44秒	44'	1'28	2'12	2'56	3'40	4'24	5'08	5'52	6'36	7'20
45秒	45'	1'30	2'15	3'00	3'45	4'30	5'15	6'00	6'45	7'30
46秒	46'	1'32	2'18	3'04	3'50	4'36	5'22	6'08	6'54	7'40
47秒	47'	1'34	2'21	3'08	3'55	4'42	5'29	6'16	7'03	7'50
48秒	48'	1'36	2'24	3'12	4'00	4'48	5'36	6'24	7'12	8'00
49秒	49'	1'38	2'27	3'16	4'05	4'54	5'43	6'32	7'21	8'10
50秒	50'	1'40	2'30	3'20	4'10	5'00	5'50	6'40	7'30	8'20
51秒	51'	1'42	2'33	3'24	4'15	5'06	5'57	6'48	7'39	8'30
52秒	52'	1'44	2'36	3'28	4'20	5'12	6'04	6'56	7'48	8'40
53秒	53'					5'18			7'57	

(2) ペース走の導入

一定の長い距離をただ走るだけでは，生徒は自己に適したペースをつかむことは難しい。そこで，通常走る距離(2000m)を 600m，400m，1000ｍと分割して，ペース配分をつかませるためのペース走の時間を設けた。ペース走でつかんだことを次時の記録会で活かして自己ベストの達成をねらうために，「ペース走＋記録会」という２単位時間を１セットと考えて下の図表 4-9 ような単元を計画した。

１単位時間の中で，一定のペースで何回か違った距離を走ることにより，めあてとするペース配分を自分の体に刻み，記録会で結果を出すことにつなげた。また，記録会での反省を活かして，次時ではペース配分を考え直し，改めて目標タイムを設定して走るという学習過程で進行した。

図表 4-9　長距離走の単元計画

分＼時間	1	2	3	4	5	6	7	8
0	はじめ	ペース走	記録会	ペース走	記録会	ペース走	記録会	記録会
	記録会	■単元のねらい　自分の走力に応じたペースをつかみ，一定のペースで走り，目標タイムをめざして 2000m 走を楽しもう。　□ねらい 1(ペース走)　600m, 400m, 1000m という異なる距離を，めあてのペースで走ることで，自己に適したペース配分を体で理解する。　□ねらい 2(記録会)　自己の走力に応じた一定のペースを意識しながら，2000m 走の記録に挑戦する。							
50								まとめ

(3) ペア学習の導入

本実践では，長距離走の「面白さ」であるタイムを短縮していくことや，自分自身の限界に挑戦することだけでなく，仲間と一緒になって学ぶ楽しさも経験させたいと考え，ペア学習を取り入れた。ペアを前半組と後半組とに分け，ペアは走っている仲間の周回数や目標とするラップタイムとの差を伝え，絶えず声をかけるようにした。

ペアはできるだけ走力に差のある２人組で組ませた。前半組を上位群，後半組を下位群で走らせることによって，能力差に応じた競争を楽しめるようにした。なお，劣等感を生まないように，このペア決めはランクわけではなく，同じくらいの走力の仲間との競い合いの中で，それぞれの目標タイムを達成する「面白さ」に触れるための

手立てであることを丁寧に説明した。

写真のように、ペアやペア以外の走り終わった仲間が、走り終えていない生徒とともに走り、励ましの声かけをするように促した。ペアや仲間を大切にした学習を取り入れることで、自分一人では苦しいことも、仲間がいるから頑張れることに気づき、ペアの支えによって、目標タイムを更新していく姿が多く見られた。

走り終わった生徒からの励まし

(4) 教師から生徒へのフィードバック

長距離走は正直なスポーツである。手を抜いて走れば、それなりの記録になってしまう。しかし、精一杯頑張って走った結果には、必ず次につながる何かしらのヒントが隠されている。そのヒントを顕在化させ、次時につなげるために学習カードを活用した(図表4-10)。生徒はペアが記録してくれたラップタイムを参考にして、今日の走りはどうであったか、次時はどんなことに気をつけて走ればよいのかをふり返った。

生徒一人ひとりが記録した学習カードは授業後に提出させ、教師は次時へのアドバイスを欠かさずに書いた。たとえば、ペース配分がうまくつかめていない生徒には、1周ごとのラップタイムをもとに、どの周回のときが遅いのかに気づかせ、その弱点を克服するためのアドバイスをした。このことにより、単に「○分○秒で走りたい」という漠然としためあてから、「○分○秒で走るために、1000m付近でペースが落ちないようにして走る」といった具体的なめあてをもって挑戦するようになった。

学習カードを教師が読むことにより、記録が伸びて頑張っている生徒や記録が伸びなくても精一杯挑戦している生徒、やや消極的になっている生徒など、授業中には気づけなかった生徒の姿を把握することができる。よい姿については次時の導入で全体に紹介して価値づけたり、課題がある姿については個別に声をかけたりした。

(5) K子が味わった走ることの喜び

ここで、K子について紹介したい。K子は、長距離走のタイムが一番遅かった生徒である。第1時の記録は、13分21秒であった。自身の1周のペースが何もわからない状態であったため、第2時では、K子は1周61秒に設定してペース走を行った。61秒は、2000mで換算すると10分10秒ペースであり、かなりのオーバーペースで走ったため記録は伸びなかった。K子には、自分に合ったペースを設定し、それを達

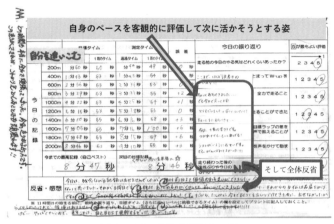

図表4-10　生徒の学習カード

成するための具体的なめあてをもって走ればよいことを指導した。

　その結果，第3時では1周のペースを78秒に設定し，できるだけ同じペースで走ることをめあてにしたところ，13分11秒と記録を伸ばすことができた。その後も1周の設定タイムを徐々に上げていき，自分の今の力に合ったペースで走ることができるようになってきた。「ペース走＋記録会」のサイクルによって，自分に合ったペースをつかむことができるようになり，第5時では12分57秒，第7時では12分15秒，最終の第8時には12分を切るなどタイムは向上し，K子自身もやればできることを実感することができた。

　以下は，目標タイムと具体的なめあてをもって自分の限界に挑戦していく喜び，タイムを縮めていくことの喜びを感じた単元終了後のK子の感想である。

　　はじめは13分21秒で遅かったけれど，次へ次へと走り続けていくと12分，最終的には11分56秒と1分以上も早くなっていたので，とても嬉しかったです。やっぱり1秒1秒を大切にしたら，自己ベストが出るのだと思いました。ラスト1周のとき，ペアやグループの仲間が一緒に最後まで走ってくれたり，「頑張って」と言ってくれたりしたので，私も最後まで頑張ろうという気持ちになりました。他のグループの仲間も一緒に走って応援してくれたので，嬉しかったです。
　　やはり「目標をもって最後まで頑張り，やりきる」ということがとても大切なことなのだということを学びました。どのスポーツでも最後までやりきることでよい結果が出るので，私は次の授業でも最後まであきらめないで頑張りたいです。

■ **実践を振り返って**

　今回の実践を通して，K子に限らず，長距離走の楽しさであるタイムを短縮していく喜びや，自分自身の限界に挑戦する楽しさ，仲間と一緒になって頑張ることの大切さを感じた生徒は数多くいた。これは，競争による他者との比較を中心に学習過程を組むのではなく，自己の目標タイムへの挑戦を学習内容の中心に設定したことによるものと考えられる。

　また，具体的なめあてを設定するためには，ラップタイム表やペース走の導入は効果的であることがわかった。さらにやや身体的・精神的に辛い運動である長距離走ではあるが，仲間とともに学び合うことで，その辛さは軽減され，目標タイムの達成につながることも明らかになった。今後も，K子がそうであったように，苦手な運動であっても目標記録とそれを達成するための具体的なめあてをもって挑戦する，そんな体育授業をめざして努力していきたい。

【さらに学習を深めるために】

『体育科教育』特集「持久走・長距離走嫌いをなくす」(58巻13号)，大修館書店，2010年
　本特集では，さまざまな実践の成果から，どうしたら児童・生徒が持久走・長距離走に対して前向きに取り組み，嫌いではなくなるのかを論じている。生徒にとって不人気である持久走・長距離走の実践を改善する多くのヒントを見出すことができるだろう。

佐藤善人・田口智洋「中学校における長距離走に関する研究—「達成」の喜びを味わうためのペース走の実践—」『ランニング学研究』27巻1号，2015年，pp. 1-12
　本稿で紹介された実践において生徒の「態度」と「2000m走の記録」がどのように変化したのか，研究的に述べている。

マット運動の実践例

木村健太郎
(岐阜市立青山中学校における実践)

■ 一人ひとりの生徒が主体的に活動するために

　マット運動は，生徒ができそうな新しい技に挑戦したり，できる技をより美しく雄大にできるようになったり，できる技を組み合わせたりすることで楽しさを味わうことができる。しかし，苦手な生徒にとっては「痛い」「怖い」「できないと恥ずかしい」などの意識をもちやすい。だからこそ，マット運動が苦手な生徒に出会う度に「そのような生徒が抵抗感をなくし，どうしたら主体的に授業に取り組めるのか」と考えてきた。

　マット運動が苦手な生徒も，個人課題をもち，今自分ができる技を反復練習するとともに，もう少しでできそうな技を選び，その技ができるようになるための練習方法を選択したり，工夫したりすることが大切だと考えた。このように，生徒が自分で決めた個人課題に向かって，試行錯誤しながら取り組むことで，主体的に授業に向かうことができると考えて実践を行った。以下，「第1学年女子　マット運動」の事例をもとに実践内容を述べる。

■ 授業の実際

(1) 生徒の実態に応じた単元構成

　まず，単元に入る前に，マット運動に関するアンケートを行うことで，マット運動にどんな印象をもっているか把握した。その結果，マット運動に対して苦手意識をもつ生徒が多いことがわかった。そこで，生徒が自分の能力を自覚するとともに，それに応じて技を選択できるようにしたいと考え，単元のねらいを「自分の能力を踏まえ，倒立前転を中心に3つの回転技を組み合わせ，滑らかに行うことができる」とした。

　単元における学習の流れは，単元の始めに「レディネス確認」を行うことで，小学校での既習内容や技の定着度を自覚できるようにした。する

図表4-11　単元における学習の流れ

第1時	オリエンテーション，レディネス確認
第2時	前転，開脚前転，後転
第3時	開脚後転，伸膝後転
第4時	倒立前転と組み合わせ技
第5時	倒立前転と組み合わせ技
第6時	倒立前転と組み合わせ技
第7時	中間競技会
第8時	組み合わせ技
第9時	組み合わせ技
第10時	競技会，振り返り

と、「こんなにできなくなっていたとは…」と振り返る生徒が多くみられた。このような実態を踏まえ、単元の始めに基礎的な回転技を学習することとした。また、この単元の中核の技である「倒立前転」を学習する時間を多く位置付けた。個々の成果を確かめ合うために、単元の途中で中間競技会、単元の出口には競技会を位置づけた。

図表4-12　単位時間における学習の流れ

準備運動	全体計画会	グループ計画会	前半練習（グループ）	中間研究会	後半練習（習熟度別）	評価会	グループ反省会	全体反省会

(2) 個人課題に即した準備運動や練習方法の選択

　生徒による主体的な授業にするため、学習は図表4-12の通り、グループ学習を中心に進めた。この学習では、「前半練習」の中で、生徒の技能やつまずきに違いが出てきた際に、お互いに姿を見合い、助言を求めたり、補助をし合ったりすることで、仲間とともにつまずきを克服することができる。

　第6時を例にして授業の実際を示す。ここでは「倒立から前方へ倒れ込んであごを引き、肘を曲げ、背中を丸め回転する滑らかな倒立前転ができる」ことをねらいとした。「準備運動」では、ストレッチ、倒立前転につながる補助運動としての「カエルの足うち」「背倒立からの起き上がり」「手押し車前転」などの全員が共通の準備運動だけでなく、個人課題に合わせて壁倒立、壁倒立から前転、補助倒立、補助付きの倒立前転、倒立前転の5つの練習方法から選択する時間を位置づけた。「後半練習」では、「前半練習」で明らかになったつまずきに応じて練習内容を選択し、習熟度別で練習した（図表4-13）。そうすることで、個々の課題に向かって生徒が主体的に活動すること

補助付きの倒立前転

壁倒立

図表 4-13　準備運動や後半練習での場の設定

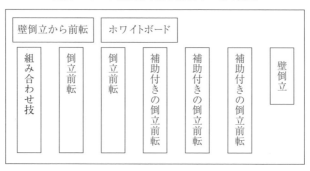

ができると考えた。また，すでに倒立前転のねらいを達成した生徒は，組み合わせ技に挑戦した。

(3) 個人課題に合った補助の方法を選択

第6時では，個人課題に合わせて補助の方法を次のように変えた。生徒は自分の個人課題に合わせて「こんな補助をしてほしい」と頼んでから練習を行った。3名の生徒の具体例を図表 4-14 に示した。

図表 4-14　個人課題とそれに応じた補助

生徒	個人課題	補助の方法
Aさん	倒立から，あごを引き，肘を曲げるタイミングをつかみたい。	倒立姿勢を経過し前方へ倒れた時，タイミングがつかめるよう補助者が「はい」と声をかけて足を触って，自身であごを引き，肘を曲げて前転へ入らせる。

Bさん	補助ありの倒立から，あごを引き，肘を曲げるタイミングをつかみたい。	補助者は，倒立している仲間の両足を前方へ傾けて，「せーの」の声で補助の手を離して前転へ入らせる。または，補助者は，倒立している仲間の両足を補助しながら，動作の順番を示す指示の声をかけて前転へ入らせる。
Cさん	手，肩，腰が一直線になった倒立ができるようになりたい。（かかとをお尻に引き付けて起き上がれない）	補助者は，倒立している仲間の両足を前方へ傾けて，「せーの」の声で足首の動きを誘導して前転へ入らせる。

(4) 生徒が主体的に活動するための掲示物

　生徒が個人課題に合った練習方法を選択できるように，とくに意識するとよい技術ポイントや練習方法について掲示物を使って示した。そうすることで，マット運動が苦手な生徒も自分から仲間や先生にアドバイスを求めたり，得意な仲間に「技を見せて」と頼んだりする姿が見られるようになった。

(5) 技のできばえを評価し，次時の個人課題をもたせる評価会

　単位時間の中で，各グループでの「評価会」を位置づけた。一人1回試技を行い，グループ内で段階表をもとに5段階で評価し合う。このように仲間からの客観的な評価により，自分の動きや伸びを自覚することができる。仲間の試技を評価す

段階表と練習方法

4．個に応じためあての持ち方から授業づくりを考える　255

る時は，得点の根拠について段階表をもとに話すようにする。そうすることで「今日は3点だったから，次時は4点を取るために倒立姿勢からのあごを引くタイミングを意識して練習したい。そのため，次時の準備運動では，壁倒立からの前転を練習したい。」というように次時の個人課題と選択する練習方法が言えるようになった。

グループでの評価会

グループ反省会

■ 授業を振り返って

　今回の実践では，生徒一人ひとりが自分に即した個人課題を設定し，練習方法を選択し，伸びを自覚する手立てを打つことで，苦手な生徒も主体的に授業に取り組むことができた。技ができなかったとしても，仲間や先生が教えてくれるのを待つのではなく，「どうやったら上手くできるのか教えてほしい」と聞いたり，仲間の演技を見てコツをつかもうとしたりする生徒や，自分が演技する前に「こんなところを見ていて」や「こんな補助をしてほしい」と仲間に頼む生徒が多くなった。これからも，生徒一人ひとりが個人課題をもって主体的に体育の授業に取り組み，体育の楽しさを実感させられる授業づくりをめざして実践を続けていきたい。

【さらに学習を深めるために】

仲宗根森敦「"身体知" 指導を学校現場へ普及させるために」『体育科教育』66巻5号，2018年，pp.32-35
　　自主的・主体的な器械運動の学習を導くためには，学習者の主観的な運動感覚の体験内容に着目した身体知の指導こそが技術指導の中核となると述べている。単に技術を伝達するのではなく，運動をする者それぞれのコツやカンを大切にする指導が，学習者自身がめあてをもって挑戦することにつながることに気づかせてくれる。

5. グループ学習を大切にした授業づくりを考える

バスケットボールの実践例 （岐阜県岐阜市立加納中学校における実践）

鹿野考史

■ 集団性を高める球技の可能性

　球技に代表される集団種目は，グループの仲間と同じ目標，たとえば「リーグ戦優勝」の達成をめざしてプレイしなくてはいけない。常にコミュニケーションをとったり，連係プレイをしたりして，仲間と協力して学習する必要があるため集団性は高まりやすいといえる。生徒はこのような特性をもった種目を好む傾向があり，球技は人気の領域となっている。生徒一人で学ぶより仲間と学んだ方が楽しく，さらに仲間とともに教え合うことで技能は向上することを経験の中で知っているからである。

　しかし，球技を行ったからといって，簡単に集団性が高まるものではない。教え合いをするように促しても，親しい仲間にはアドバイスをしたり励ましの声をかけたりするが，それ以外の仲間には声をかけられない生徒は必ずいる。なんとなくゲームは成立しているように見えても，個々の技能差が大きいことに起因し，ボールへのかかわりの多い生徒と，そうでない生徒が出てくることは多々ある。1試合で1度もボールに触ることなく試合を終える生徒がいることもある。さらに，うまくないからという理由で試合に出る回数を減らされたり，失敗して責められることを恐れて試合に出る回数を減らすように自ら頼む生徒も出てきたりする。

　このように，学習集団には，自分をうまく表現できない生徒，仲間とのコミュニケーションがうまくとれない生徒，自分の思いばかりを貫こうとする生徒，技能レベルが高い生徒や低い生徒などさまざまな特徴をもつ者がいる。そのような個々の思いをひとつにまとめていくことは容易ではない。人気があるからといって，生徒に球技をやらせておけば楽しんでプレイし，集団性が高まるわけではなく，安易に生徒の自主性だけに任せてはいけない。

　また，集団性が高まっていく過程でお互いの思いがぶつかってしまうことはよくある。そのため，生徒間にトラブルが発生したときに，教師が適切にかかわることは必要不可欠である。放っておくとその火種は大きくなり，グループ学習が機能しなくなる危険性があるからである。しかし教師は，トラブルを起こさないようにするのではなく，発生したトラブルに対して，いかにしてグループの仲間で乗り越えていくかに

かかわることが重要である。この過程で、さらに集団性は高まり、より球技を楽しむことができるようになると思われるからである。

そこで、中学校2年生の「バスケットボール」の学習を例に、集団性を高める授業のあり方について、グループ学習に焦点を当てて考えてみたい。

■ 体育の授業を通してリーダーとグループを育てる

教師が毎時間、40人の生徒すべてに個別指導をするのは容易ではない。そこで各グループのリーダーがスモールティーチャーとして、グループのメンバーにかかわることが大切となる。教師が指導することによって、リーダーはスモールティーチャーとしての役割を理解し、グループのメンバーに技術ポイントやマナーなどを伝えることができる。本実践では、リーダーを核としてグループの集団性を高め、そしてバスケットボールをより楽しむことをねらって、以下の5つの手立てを講じた実践を行った。

(1) 生徒の実態を把握する

中学校における体育授業は、小学校とは異なり、学級担任が行うわけではない。そのため、4月当初は各学級の人間関係について詳しく知る必要がある。そこで、グループを編成する前に学級担任と以下の3点について相談し、実態の把握に努めた。

・学級でリーダーとして活躍している生徒の把握
・体育の授業を通してリーダーとして育てたい生徒の把握
・学級経営上、配慮を要する生徒と、その生徒にかかわることができる生徒の把握

(2) リーダーを決定する

学級担任との相談後、リーダーとして活躍してほしい生徒に「リーダーをやってほしい」と事前に声をかけた。多くの生徒は個人的に声をかけられるため快諾する。その時に、リーダーを支えるサブリーダーの選出方法や、配慮を要する生徒にかかわる必要性についても説明した。また、下の写真のような資料を用いて、めざすグループの姿をイメージさせた。

めざすグループの姿

リーダーの経験は多くの生徒にしてほしい。さまざまな種目の学習において集団性を高める中で、それぞれの生徒のリーダーとしての資質を高めていくことは大切である。年間を通じて、数多くの生徒にリーダーを経験させることも念頭に置いて、教

師は指導すべきである。なお，グループはグループ内異質，グループ間等質になるように配慮して，教師とリーダーによって編成した。

(3) サブリーダーを位置づける

リーダーが，必ずしもその種目の技能に長けているわけではない。グループを一人でまとめていくことが難しい場合もあるので，技術習得の面でサポートする役割，集団性を高める面でサポートする役割として，2名のサブリーダーをグループに配した。

このサブリーダーは，グループの様子に目を配り，リーダーをサポートする。たとえば，集団面のサブリーダーは，学級やグループの約束事を守っていない仲間がいた場合，その事実をリーダーに報告して具体的な解決策をともに考え，その改善をめざすのである。

(4) ハイタッチをする

シュートを決めたときやナイスプレイがあったときは，グループが盛り上がるチャンスである。その際，すぐさま「ナイス！」などの声をかけられるグループはよいが，うまく声をかけられない生徒がいたり，声をあまりかけてもらえない生徒がいたりする。

そこで，仲間のよい動きが出たときには，必ずメンバー全員とハイタッチをするように助言した。ハイタッチをするためにはメンバー同士で近づかなくてはならない。近づくと目が合い，声もかけやすくなる。その繰り返しで，グループの集団性は高まると考えた。

(5) トラブルを表面化させ，解決する

単元が進むと「こうしたい」という思いはあるが，うまくいかず言い合いになったり，泣き出したりする生徒が出てくるときがある。これに対し，リーダーや教師は「まあまあ」となだめ，事なきを得ようとすることが多い。

しかし，トラブルを起こした本人の，あるいはそのグループの「不満」が解消されないままに練習を続けても，トラブルは深刻化するだけである。こんなときはトラブルをチャンスととらえ，教師はあえてトラブルを表面化させ，たとえ練習時間を大きく割いたとしても，「なぜそのような行為に至ったのか」「どうすればよくなるのか」を，グループ内で考える時間を設けた。

■ 仲間とともに上達することで集団性は高まる

(1) グループの課題解決の時間を確保する

集団性を高めるための手立てを紹介してきたが，一人ひとりの技能の向上，そして

仲間との連係プレイの上達がなくてはバスケットボールを楽しむことはできない。しかしゲームでは，生徒は絶えずコート内を動き続けており，各自が身につけた技能を確実に発揮し，グループで考えた作戦通りの動きをすることはなかなか難しい。

そこで授業の始めと終わりに，個人やグループの課題を解決する「グループタイム」を設定した。たとえば，ドリブルシュートに課題がある生徒はそれを練習する。また，グループの作戦として成功させたいパス＆ランからシュートの連係プレイをリーダー中心に練習するのである。始めのグループタイムⅠでは，前時の課題を分析して，ゲーム後のグループタイムⅡではゲームでの問題点に即座に対応して練習した。

図表 4-15　バスケットボールの単元計画

分 \ 時間	1	2	3	4	5	6	7	8	9	10	11	12	13	14	15
0	はじめ														
		グループタイムⅠ													
	ねらい① 今もっている力でバスケットボールのゲームを楽しむ。（リーグ戦）					ねらい② メンバーの特長を活かした作戦を立て，工夫した攻め方や守り方でバスケットボールのゲームを楽しむ。（対抗戦）					ねらい③ 相手チームの特長に合わせて攻守の作戦を立て，それを実行してバスケットボールのゲームを楽しむ。（リーグ戦）				
		グループタイムⅡ													
50															まとめ

（2）リーダーを中心にグループで上達する

学習のねらい②は，メンバーの特長を活かして工夫した攻守でゲームを楽しむことをねらった。2年生という段階を踏まえると，「ゾーンディフェンスで守り，速攻で攻めるゲームができる」姿を教師はゴールイメージとして設定した。そのため，いくつかのゾーンディフェンスの形とその簡単な動き方，いくつかの速攻のパターンを生徒に提示した。ただし，必ずしも提示した通りに動く必要はなく，あくまでも参考として，グループの特長を活かした作戦を立ててゲームをすればよいことを助言した。

リーダーはグループの実態から，誰がどのように攻めたりどこを守ったりするのかを，

リーダーを中心に作戦を立てる

技術面のサブリーダーと話し合って決定する。身長や走る速さの違いなどを配慮し，全員が最善を尽くせる動きを考え提案していくのである。ゲーム中，教師は必要に応じてアドバイスをするが，作戦の最終的な決定はリーダーに任せた。そのことで，リーダーが責任をもってグループにかかわるようになった。

(3) A男の変容から集団性の高まりを考える

　ここまで述べた手立てを講じた結果，集団性が高まったグループの様子を，A男に焦点を当てて紹介する。

　A男は当初，シュートやパスといったボール操作を十分には身につけておらず，消極的な学習態度であった。失敗するとふてくされたり，仲間のせいにしたりすることを何度も繰り返していた。そのような言動からグループになじめず，話し合いにも参加せず，勝手にシュートをして遊んでいた。そんな姿に対してリーダーが，「A男さえいなければ勝てる」と発言してしまい，A男も「二度と試合に出ない」と言い返す出来事があった。単元開始からトラブルを抱えたグループの状態であった。

　そこで教師は，まずA男の思いを聞いた。すると「バスケットボールは苦手だし，いつも自分だけが責められるから面白くない」という。それを受け，リーダーには，自分たちで決めたグループなので最後まで責任をもつこと，A男にかかわり続けることを指導した。とくにうまくできた時は大いに認めること，ハイタッチを必ず行うことを確認した。また，技術面のサブリーダーには細かな技術指導を依頼した。さらに集団面のサブリーダーには，できるだけA男のよさを認め励ましていくことが彼をグループの中に位置づけることになると話をした。

　リーダーとサブリーダーは技術指導を粘り強くしていく過程で，A男のリバウンド能力が高いことに気づいた。そこでリーダーは，ゴール下のリバウンドとシュートを中心に練習するようA男に勧めた。A男はリーダーの要求に応え，グループタイムⅠ・Ⅱともにゴール下の練習を繰り返した。すると，ゲームで何度か得点に絡むようになり，その度にリーダーやサブリーダーがA男を褒めた。ゲーム中は常に動き回るため，なかなかハイタッチをするタイミングがないことから，リーダーが「得点が入ったら，すぐにゾーンディフェンスを組むから，その時にハイタッチしよう」という約束をグループ内で決めた。そのため，A男が得点を決めて仲間とハイタッチをする姿が何度か生まれ，彼も嬉しそうであった。

　ある時，ゲームの前半終了時に4ゴール差で負けていたことがあった。ゲーム間の作戦タイムで，教師が「A男がマークされているけどどうする？」と質問した。する

とリーダーが「だったら，（バスケットボールが得意な）B男がもっと外からシュートを打って，ディフェンスを引きつければいい」と答えた。B男は少し難色を示したが，次の瞬間A男は「大丈夫，僕がリバウンドをとるから」と答えた。B男はその反応にやや驚いていたが，リーダーの判断でその作戦を採用することになった。すると後半は作戦が的中し，A男に対する守備のマークがB男につくようになった。B男の外からのシュートに反応して守備が引きつけられ，フリーとなったA男がリバウンドをとり，ゴール下のシュートを何度か決めて4ゴール差を逆転して勝利した。

　ゲーム後の反省会でリーダーが「この攻め方だったら勝てるから，もっと確実にできるように練習しようか」と発言した。そして，グループタイムⅡでくり返し練習し，次時以降その作戦の成功率はさらに高まった。ねらい③のリーグ戦では「A男がいなければ勝てない」とリーダーや他の仲間が言うほどまで，A男はグループの中にしっかりと位置づくことになった。

■ 実践を終えて

　このような姿は，A男のグループだけで見られたわけではない。多くのグループで仲間を認め，ともに学習することで技能は向上し，そして集団性も高まっていった。本実践を通して改めて感じたことは，集団種目を行えばグループ学習は成立するのではなく，教師がグループの集団性を高めるための具体的な手立てをもって指導しなくては，グループは「烏合の衆」のまま終始してしまうということである。

　体育授業では，どのような領域であってもグループ学習は欠かせない。とくに球技は，集団で競い合うという特性をもつため，グループの集団性が高まらないとその種目の面白さに十分には触れられない。リーダーを核にしながらグループの集団性を高めつつ，苦手であったA男が活躍できたような，そんな実践を今後も追究していきたい。

【さらに学習を深めるために】
土田了輔『学校体育におけるボールゲームの指導論』ブイツーソリューション，2011年
　　グループ学習など学習形態の系譜が丁寧に説明されている。集団性を高めるための具体的方法を検討する際に参考になる。

水泳の実践例

古堅秀樹・与那覇周作
(沖縄県宮古島市立平良中学校における実践)

■ 水泳の授業に見られる問題

　一般的な水泳の授業では，教師が提示した泳法をただ習得することだけを目的や内容とした画一的な授業が行われることが少なくない。また，天候によってその実施が左右されたり，他の学級と合同授業の形態がとられることもよくある水泳の授業では，そもそも単元学習さえ成立していない実状も見られる。

　そのような授業では，個々の生徒のさまざまな欲求に応じられないだけでなく，スイミング経験の有無によって，他の運動種目よりもより一層顕在化しがちな泳げる生徒と泳げない生徒の二極化状況に対しても対応できない。

　ただ，温暖な沖縄県では，水泳の授業実施が天候に左右されることは他県に比べると少ないので，解決すべき問題は，多様な個人差にいかに対応するかということに焦点化される。

　ここでは，泳げる生徒と泳げない生徒がわかれてしまいがちな現実に対して，グループ学習を大切にすることで取り組んだ試行錯誤を紹介する。

■ 生徒の実態から見えてくる課題

　美しい海に囲まれた沖縄県の子どもたちの泳力は他県と比べて高いように思われがちであるが，実際はプールの設置状況は他県に比してよいとは決していえず，むしろ泳力は高くない。また，宮古島市の子どもたちの泳力は，沖縄県全体の平均よりも小学校期には低いこともわかっている。昔のように外で遊ばなくなったことは他県と同様であろうが，宮古島においてそれは，子どもたちが海で遊ばなくなったということをも意味しているのである。これは，水泳の授業づくりを考えていくうえで留意すべき点である。

　宮古島では，都市部のようにスイミングクラブがたくさんあるわけではないので，スイミングに通っている(通っていた)生徒とそうでない生徒の間に見られる能力差に悩まされるケースは少ないかもしれない。しかしだからこそ，児童・生徒の水泳への関わりを深めることができるか否かは，小学校と中学校の体育授業における水泳の学習にかかっているともいえるだろう。

■ 生徒から見た水泳の特性

ここで報告する実践は，3年生男子37名を対象にして，6月から7月にかけて行われた13時間扱いの授業である。この生徒たちに対して授業開始前に行った調査によると，生徒から見た水泳の特性は，以下のように集約された。

①目標の距離を泳ぎ切って達成感が感じられると楽しい。
②できなかった泳ぎ方で泳げるようになると楽しい。
③仲間と競争して勝ったり，自分の記録が伸びたら楽しい。
④泳げなかった友達が泳げるようになったら楽しい。
⑤平泳ぎは楽だがクロールはきつい。

■ 単元前半の学習と反省

このような「生徒から見た特性」を踏まえて，学習のねらいや内容の方向性が設定された。単元の最初に泳力調査を行った後は，その結果も参考にして「記録に挑戦」「距離に挑戦」「泳法に挑戦」の各グループに分かれ，それぞれの課題に応じて「いま持っている力で挑戦する」ことと「より高まった力で挑戦する」ことの2つのねらいが連続した学習過程で授業を進めていった。

さらに，生徒たちの「競争したい」という欲求にも対応して，授業の終盤では活動グループを変えて，競争型のリレーも行った。リレーのグループ編成は，泳力調査の結果をもとに，生徒たちが，グループの力が同じになるように作った。

このリレーは生徒の競争への欲求をある程度充たしたものの，授業の前半は達成型の課題別グループ，後半は競争型のリレーグループでの活動となり，グループのメンバーがそれぞれ異なることもあって両方の学習活動の間につながりがなく，学習の深まりに問題が感じられる状況となってしまった。

■ 単元計画の修正

そこで，学習の主体者である生徒たちとともに学習の内容や方法について話し合い，泳ぎが「得意な子」も「苦手な子」も一緒のリレーのグループを，1時間の授業を通してグループ学習の集団にすることにした。つまり，競争型のリレーの学習活動を基軸にして学習を進めていくことにしたわけである。

そこで行われたリレーは，「いまできる泳法」(既存の近代泳法でなくてもよい)で挑戦することがベースとなり，またルールや道具の工夫も加えられた。リレーの方法につ

いては，スウェーデンリレーの方式で距離を柔軟に変え，ビート板を使ってもよい等の工夫も認めた。ルールを生徒たちの実態に合わせて工夫することで，より自主的，自発的な活動へと発展していった。

また，１単位時間の授業の進め方を「挑戦１」→「練習」→「挑戦２」という流れにしたことにより，グループの仲間同士が互いを尊重し合いながら，それぞれに必要な知識や技術を

ミーティングでめあての確認

「練習」の場で交流する学び合いの場面が随所にみられるようになった。これは，グループとして競争に勝つことをめざし，各自の力を高めていこうという志向から導かれたもので，達成型の学習と競争型の学習が分断されてしまったという単元前半の反省をある程度まで克服できたことを示すものと考えられた。

■ **学習資料の工夫**

こういった生徒たちの学習活動を支えるために，掲示資料や学習資料も工夫した。水泳の授業ではプールを使用することで，他の運動種目よりもこういった面での工夫が乏しくなることも多い。学習資料については水中でも活用できるようにラミネート加工するなど，生徒の目線からいろいろ考えてみることで，教師も生徒も一緒になって授業を創っているという実感をもつことができた。

水中でも使える学習資料で練習方法の確認

■ **まとめ**

授業後の総括的評価からも，全員がこの授業を「楽しかった」と評価しており，とくに「仲間と学び合う中で満足できた」という感想が多くあった。生徒から見た特性の中に，「泳げなかった友達が泳げるようになったら楽しい」というものがあったが，そういった学習も，単元後半からの単元計画の修正によって保障できたと思われる。

このような学習の結果として，泳力の面でも大きな前進が見られた。授業前は50

m以上泳げる生徒がクロールでは60％だったものが授業後は85％へ，平泳ぎでは70％から90％へと増加したことからわかる。

本授業を振り返ると，改めて以下のことが水泳の授業づくりにおいて重要であることが確認された。

仲間と学び合う場面

①学習の主体者である生徒の実態を踏まえ，生徒からみた運動の特性に応じて，柔軟に学習指導の在り方を考えるという視点に立つこと。──本実践の場合，生徒たちのさまざまな欲求に対応しながら，そこでの多様な学習活動が一貫して水泳を楽しむという方向で深まるように，単元計画の修正を行った。

②技能の完成をめざす学習ではなく，いまもっている技能で楽しむ学習を発展させていくこと。──水泳の授業では，ともすると泳げ

それぞれの課題に応じて教師も積極的に指導する

ない泳ぎ方を泳げるようにすることへ授業は向かいがちであるが，本実践では，リレーによる競争へ向かうグループ学習の中で，いまもっている力で泳ぐことを徐々に発展させていった。

③生徒をルールや道具に合わせるのではなく，ルールや道具を生徒の実態に合わせるという工夫が求められること。──本実践では，リレーの方式やビート板の使用などで具体化した。

④グループ学習を基盤とし，異質な集団の中で互いを尊重しながら学習活動を深めること。──水泳の授業では当たり前のようになっている，泳げない子と泳げる子を分けるという発想とは異なる，競争型の学習へ向かうグループ学習を本実践では学習の基軸にした。

【さらに学習を深めるために】

柴田義晴『基礎からマスター水泳』ナツメ社，2011年
　豊富な図解や写真，DVDなどにより，水泳の技術がわかりやすく解説されている。

6. 生徒の実態に応じたルールや場の工夫から授業づくりを考える

サッカーの実践例
古川 剛志
（鹿児島市立鹿児島玉龍中学校における実践）

■ ルールや場の工夫を行うという観点が，なぜ必要なのか

　ルールに焦点を当てて，これまでのスポーツの変遷をみてみると，多くのスポーツにおいてさまざまな経緯を経てルールの変更が行われてきている。そのルールの変更が行われる理由の一つに，「スポーツの面白さを保証するため」という視点がある（守能，2007，p.66）。技能の高まりとともに，そのスポーツ特有の面白さを保証するためにルールの変更が必要であったということである。言い換えると，ルールは技能レベルによって変わるべきであり，生徒にとっては，時として高まった技能レベルでの面白さが保証されている既存のスポーツルールでのゲームでは，そのスポーツ特有の面白さに触れることができないままで単元を終えてしまうという危険性をもっている。

　また，生徒の実態として，運動能力の二極化にみられるように，個人差は広がる一方となっている。そして，その差は中学生，高校生と年齢を重ねるごとに，大きな開きをみせている。そのような学習集団において，誰もがそのスポーツの面白さを感じるためには，ルールや場の工夫を行うことにより，できるだけ多くのゲームを経験し，運動能力の高低にかかわらず面白さを感じる機会を保証することが必要であろう。

　現在，スポーツのあり方も多様性を増してきており，ニュースポーツやユニバーサルスポーツなどに見られるような，障害の有無にかかわらず一緒に楽しむことができる競技や男女がともに参加できる競技も増えてきている。これはルールや場，用具の工夫により，すべての人が楽しめるスポーツを創ろうという視点から生まれたものである。そのため「ルールや場を工夫する」ことは，生涯にわたってスポーツに親しむ資質や能力の育成のためにも必要な観点といえる。

■ 授業の実際
(1) 生徒の実態

　対象生徒は男女それぞれ30名ずつであった。実態としては，スポーツ全般に対しての好意的態度や運動能力には大きな開きがあり，とくに女子は運動嫌いが多い。すべての生徒が小学校の体育授業でサッカーを経験していたが，その経験によるサッカーに対する関心・意欲・態度には差があり，好意的な印象をもっている生徒は60

名中42名で，そうではない生徒が18名という現状であった。とくに女子は，サッカーに対してネガティブな印象をもっていた。本校にサッカー部はなく，対象生徒の中で，授業以外でのサッカーの経験のあるものは，5名であり，その中でも現在もクラブチームなどで続けている生徒は1人であった。大半の生徒は学校の授業以外でのサッカーの経験は無く，男子は技能レベルの差が，女子は関心・意欲・態度の差が見られた。

(2) 授業のねらいと計画

上で述べた実態から，次に示す単元計画を設定し，実践を進めることにした。

図表4-16

ねらい1：今もっている力でサッカーを楽しみ，チームメイトの良さを生かして勝負をしよう。
ねらい2：チームメイトの良さや相手チームの特徴を考えながら，より高まった力でサッカーを楽しもう。

	1　2	3　4　5　6	7　8　9　10
学習内容	1. オリエンテーション ・学習のねらいの確認 ・単元，授業の流れの確認 ・グループ分け 2. ゲーム	1. 準備運動 ① ストレッチ ② サッカーにつながる運動遊び （ドリブル鬼ごっこ，2人組パスゲーム，ランニングパス，4対1鳥籠） 　　　ねらい1 2. 総当たり戦 ①ゲームⅠ ②作戦，チーム練習 ③ゲームⅡ 3. 振り返り	1. 準備運動 ① ストレッチ ② チーム課題練習 　　　ねらい2 2. 対抗戦 ①ゲームⅠ ②作戦，チーム練習 ③ゲームⅡ 3. 振り返り

(3) 場の工夫

対象生徒の実態に合わせて以下のように場，人数の工夫を行い，実践を行った。また，単元の中でも生徒と話し合い，技能の現状に応じた変更を加えながら，より多くの生徒がサッカーの面白さに触れられるようにした。

① 小さめのコートサイズの設定（約25m × 30mのコート）

体育の授業で起こりがちな，足の速い生徒が思いっきりドリブルをして楽しみ，足が速くはない生徒はおいていかれ，ゲームに参加することができないということを少しでも減らしたい。コートサイズが広すぎて遠い場所でプレイされては，離れたところにいる生徒にとってはあまり面白さを感じることができない。また，狭すぎてボールの周りに人が集ってしまっては，ボールの動きがなくなってしまい面白さを感じら

れない。そのため，生徒の様子を見たうえで広すぎず，狭すぎずのコートサイズを考え，設定した。

② **ゲーム人数は5人対5人**

1チームの人数があまりにも多いとゲームに参加できない生徒が出たり，ボールに接する回数(触球数)が少なくなってしまったりしがちである。そこで，ゲームに積極的に参加する生徒が増えるよう，5人対5人でゲームを行うこととした。欠席で人数が異なる場合は少ないチームに合わせてゲームを行った。

③ **全員プレイできるよう，コート数は6コート**

スポーツのかかわり方には「する」，「見る」，「支える」，「調べる」などがある。中学校1年生という発達段階を考慮し，まずはスポーツを「する」ことにより，ゲームによる競争の面白さに触れる機会をより多く作りたいと考え，全チームが同時にゲームを行えるよう，6コート設置した。

全員がゲームに参加できる6つのコート

④ **ゴールサイドの変更**

恐怖心を抱きやすい，高く上がるボールや遠くから思い切り蹴るシュートを極力減らすため，コーンとバーの柵を2つ並べたものをゴールとした。1時間目のゲームでバーの柵1つ分ではなかなかゴールが決まらず，得点したときの喜びを感じる機会が少なかったため，2時間目以降は2つ並べた形で実践した。

しかし，思い切りシュートを打ちたいという願いをもっている生徒には我慢をさせてしまった部分もあった。女子も意欲的にゲームに参加する姿が多くみられるようにな

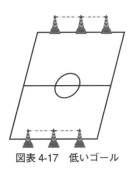

図表4-17　低いゴール

り，また守備側の技能の高まりもあったので，第6時後に話し合いを行い，対抗戦からは，高さもあり，横幅も広い「防球ネット」をゴールとして設置した。

(4) ルールの工夫

生徒の実態から，以下に示すルールをはじめに設定し，技能の高まりとともに変更することにした。

① キーパーはなし

サッカーでありがちな運動が苦手な生徒がゴールキーパーをさせられ，プレイに参加する機会が少なくなってしまうということを避けたいという思いと，ゴールのサイズを小さいものにしたために，キーパーをつけてしまうことで得点したときの喜びを感じる機会が少なくなってしまうのではないかという2つの理由から，キーパーは設定せずにゲームを行った。ゴールのサイズを2時間目以降広げたことと重なり，得点する喜びを感じられる機会は多くなった。

②スローインではなくキックイン

恐怖心を抱きやすい高いボールへ対応する機会を減らすために，サイドアウトしたボールはキックインで再開とした。キックインは恐怖心を軽減する効果はある一方，ねらったところへボールをけりにくい。スローインはねらったところにボールを運びやすいので，キックインによって，苦手な生徒にとってのチームに貢献できる機会を奪ってしまったのではないかとも感じた。

③ ボールサイズと空気圧を変更

サッカーに対して「怖い」という意見も少なくなかったため，ボールの硬さ，飛んでくるボールのスピードに対する恐怖心を少しでも和らげられるように，空気を少し抜いたボールを使用し，女子のゲームでは4号球を使用した。

④ オフサイドはなし

実践をする中で，ゲームの様相は，団子状態の様相から縦に伸びた様相，コートいっぱいサイドに広がった様相と変化をしていった。しかし，意図的に待ち伏せを行い，そのことでゲームが大きく崩れるということは起こらなかったので，単元を通して，オフサイドのルールは適用させずに実践し続けた。

オフサイドなしで待ち伏せ作戦

■ **授業実践を振り返って**

　スポーツに対して好意的でない生徒が少なくなかったり，サッカーに対して恐怖心をもっている生徒が多かったりする学習集団であったが，単元が進む中で積極的に取り組む姿勢が多くみられるようになった。単元の終盤には，多くの生徒がサッカーの面白さに触れられていたようであり，改めてルールや場を工夫する必要性を感じた。

　また，その工夫は教師側の考えだけで進めてはならないということも感じる実践であった。生徒の実態から，単元の前半では，ボールを相手にすぐ取られてしまうことを防ぎ，ボールを保持しながら，落ち着いてプレイする機会を保証するために，「ボールの上に足を置いているときは，ボールを奪ってはいけない。守り側は2mさがる。(ただし，ボールキープは3秒まで)」という簡易ルールを取り入れようとしていた。しかし，生徒の反応は良いものではなかった。生徒にとってルールが複雑になったり，思い切りプレイする機会を奪ってしまうルール変更になっていたりしたのであろう。やはり，教師の思いだけではなく，生徒の実態に応じたルールをともに作り上げていくということも必要であると感じた。

　実践をしてみて新たな検討課題を得ることができた。技能が高まってきた段階で少しずつルールの変更を加えたが，その際に，どの技能段階の生徒に合わせて変更していくかということである。今後の授業実践でこの課題の解決策を検討しつつ，実態に合わせたルールや場の工夫を，生徒とともに進めていき，その運動の面白さを十分に味わうことのできる実践をめざしていきたい。

【さらに学習を深めるために】
守能信次『スポーツルールの理論』大修館書店，2007年
　　スポーツのルールが存在する意味と理由について論じられている。体育授業において，そのスポーツの面白さを壊さないようにしたルールの工夫について考える際に参考になる。
鈴木秀人「ボールゲームの授業を考える」『教科教育学シリーズ 第6巻 体育科教育』一藝社，pp.127-138.
　　さまざまなルールの工夫を考える際に，その運動の特性を崩壊させないことに留意して進めるという視点を提示している。

7. カリキュラムの工夫から授業づくりを考える

異学年集団による選択制「球技」の実践例

上野佳代
(東京学芸大学附属小金井中学校における実践)

■ 取り組みの経緯

多くの中学生が，球技が好きだと答え，昼休みにボールを持ち出して楽しそうに遊んでいる姿を見ていると，球技は誰でも誰とでもすぐに取り組めるスポーツのように見える。しかし実際は，球技の魅力がわからないまま授業の時間をただ過ごしている生徒もいる。

したがって体育の授業では，その「楽しさ」「面白さ」をどのように学習内容と重ねて学ばせていくのかが重要になってくると考えられる。さらに，「楽しい」「面白い」という経験から，生徒が追究したいという意欲をもち，学習を深めていく学習過程を

図表4-18 異学年合同授業を取り入れたカリキュラム

1年

月	4		5				6			7			9				10				11				12				1				2				3
週	1	2	3	4	5	6	7	8	9	10	11	12	13	14	15	16	17	18	19	20	21	22	23	24	25	26	27	28	29	30	31	32	33	34	35	36	37	38	39

1時／2時：OT① ST③ 器械運動 マット・跳び箱⑫ ／ 球技 ベースボール型⑥ ／ 水泳 ／ 選択球技 3on3 ソフトバレー アルティメット フットサル（横割 縦割） ／ ダンス ／ 球技：ゴール型
3時：体つくり運動・体育理論・保健「心身の発達と心の健康」

2年

月	4		5				6			7			9				10				11				12				1				2				3
週	1	2	3	4	5	6	7	8	9	10	11	12	13	14	15	16	17	18	19	20	21	22	23	24	25	26	27	28	29	30	31	32	33	34	35	36	37	38	39

1時／2時：OT① ST③ ／ 陸上競技 ／ 水泳 ／ 選択球技 3on3 ソフトバレー アルティメット フットサル（横割 縦割） ／ 柔道 ／ 球技：ネット型(ラケット) ／ 運動 ／ 体つくり
3時：保健：自然環境と健康 社会環境と健康

3年

月	4		5				6			7			9				10				11				12				1				2				3
週	1	2	3	4	5	6	7	8	9	10	11	12	13	14	15	16	17	18	19	20	21	22	23	24	25	26	27	28	29	30	31	32	33	34	35	36	37	38	39

1時／2時：OT① ST③ ／ 選択Ⅰ（柔道・器械運動）／ 選択Ⅱ（陸上競技・水泳）／ 選択球技 3on3 アルティメット ソフトバレー フットサル（横割 縦割）／ 体育理論 ／ 体つくり運動 ／ 選択 球技
3時：保健：心の健康 健康と環境 感染症とその予防⑭

※ OT=オリエンテーション，ST=スポーツテスト

めざしていきたい。その学習の取り入れ方はそれぞれの種目の特性や内容によって異なってもくるが、ここでは、本校で実施している異学年集団による選択制球技の授業を紹介する。

この異学年集団による選択制球技というめずらしい学習形態は、1993年度からの男女共習の単学年での選択制授業の実践と体育カリキュラムの研究を発端としている。その後、琉球大学教育学部附属中学校での実践を参考にしながら、自立的なスポーツへの関わり方のモデルとして種目の選定や成果発表の場、イベントの導入等の検討を重ね、1999年度からは図表4-18のカリキュラムに示したような3学年合同選択制授業として実施されるようになった。授業成果発表の場として、単元の最後には「スポーツフェスティバル」という名称の大会を実施している。

■ 授業の実際
(1) 選択する種目
3on3、フットサル、ソフトバレーボール、アルティメットから1種目を選択する。これらの種目は、年齢や経験、体格等の差による学習の停滞を考慮して決定した。
(2) 単元計画とねらい
これまでの学習経験の違いから、ねらいは学年ごとに次のように設定している。
〔1学年〕自分の課題を確かめながら、仲間と協力して練習やゲームを楽しむ。
〔2学年〕チームにおける役割を自覚し、仲間と協力して計画を立て練習やゲームを楽しむ。
〔3学年〕チームでの役割に自覚と責任をもち、仲間と協力して練習を創意工夫し、ゲームを楽しむ。
① 「横割り」での学習
単元の前半(4～7時間：学年によって異なる)は、同学年で編成されたチーム(横割り)で取り組む。ここでは、1年生は選択した種目の楽しさにたっぷりと触れる時間となる。ゲームの面白さに触れてほしいため、実情に合わせて簡易ルールを設定して行うこともある。
2年生は昨年度の経験を活かし、仲間との連携プレーを意識しながらゲームの楽しさを追究する。3年生は、縦割り時のリーダーとなるため、チームに適したプレーや練習、作戦等はどうあるべきかを意識しながらゲームを楽しむ。

図表 4-19 各種目の1チーム人数とチーム数

	ソフトバレー	アルティメット	3on3	フットサル
前期横割	6人(男3女3) 1クラス×2	6人(男3女3) 1クラス×2	4人(男2女2) 1クラス×2	4人(男2女2) 1クラス×2
後期縦割	(男1女1)×3学年 ⇒6人(男3女3) 各クラス×6	(男1〜2女1〜2) ×3学年 ⇒(男4女5or男5女4) 各クラス×4	(男1女1)×3学年 ⇒6人(男3女3) 各クラス×4	(男1女1)×3学年 ⇒6人(男3女3) 各クラス×4

② 「縦割り」での学習

単元の後半(8時間)は、1〜3年の異学年で編成されたチーム(縦割り)で、取り組む。各種目のチーム編成人数は図表 4-19 のとおりである。

③ スポーツフェスティバルでの学習

単元の学習成果の発表として行うイベントである。午前中は予選リーグ戦、午後は決勝トーナメント戦として、異学年縦割りの全チームが計6試合行う。

■ チームが成長するために必要なことを考える

学年の異なる集団のため、互いに何を考え求めているのか、共通理解することが不可欠となる。チームとして成長するために必要な力を「技能」だけでなく、「雰囲気」

図表 4-20 「わたくしたちのめざす姿」の例 (アルティメットを選択したチーム)

段階	雰囲気 *このチームならではの雰囲気。	思考・判断・理解 *ミーティングで話し合うこと、作戦として共通理解すること。	技能 *チームプレイとしてできるようになりたいこと。
S 理想の姿 目標とする姿	・勝った時、負けた時の場に応じた発言ができる。 ・パスをする時、名前を呼び合ったり、手を上げて合図することができる。	・ミーティングの時に、全員の行動の様子をわかりやすく伝えることができる。 ・作戦の内容を、ゲーム中に声をかけ合いながら実行できる。	・スペースをうまく見つけて、パスしようとする人が困らない状況をつくる。 ・フェイントなどを活用し、スムーズに攻めることができる。
A B段階よりも進歩を実感	・男女一緒に練習することができる。 ・勝った時にみんなで喜び合うことができる。	・フロアバランスを考えながら、パスコースを見つけることができる。・ミーティングで気づいたことを言い合うことができる。	・安定したパス回しができる。
B 現在状況 出発地点	・静かで男女で練習がわかれてしまう。	・フロアバランスを考えられず、真ん中に人が集まってしまう。	・ディスクのコントロールが上手くできない。

や「思考・判断・理解」といった力も加え，この３つが総合的に育つことを意識させた。この３つの力の成長過程を「わたくしたちのめざす姿」と題して，図表4-20の３段階の時系列にそって，「このメンバーでどんなチームを創るのか？」「チームの力が最大限発揮できるために必要なことは何か？」という視点から考えさせた。

■ 課題意識をもって技術習得に取り組む

この単元では，一斉指導による技術指導は行わず，練習内容は各チームがミーティングで決めている。したがって，活動はチームごとに異なり，一見勝手なことをしているようにも見える。もちろん，状況に応じて，指導者が技術指導やそのアドバイスを行う。

ここで大切なのは，「ゲームで勝つためには何が必要か」を自分たちで考えることである。チームの目標から習得したい技術を考えて選び，その練習に自発的に取り組む。これは，ソフトバレーボールを選択した１年生男子のレポートの記述である。

> 先輩が練習時間を割いて，ぼくらにトスのコツ（四本指で三角形をつくる，はじくようにしてボールを斜め45度に押し出す等）をたくさん教えてくれたので，できるようになった。また，課題としては「ブロック」と「アタック」がまだできていないので，ここは今回の先輩の動きを参考にし，しっかり研究していきたい。

「できるようになりたい」と考えていた技術を，３年生が取り上げて練習している様子や，身近な先輩の動きから次の課題を見つけていく姿がわかり，異学年集団ならではのよい刺激が生まれていることがわかる。

次は，ソフトバレーボールを選択した３年生男子が，チームでボールをつなげるためにトスに着目して練習に取り組んだときの学習カードの記述である。

> 基本こそ何よりも勝ることだと考えて，トスの練習を毎日行った。何回も何回も上空に打って，どのトスがもっとも他の人が取りやすいかということを考えた。また，レシーブの練習も何度も行った。さすがに３年生ともなるとトスやレシーブ時にただ打ち上げてただボールを返せるようにするのではなく角度を注意したり，ボールをコントロールすることをめざした。つまり練習というより研究である。これを繰り返したおかげで，私はすばやく状況を判断するコツとそちらの方向へ向けてレシーブを返す技術が向上した。

「何回も何回も・・・」とあるが，この反復練習は指導者からの指示で行っていたのではなく，３年生としてチームに今必要なことは何かを考えた，いわば課題意識を伴

う価値ある練習となっている。「つまり練習というより研究である」ともいっているように，自然にトスに関するこだわりをもって追究しているのである。

■ 他を認めともに楽しむ精神を創る

異学年集団チームであるため，年齢や性，経験や体格といった差が当然ある。しかし，その違いを前向きに受け止め，互いの成長をともに喜ぶ姿が多くみられる。以下は，2年生女子がレポートに記述した内容であるが，6人の進歩を喜ぶ温かい視線を感じることができる。

> 3年生のK君やIさんが士気を高めるために「あきらめないで」「1セットとろう」と声をだしてくれて，私も「頑張っていこう」と声掛けができた。技術面では，1年のAさんの進歩がすばらしく，良いレシーブをたくさんしてくれたので参考になった。1年のN君もトスには課題が残ったが，2年のY君に指導してもらい，サーブが非常にうまくなっていたので良かったと思う。他チームと和やかな雰囲気でアドバイスし合ったり，プレーできたので，チームの雰囲気は素晴らしかった。

また，1年生を含む全員の特徴を見つけることが3年生のリーダーの役割であり，そこから活きる作戦をミーティングで作り上げていく。たとえば，1年生の上手いパスを，チームの中心的な存在と褒めたり，重要なポイント獲得は2年生に任せたりという姿が見られる。下級生はこのような扱いに自らの存在感を感じとり，安心して積極的なプレーを見せる。

3年生は自分が中心になって勝ちをめざすのではなく，チームとして勝つことをめざすプレイヤー兼監督となる。それが勝利につながることを，1，2年時の経験から熟知しているのである。このように，顔を寄せ合い，このメンバーでどのようにしてゲームに勝つのかを追究する学びが生まれていくのである。

■ スポーツにおけるルールの意味を考える

この単元でのゲームはすべてセルフジャッジで行っている。単元を始める前は，「ルールは絶対的な存在で，それを守らなければスポーツは楽しめないし，それは第三者が審判することで成り立つ」というイメージをもっている生徒が多く，その概念崩しが最も難しいと感じている。しかし，「サッカー部員のA君がファールといえば，ファールなんだろう」といったような他人まかせの判断は，ルールの存在価値を考える機会を消失させてしまう。

授業では，セルフジャッジだからこそ生まれる多くの諸問題に向かい合いながら，自分たちにとってルールとは何かを考えることが大切な学習となる。「審判が存在しなくても，フェアなプレーでスポーツを楽しめる」ことが理解できれば，生涯スポーツ実践者の育成にもつながる。一番印象に残っていることとして次のような生徒の感想がある。

> スポーツフェスティバルのセルフジャッジ。やっぱりお互い，どっちも勝ちたいと思っている中で，ちゃんと客観的にそのさまざまを見て，気持ちよくプレーするのがスポーツの中で大切なことだと思う。

　また，単元終了後に行われる「スポーツフェスティバル」では，この学びを活かすために，ルールの確認を自分事としてとらえる必要がある。そこで，各クラス 1 名の種目リーダーよってルールの検討会を行う。自分たちが活動している様子と照らし合わせながら，「今の自分たちの現状でゲームを楽しむためのルールはどうあるべきか」という視点で検討していく。
　たとえば，ソフトバレーボールのサーブは，サーブが未熟な 1 年生を配慮して失敗しても 2 本までは許そうというルールが生まれたことがある。本来，ルールは当事者が面白いゲームを実現するために存在するものである。ルールは部活動やオリンピックで使われるためのものだけではなく，自分たちが楽しむために設定されるべきものでもあるのだ。スポーツの根源に関わる部分も学ぶことを期待している。

■ 次へつながる生涯スポーツの経験

　この単元の特徴は異学年編成チームである。年齢，性，経験，能力等が異なる仲間とのスポーツを通しての交流により，これから生涯にわたって自分とは異なる他者とスポーツを積極的に楽しむうえで必要な資質を学ぶことが期待できる。年齢が異なっても，チームの一員としては平等であるという考えが，次の 3 年生男子の感想からも生まれていることがわかる。

> スポーツフェスティバルはとても満足のいくものだった。チームの作戦を考え，それを実行し，目標を実現することができてとても楽しかった。また，3 年生として後輩を指導していく立場で，後輩が最初オーバーでのサーブができなかったのに対し，互いにアドバイスして練習して打てるようになったり，自分もレシーブが高く上がりすぎてしまうくせを，後輩に膝を使えばよくなると指摘してもらい，良くなったりした。チーム全体が上達していく感じがしてとても良かった。

■ まとめ

　私たち教師には，目の前にいる生徒たちに適した学びを提供する授業づくりに努めるという使命がある。その学校や生徒の現状から授業形態を考えていくのだが，学習する価値があると判断できるものは，積極的に取り入れていきたいと考えている。この異学年集団による選択制授業では，1年からの学びが2年，そして3年に向かって活かされていく姿を見ることができる。

　普段，一緒に活動することがない異学年の仲間とのチーム作りには，よい緊張感と刺激が生まれる。そこから独特の意欲が生まれ，指導者が驚くような成果が見られることもある。これからも，この異学年集団による選択制授業を継続して行い，生徒たちがあらゆる他者とスポーツを楽しむことができるような力を育むことを期待している。

【さらに学習を深めるために】

東京学芸大学附属小金井中学校『学び合いで輝く・伸びる・高めあう』東洋館出版社，2007年，pp. 47-50
　ここで紹介した，カリキュラムを工夫した選択制球技の授業実践について詳しく報告されている。

上地幸市「学年の枠を超えた球技の選択制授業」全国体育学習研究会編『「楽しい体育」の豊かな可能性を拓く』明和出版，2008年，pp. 204-207
　ここで紹介されている実践のもとになった，琉球大学教育学部附属中学校における実践が報告されている。

小橋川久光・上地幸市「たて割り・男女共習授業に対する中学生の意識に関する研究─球技の種目選択制を中心にして」『琉球大学教育学部紀要』42集第2部，1993年，pp. 199-208
　異学年たて割り・男女共習による球技の選択制授業の経験が，生徒たちにどのような変容をもたらすのかを分析的に知ることができる。

8. 今もっている力で踊る工夫から授業づくりを考える

リズムダンスの実践例

島田左一郎
(長野県長野市松代中学校における実践)

■ ダンスの授業の難しさ

　中学生や高校生は，人前で踊ったり，自己表現をしたりすることが恥ずかしい年頃である。もちろんダンスレッスンに通っていたり，ダンス部や演劇部に所属していたりしていて，踊ることに抵抗を感じない生徒もいるだろうが，一般的に，人前で踊ることは恥ずかしい，人に踊っている姿を見られることは恥ずかしいと感じる時期である。これは，思春期にさしかかると羞恥心がより強く表れるからだと思われる。

　幼稚園や小学校低学年の頃は，ビートのきいた音楽を鳴らすと，自然にからだが動いた子どもたちが，小学校高学年や中学生のダンスになると，なかなか動かなくなることは多くの教師の知るところである。小学校期に人前で自己表現，とりわけ，見せる(見て貰う)ダンスを楽しむ経験をしないまま，中学校期になって初めて"現代的なリズムのダンス"の単元学習をするとなると，この羞恥心がより大きな障害となる。

■ 羞恥心との向き合い方と本実践の立場

　授業を展開するうえで，羞恥心との向き合い方には二通りの方向が考えられる。すなわち，羞恥心を避ける方法と，正面から向き合う方法である。前者の羞恥心を避ける展開では，以下の枠内のような授業が考えられる。

・クラス全体，あるいはグループで，南中ソーラン(のような踊り)を踊る。
・グループで，ロックやヒップホップの踊りを，映像などを模倣して踊る。
・グループで，アップテンポの曲に合わせた振り付けを工夫・創作して踊る。

　これらの授業では，DVD資料や招聘した外部講師が重要な手がかりとなり，全部あるいは一部を模倣する活動が中心で，「覚える→合わせて踊る→発表会」の展開となる。クラスやグループ(集団)で，形(パターン)がある動きの獲得や洗練に重点を置くことで羞恥心を避けようとするものである。教師の指導力，効果的な資料選定，グループ構成員やリーダーの資質などが，授業の成果を大きく左右する。

　一方，後者の羞恥心と正面から向き合う展開では，次ページの枠内のような，羞恥心とのつき合い方を工夫した授業が考えられる。

> ・個が中心となり，リズムに合わせて（のって），各自が自由な動きで踊る。

　自分の今ある力で出発し，自分の財産を増やしながら自発的・自主的に踊る活動が中心となる。展開は「今できる動きで踊る→新しい動き方やリズムの取り方を工夫して踊る→ダンスパーティー」という流れになる。はじめの段階からできるだけ羞恥心を感じさせない工夫が必要になるが，工夫次第で大部分の生徒が活発に踊れるようになる。のれるリズム（音楽）の選定，生徒の今ある力での活動や自発的な活動の保障などが，授業の成果を左右する。

　以上のように，"現代的なリズムのダンス"と一言でいっても，その考え方はさまざまである。友達に認められれば嬉しいし，友達と踊りを共有したり，一緒に活動できたりすると嬉しいことはもちろんであるが，ダンスが自己表現である以上，たとえグループ学習の形態をとったとしても，踊る主体は個人であり，各自が羞恥心とうまく付き合いながら自由に踊れなければ，ダンスの楽しさがわかった（ダンスを楽しむ力が身についた）とはいえない。そこで，後者の「個が中心となり，リズムに合わせて（のって），各自が自由な動きで踊る」という考えで"現代的なリズムのダンス"の学習を実践した。

■ 学習のねらい

　学習指導要領では，「リズムの特徴を捉え，変化のある動きを組み合わせて，リズムに乗って全身で踊ること」をねらいとしている。これは，前述した「個が中心となり，リズムに合わせて（のって），各自が自由な動きで踊る」ことと考え方は合致している。

　本実践では，「個が中心となり，リズムに合わせて（のって），各自が自由な動きで踊る」リズムダンスの楽しさを学習することをねらいとし，ねらい１を「恥ずかしさを取り払ったり和らげたりして，人前でも恥ずかしがらずに，ディスコのリズムに合わせて軽快に動いて楽しむ」，ねらい２を「ディスコのリズムにのって，いろいろな動きや気に入った動きで，いろいろなリズムの取り方や気に入ったリズムの取り方で踊って楽しむ」とした。

■ 実践の具体

(1) 単元名—リズムダンス「ユーロビート」

　"現代的なリズムのダンス"の単元名は，ロック，ジャズ，ヒップホップなど，取り

扱う"リズム"になる場合が多いが，ここでは「ユーロビート」とした。使用した曲は，1980年代に，日本にディスコが流行し始めた頃に使用されたユーロビートから選曲した。4分の4拍子で，すべての拍にアクセントがあり，俗称「ディスコのリズム」ともいわれ，テンポも適切で，誰もが比較的容易にのれる曲目が多い。

(2) 単元の流れ（展開の概要）

羞恥心が活動の妨げにならないようにするため，焦らずにゆっくり進めたいと考え，リズムダンスに全8時間を確保した。前半のねらい①には3時間をかけた。はじめにダンスの分類やリズムダンスの特性などの理論に触れ，動きの形にとらわれることなく（自由），リズム性が豊かなダンスであることを確認してから実技に入った。後半のねらい②は4時間，最後のダンスパーティーに1時間をあてた。

(3) 生徒に羞恥心をもたせないための導入（ねらい①の導入）

ダンスは"非日常的な動きの連続"であるといわれている。この非日常的な動き（言い換えれば"人と違った動き""可笑しな・変な動き"など）を友達に見られることで羞恥心が発生すると考え，日常的な動きからの導入を行った。

たいていの中学生には，「歩く」動作は困難ではないし，友達から「歩く」動作を見られても，ほとんど羞恥心は起こらない。そこで単元のはじめは，図表4-21に示したような「歩く」動作でリズムにのる学習を，十分な時間を取って行った。つまり，リズム（CDよる音楽，教師のタンバリンや手拍子など）を手がかりに，「歩く」という学習である。

図表4-21 「歩く」の学習を広めるための手だて

[ルール]　・音楽が鳴っている間は動作をやめない　・拍やリズムを強く意識する

①リズム（音楽）のテンポを変える。
②歩く方向を変える。（横，斜め，後ろ，多方向，近所の人と違う方向へ）
③スペースを意識する。（人のいない所をめざして）
④手の動作を意識する。（大きく振る，手を腰より下に下げない）
⑤学習形態を工夫する。（半分の人が歩いて，半分の人は休憩）
⑥動く範囲を狭くする。（半径1mの円の中で，正面を決め正面を意識して）

この中で，①⑤は教師の一斉の指示で行う。教師の指導性が強いが，その分，生徒は安心して行える。踊ることに慣れてから⑤を行うことで，"見る"，"見られる"ことにも慣れさせようという意図がある。②③④は，教師が指示を出すものの，生徒各自が工夫する余地を残し，羞恥心をもたないまま，非日常の動きに移行するための手だ

てである。広い範囲を歩いてばかりではダンスにならないため、⑥を行う。歩く動作が自然にステップを踏むようになる。また、⑥で正面を意識し、全員が同じ方向を正面とした場合には、必然的に後ろの人は"見る"、前の人は"見られる"ことになる。その正面を180度、あるいは90度回転させると全員が"見る""見られる"を経験することにもなる。

(4) ねらい①での動きの工夫

　導入で十分に楽しめたら、「回る」「跳ねる」「転がる」などの日常と非日常の狭間にある動きを一つずつ紹介し、生徒は、それらを「歩く」に加えたり(例：歩いてから回る)、掛け合わせたり(例：歩きながら回る)して踊る。

　「回る」を紹介したら、「歩く」「回る」の動きを使って、各自ができるだけ多くの工夫をして楽しめるように、十分に時間を確保する。「歩く」「跳ねる」も同様に時間をかけて行う。「転がる」の動きは、拍やリズムに合わせることは困難であるが、特殊な動きであり、大きく動けるので、生徒たちは一生懸命になり、自然に声や笑い声が出て、この時には、まず羞恥心をもつことはない。

(5) グループ学習へ (ねらい②)

　学習形態を、個を重視した一斉指導からグループ学習にして、「伸び縮み」「曲げ伸ばし」「ひねる」「反る」「ゆする」「横たわる」などの非日常的な動きを学習資料で提示し、各自がこれらの中から選択して、毎時のめあてをもつようにさせる。

　一方"リズムにのる"ことの重要性にも触れ、リズムの取り方は「合わせる」から「崩す(つくる)」へ発展することや、崩す(つくる)には、「アクセント」「ストップモーション」「伸ばす・引っ張る」「刻む」などがあることについて資料で提示し、動きと同様に、各自がこれらの中から選択して、毎時のめあてをもつようにさせる。

　グループ学習は、個人を伸ばすためのグループであり、各自のめあてを達成できるように支え合い、励まし合い、認め合う。ただし、みんなで一つの作品を作り上げていくようなチーム学習ではないことを確認する。

(6) ねらい②の1時間の流れ

　1時間の流れとして「はじめ」の段階では、今ある力で各自が自由に踊って楽しむ。「なか」の段階では、グループ学習で友達と動きを見合ったり、模倣し合ったり、また、鏡やビデオカメラを使って動きを工夫したりする。「まとめ」の段階では、本時で身につけた動きやリズムのとり方を、各自が組み合わせたり、まとめて取り入れたりして、全身でリズムにのって自由に踊って楽しむ。

「はじめ」「まとめ」の段階ではリズムにのって踊りを楽しむことに重点をおき，「なか」の段階では，どちらかというと冷静に，動き方やリズムのとり方の工夫をする，というように1時間の流れの中でメリハリをつけた。また，ねらい②の4時間は各時間の授業の流れを繰り返し行うことにより，生徒が自分たちで計画を立て，自発的・自主的な学習が展開しやすいようにした。

(7) 単元のまとめ

最後の時間はダンスパーティーをした。あらかじめ生徒からパーティー運営係を募り，計画を立てさせた。計画の内容は，①進行(時間の流れ)②ダンスの形態(個人，グループ，全体)と場所，③係分担(司会，音楽，記録，装飾)などである。

■ おわりに

生徒たちははじめの段階から意欲的に動いた。教師は良さを認め，とくにねらい②では，めあて達成の喜びを共有，賞賛した。生徒たちはリズムダンスをますます好きになった。事前調査で恥ずかしいと言っていた生徒の中にも，休み時間に廊下や教室で踊る姿が見られるようになった。

リズムへの"のり"を大切にし，動きの良し悪しは問わなかったことが，逆に，各自のダイナミックな動き，綺麗な動きを続出させることにつながった。踊っている生徒たちから，羞恥心は全く感じられなかったし，事後アンケートから，クラス全員がリズムダンスに満足している様子がうかがえた。

【さらに学習を深めるために】

島田左一郎「リズムダンス(ロックのリズムの踊り)の実践例」鈴木秀人ほか編著『第五版 小学校の体育授業づくり入門』学文社，2018年，pp.290-294
　小学生を対象にした実践例ではあるが，本書で紹介されている指導を工夫する視点である動きの要素やリズムとの対応の仕方などがわかりやすく説明されている。

島田左一郎「学習者の羞恥心を軽減する"リズムダンス"導入法」『文化学園長野専門学校研究紀要』4号，2013年，pp.3-17
　本書で紹介されている指導方法が，とくに単元の導入に焦点をあてて解説されている。

9. これまで教えられてこなかった運動の授業づくりを考える

タグラグビーの実践例
（東京学芸大学附属小金井中学校における実践）
小松恒誠・児島里菜

■ 中学校におけるタグラグビーの指導
　〜「ボールを持って走る」楽しさにふれるために〜

　タグラグビーは，バスケットボールやサッカーのようにボール操作時に複雑な技術が求められず，また相手の腰についているタグをとることで動きを止めるため身体接触が禁じられ安全であり，ただ「ボールを持って走る」ことができれば楽しめるボールゲームである。そうした技術的な易しさゆえに運動が苦手な生徒でもゲームに参加しやすいという面が評価され，日本では1990年代中頃から注目されはじめ，2008年改訂の小学校学習指導要領解説体育編に「ゴール型」の運動として例示され，多くの小学校で実践が行われるようになった。

　そして，2017年に告示された中学校学習指導要領解説保健体育編においても例示され，今後中学校の体育授業でもタグラグビーがこれまで以上に行われるようになると考えられる。ここで配慮したいのは，体力・運動能力の二極化への対応である。小学校から中学校への進学に伴って，運動部活動に入って毎日のように運動に取り組んでいる生徒とそれ以外の生徒との間における運動実施頻度の差の拡大はとりわけ顕著となっており，小学生以上に体力・運動能力の二極化はいちじるしくなっている。そうした観点から考えれば，タグラグビーは，技術的に易しいボールゲームであるため運動が苦手な生徒が参加しやすく，現代的な課題に応え得るボールゲームだといえよう。しかし，当然のことではあるが，その面白さにふれるためには教師の積極的な学習指導は欠かせない。まずは，「ボールを持って走る」ことを楽しむ授業にすることを心がけたい。

　具体的な授業場面を想定してみると，運動が苦手な生徒はボールを持つとタグを取られることを恐れるあまりに，すぐにパスをしようとしたり，むやみに後ろに下がったりしてしまいがちである。そのことによって，パスミスやスローフォワードの反則が頻発し，ゲームが停滞して「ボールを持って走る」プレーが生まれにくくなってしまう場合は少なくない。そのような時には，教師がボール保持者の動き方を「①ボールを持ったらまず前に走る」，「②相手にタグを取られたらパスをする」というように単純化することが有効である。たとえば，「タグを取られてもいいから，取られるまで前

へ走ろう！パスはタグを取られた後に考えればいいから！」と声かけをするとよい。

　また，ルールの工夫によって「ボールを持って走る」プレーが生まれやすくすることも大切である。運動が苦手な生徒がボールを落としてしまうかもしれないという気持ちからボールをもらいに行くことに消極的になってしまったり，タグを取られてしまうことへの焦りによって無理なパスをしたり，後退してしまったりするプレーができるだけ出ないようにするためにも，単元の始めはノックオンやタグの回数制限を設けない方がよい。このような学習指導を通して，まずは生徒一人ひとりが「ボールを持って走る」楽しさを味わえるように心がけたい。本実践では，こうした段階を経た後に発展したルールを適用したり作戦を考える活動を取り入れたりした。

■ 授業の実際
(1) 学習の計画

本実践は，以下の単元計画にもとづいて進めた。

図表4-22 単元計画（8時間扱い）

時間	学習活動	指導
1	○オリエンテーション 1. 学習のねらいを知る。 2. グループ分けを行い，役割分担（班長，副班長，用具，コーチ）をする。 3. 基本のルールや学習の進め方について知る。 4. 準備運動を行う。 5. 試しのゲームをする。	○グループはできるだけチーム間が技能的に等質となるように編成する。 ○楕円球の操作やタグをとる動作になれるための簡単な準備運動を提示する。 ○2チームに教師の審判のもとで模擬ゲームを行わせ，ルール理解を図る。
2 3 4	ねらい① ◇今もっている力で取り組める簡単なルールのゲームを楽しむ 1. 準備運動 「金魚のフン」や「円陣パス」，「1vs1トライ合戦」などの準備運動をゲームとのつながりを意識しながら行う。 2. ゲーム　7分×3 ゲーム運営を行う（セルフジャッジ，得点，メンバーチェンジ）。 3. 振り返り チーム・個人のプレーの反省をする。 反省したことを学習カードに記入する。 4. まとめ 良い動きや連携プレーなどをクラス全体で共有する。	○準備運動は，ゲームにおける生徒の実態を踏まえて選択する。たとえば，ボールを持ったプレーヤーの後ろについていけていない場合には，「金魚のフン」を行う。 ○ゲームにおいて，ボールを保持したプレーヤーが後ろに下がってしまったり，むやみにパスをしてしまったりしている場合には，「タグ取られてもいいから，前に走ろう！」と声かけをする。 ○振り返りの際に，「後ろに下がらない」ことや「相手のいないスペースに走る」ことができているかどうか発問し，自分の動きを考える視点を明確にする。

5 6 7 8	ねらい② ◇高まった力で発展したルールのゲームを楽しむ 1. チームトーク・準備運動・チーム練習 　チームごとに作戦を話し合い，自分たちに必要な準備運動，練習を行う。 2. ゲーム① 　発展したルールで行う。 3. チームタイム 　ゲーム①を振り返り，ゲーム②に向けて話し合う。 4. ゲーム② 5. 振り返り 　個人的なプレーや作戦について，振り返りを行う。 　学習カードに記入する。 6. まとめ 　良い動きや作戦などを共有する。	○発展したルールがどういうものなのか，チームの特徴はどうなのかをよく考えるように促し，作戦を練るための視点を与える。 ○活動が停滞しているグループには，作戦や準備運動，チーム練習を紹介して，活発な活動を促す。 ○ルールに沿って，合理的な作戦が考えられているか，もしくは無理な作戦になっていないかを見取り，助言する。 ○良い作戦や動きが見られた場合には取り上げ，クラス全体で共有する。

(2) 本実践におけるルールの発展と攻防の工夫

① 今もっている力で取り組める簡単なルールのゲームを楽しむ（2〜4時間目）

　本実践では，初学者が多数を占めていたため，小学校で行われているのと同様に易しいルールで学習を始めることとした。ノックオンやタグをとった回数による攻守交代などは，はじめは適用せずに攻撃有利のゲームでみんなが得点できる機会を与えた。ただ，スローフォワードやタグ後の初めのパスカットの禁止といったルールは，攻防のバランスがとれた面白いゲームを展開するために単元のはじめから適用した。生徒たちは，易しいルールのもとで教師の積極的な働きかけにより，「ボールを持って走る」ことを楽しんでいた。

ボールを持って走り攻める様子

タグを取って守ろうとする様子

② **高まった力で発展したルールのゲームを楽しむ（5〜6時間目）**

　生徒がゲームに慣れてくると，易しいルールのままでは攻防のバランスは保たれず，攻守交代が起きづらくなり，ゲームは面白味のないものになってしまう。そのため，ルールを発展させて攻防のバランスをとる必要性が出てくる。ねらい①では攻撃有利のゲームであったため，ねらい②では，タグを4回とったら攻守交代というルールを追加し，攻撃側に負荷をかけてゲームを展開した。

　このことによって，攻防のバランスが保たれ，攻守交代が適度に起こるようになった。そのため，ゲームの中で「あともう少しでトライだったのに！」「あと一回タグが取れれば攻守交代だったのに！」といった声が出てきて，白熱したゲームが展開された。また，追加ルールによって攻撃側に負荷をかけたことは，タグの回数制限内にトライをとるためにはどうしたらよいのかについて考えるきっかけとなり，生徒たちが必然性をもって作戦を練るようになってきた。

　教師からは「クロス」や「とばしパス」，「ダミーパス」などの簡単な作戦を紹介したが，生徒からも「タグを取られる前にパスをする」といった単純なものから，コートの片側に相手を集めてから，一気に逆サイドの味方にパスをつなぐといった複雑な連携を要する作戦まで提案されていた。

③ **さらに，高まった力で発展したルールのゲームを楽しむ（7〜8時間目）**

　小学校の場合には，これまでのルールのまま単元の最後までゲームを行って問題ない場合がほとんどである。しかし，中学生の場合にこのままのルールで授業を進めていくと，いつしか生徒たちがタグラグビーの醍醐味である「ボールを持って走る」ことを妨げるプレーをするようになる。それは，「待ち伏せプレー」とよばれるプレーである。

　「待ち伏せプレー」とは，守る側のプレーヤーがタグを取られた攻める側のプレイヤーがパスを出すとき，パスの受け手の近くに待ち伏せ，その受け手がパスを受けた瞬間にタグを取ってしまうというプレーである。このプレーが頻発し出すと，攻める側のプレーヤーがパスを受けてもすぐにタグを取られてしまい，「ボールを持って走る」プレーは抑制されてしまう。とくに，運動が苦手な生徒ほど「待ち伏せプレー」の標的にされやすい傾向にある。

　こうしたプレーは極めて合理的な守り方であり，易しいルールのもとにおける生徒らの学習が深まってきた証ともいえる。したがって，次なる発展したルールのゲームを学習する準備ができたということである。

本実践においても，単元の後半になると運動が得意な子を中心に「待ち伏せプレー」が頻発した。これまでオフサイドに代わる簡易的なルールとして「タグ後の初めのパスカット禁止」を適用していたが，これでは「待ち伏せプレー」を抑えることができない。そこで，さらに発展的なルールとしてオフサイドを適用することとした。オフサイドを適用すると，タグをとられたプレーヤーの真横にオフサイドラインが生じ，このラインより前方のスペースはオフサイドの位置となる。守る側のプレーヤーはその位置では一切プレーできなくなる。

　この場合には守備側に負荷がかけられるため，いかにして守るかということが中心的に話し合われるようになった。守りが横や縦，斜めに一列になって守ったり，一人だけ後ろに残して「最後の砦」を置いたりと，さまざまな守備の陣形が考え出されていた。そして，実際にゲームで試してその修正を図る姿が見られた。

■ 実践を振り返って

　本実践では，まず易しいルールのもとでタグラグビーの醍醐味である「ボールを持って走る」ことを生徒全員に味わわせた。次に，チームスポーツとしての楽しさにふれてもらうためにルールを発展させ，その都度ルールに応じた作戦を考えさせようと試みた。ボールゲームの授業では，往々にして教師が作戦を考えさせようとするあまりに，生徒が「お仕事」として作戦を練っている場面に遭遇する。本実践では，そのことに留意しながらルール変更の要点を強調し，作戦を考えるための視点を提示したことで多くの生徒が必然性をもって作戦を考えていたように感じた。このように運動の苦手な生徒も含めて戦術的な楽しさを追究しやすいのも，「ボールを持って走る」というタグラグビーの攻撃面での技術的な易しさがあるからこそであろう。

【さらに学習を深めるために】

(公財)日本ラグビーフットボール協会編，鈴木秀人著『だれでもできるタグラグビー』小学館，2011年
　小学生への指導を念頭に置いて書かれた書籍ではあるが，タグラグビーを実践する価値，タグラグビーの授業展開例，研究成果などが豊富に紹介されており，中学校で実践する際にも参考になる。

10. 特別に支援を必要とする生徒の授業づくりを考える

知的障害特別支援学校におけるリズムダンスの実践例
清野宏樹
(北海道釧路養護学校における実践)

■ 生徒と運動とのかかわり

　本校中学部の保健体育科は，1～3年生まで生徒の理解力の実態に応じて，「ルールグループ」と「元気グループ」の2グループで構成し，体育の授業は，週1回(45分×2)で行っている。保健に関する内容は，生活単元学習(教科・領域を合わせた指導)で行うように計画されている。

　本稿は，「ルールグループ」の授業における実践である。特別支援学校はどの授業もティーム・ティーチングで行うことを基本としているため，何名かの個別の配慮を必要とする生徒には特定の教師がついて指導や支援を行っている。「ルールグループ」の生徒数は，26名(男子21名，女子5名)である。男女共習で行い，授業は，主担当の教師(以下MT)1名と副担当の教師(以下ST)6名が担当している。生徒の発達年齢は2歳前後から7歳程度と推定される。知的障害を主な診断とし，自閉症，ADHD，学習障害，広汎性発達障害，ダウン症等がある。学習の進度には個人差があるものの，視覚的にわかりやすい手順表や学習資料などを使用することで，学習活動に一人ひとりが取り組みやすくなるよう工夫している。

　(社)日本知的障害福祉連盟(2001)による小規模授産・更生施設に対して行ったスポーツに関するアンケート調査結果によると，指導者がいない，場所がない，方法がわからない等の理由により，これらの施設においてはスポーツに親しむことができないという回答が多い。また，知的障害特別支援学校における肥満頻度に関する実態調査では，知的障害児は健常児に比べ肥満になりやすいという結果も指摘されている。しかし，本校の生徒は，運動が好きな生徒が多い。休み時間にはからだを動かして遊ぶことが多く，生徒は活動的である。体育館では，サッカーのパスやバスケットボールのシュート，バランスボール遊びをする生徒が多い。教室では，ダンスのDVDを見て踊ったり，カルタとりをしたり，パズルや絵を描いたりなどして遊ぶ生徒の姿も見られる。

　これまでに保健体育科では，主に集合・整列や各種体操，運動会に向けての取り組み，陸上競技(主に徒競走)，水泳(ビート板泳ぎやクロール)，球技(ボッチャやドッヂビー)などを通し，今もっている力でどの子も取り組める運動を選んで授業を行ってきた。

体つくり運動として,「ランニング」や「ウォーキング」を行うために2グループを編成している。それにより, 生徒たちは, ランニングやウォーキングに週に4～5回取り組んでいるが, 主に「ランニング」グループで取り組む生徒が多い。実態としては非常に高い運動能力で周回を重ねる生徒, 教師と一緒に決められた回数をゆっくり着実にまわる生徒, 目標回数をめざして教師と休憩をとりながら一緒に取り組む生徒, 走ることの前段階である歩くことからその日の状況に応じて取り組む生徒など, さまざまである。

　ダンスの領域では, 昨年度の体育授業で,「簡単なフォークダンス」や「民謡」を踊っている。そこで, 今年度は, 踊りの動きのバリエーションを増やし, リズミカルでスピード感のある音楽を使用し,「リズムダンス」に取り組むこととした。

■ 生徒が今もっている力を出すことによって, 楽しめる授業づくり

　ダンスの領域の中でも, 今回の単元は,「表現系ダンス」や「フォークダンス」ではなく, リズムに乗って楽しく踊りやすいものと考え, リズムダンスを取り上げた。生徒たちの全般的な発達や障害特性から, 日頃の学習活動を見ると容易に取り組めるのではないかと考えられたからである。

　リズムダンスでは,「今もっている力を存分に発揮して, 楽しく踊る」ことを大前提として,「歩く」「走る」「はずむ」「跳ぶ」「振る」といった動きをリズムに乗って, 教師自身も元気に踊ったりかけ声を交えたりすることで, 何よりも生徒たちが音楽を感じて, 楽しく踊れるように心がけて実践した。そうした中で, 生徒たちにとって「なじみのある動きの反復」をすることによって, 徐々に回数を重ね, 音楽に合わせて「歩く」「腕を広げて拍手」「よこステップ」「足上げ」「かかとタッチ」「キック」といったいろいろな動きを加えていくと, リズムダンスの学びが深まり, 自ら全身を使い, リズムに乗って夢中になって踊ると考えた。

　リズムダンスの学習では, 音楽に乗ってリズミカルにからだを動かすことの楽しさに引き込まれていくことを想定して, 生徒たちが今もっている力で容易に取り組むことのできる動きを提示し, そして少しずついろいろな動きを示していくことが望ましい。なぜなら, 今もっている力を存分に発揮することによって楽しんで踊ることができ, ダンスの魅力に生徒が自ずと取りつかれて夢中になって行うことにより, 結果として全身で運動を行い, びっしょり汗をかいて, 機能訓練やリハビリテーションとしての効果も期待できると考えるからである。

また，生徒たちにとって，高すぎる技能を求めたり，複雑な動きを初めから行わせようとしたりすることは，運動嫌いや苦手意識を助長しかねないため，とくに障害をも含め個人差のある知的障害特別支援学校では運動全般においても注意しなくてはならない。そこで，生徒たちにとって，「今もっている力で安心して行う」（＝「なじみのある動き」から実践する）ことよって，「できる」「十分に行える」ことの喜びを，体全体で動いたり表現したりして，自ら感じとって欲しいと考えた。

■ 生徒たちの実態に沿った単元計画

図表4-23　リズムダンスの単元計画

時	1	2	3	4	5	6
学習内容	・オリエンテーション	・ねらい①：今もっている力で楽しく踊ろう！（「なじみのある動き」で踊ろう！）				
			・ねらい②：いろいろな動きに挑戦して楽しく踊ろう！（「怪獣ルーティンに挑戦だ！」）			
						・発表会

　本単元では，生徒たちが毎時間リズムダンスを踊る楽しさを味わい，その喜びを体感できるように，ねらい①は，なじみのある動きを反復することによって音楽に乗って踊ることを意図して「今もっている力を出して，楽しく踊ろう！」と設定した。ねらい②では，ねらい①で学習したリズムダンスのなじみのある動きを反復することによって表現された生徒たちの動きの深まりから，自から踊ったり，アレンジして踊ったりといった場面や連続技をルーティンとして行ったりといった挑戦課題を設定し，踊ることを意図した。そして，最終日には発表会を行い，生徒たちが思う存分に体を動かし表現できるようにした。

　なお，実際の授業においては，次ページの写真のような「集合・整列うちわ」や「スケジュールカード」や「動きの手順表」などによって，生徒たちの授業での学びを支援した。

集合・整列うちわ

スケジュールカード

　授業前に教師の「集合」の号令で一気にうちわの順番に各学年で集合・整列することができる。教師の言葉だけでは，理解しづらい生徒でも，うちわの数字を見れば，その順番に並ぶことができる。

　授業の導入で本日の学習内容を伝えるときに，教師の言葉とともに簡単なイラストと平仮名で項目を書いたものを示すと，ひとつ学習が終わり次第順番にはずしていくことによって，次に行う学習項目やあとどれだけの学習が残っているのか生徒自身で確認し，把握しやすくなる。

動きの手順表

　動きの見本が写真と平仮名の文字で書かれている。
　教師が動きの見本を示さなくても，生徒が動きを忘れたら，カードを見ることによって動くことができる。

■ 授業の実際

(1) 第1時の活動：オリエンテーション

　最初に，音楽に合わせて教師自身がリズムダンスを踊って見せることから始めた。生徒や教師たちから「すごーい」という歓声があがり，場が盛り上がる。その後，まずは音楽なしで，なじみのある動きを一つひとつゆっくりと確認していった。体を動かすことが好きな生徒は，初めから自分なりのアレンジを加えて楽しそうに踊っていた。ボディイメージが難しい生徒も見よう見まねで体を一生懸命に動かしていた。その後，音楽をかけて実際に同じ動きを行っていった。リズムダンスの音楽が心地よい様子で，それぞれに笑顔を垣間見せながら取り組んでいた。

(2) 第2時の活動：リズムに乗ってなじみのある動きを楽しもう！

　リズムダンスの楽しさを体感するために，なじみのある動きを簡単に確認し，さっそく音楽に合わせて踊ることにした。生徒は上手に教師の手本を真似していきいきと取り組んでいた。授業後に，心地よい疲労感と達成感に満ちていた様子だった。

(3) 第3時の活動：怪獣ルーティンに挑戦だ！

　音楽に合わせて踊った。その後，本日のメインであるオリジナル「怪獣ルーティン」が山場として登場。最初は，動きや声も小さかったが，教師のユーモアを交えたかけ声に合わせていくうちに，次第に生徒の動きや声も大きくなり，会場全体も盛り上がっていった。指名されて前に出てくる生徒も自信をもって，からだ全体を使って「怪獣」になりきって表現していた。何度も繰り返し行っているうちに，生徒も怪獣になりきって「うぉー」や「がぁー」など声や動きに変化が生じていった。

　生徒だけではなく，教師も指名し，ステージで行うように促して踊ってもらうと独自のパフォーマンスを行ってくれた。すると，生徒たちからも笑顔が生まれ，自信をもって踊る様子へとさらに変わっていった。

「怪獣ルーティン」(連続動作)

怪獣になりきって，①頭をぽんぽんたたいて，②お尻をぽんぽんたたいて，③小さくなって，④大きな声で「うぉー」とほえながら同時にジャンプして体も大きく使って手と脚を広げてポーズする。

(4) 第4時の活動：なじみのある動きの確認＆怪獣ルーティンを思い出してみよう！

　学習発表会の特別時間割が入り，約1ヵ月ぶりの体育授業になった。生徒はそれぞれになじみのある動きを覚えていたので，細かい技術指導よりからだを大きく動かし，気持ちも体も思いっきり解放して動いてみることを意図して行った。生徒も実に伸び伸びと踊っていた。

(5) 第5時の活動：発表会に向けて練習だ！

　ウォーミングアップで，音楽に合わせてこれまで行ってきたなじみのある動きを一通り行う。その後，最終日のステージ発表に向けて，各学年の小グループに分かれてステージ練習を行う。最初は，表情や動きに硬さを感じたが，教師と対面で声をかけ合い動いているうちに，次第にリラックスした様子に変化していった。各グループが終了するごとに観覧する生徒や先生方から拍手や言葉をかけてもらう場面も生まれ，照れながらも充実した様子で終えることができた。

教師と一緒に踊る様子

発表会に備えてステージ練習

ステージ発表で，怪獣になりきってジャンプして踊る様子

終了後各グループで記念撮影

(6)第6時の活動：いよいよ発表会だ！

　本時は，単元のまとめとして，各グループがステージに上がって行った。気持ちや動きにも余裕をもって行っているようであった。変化のある動きにも戸惑うことなく対応し，生徒たちも楽しんで踊ることができていた。最後は，各グループがステージ上の中央に集まり，全員がすてきな笑顔や満足感を感じた様子で写真撮影をすることができた。

■ 実践を振り返って

　単元全体を通して，生徒たちがリズムに乗って自分なりに体を動かし，徐々にさまざまな動きに挑戦して楽しめる学習活動を心がけ，工夫をした。
　はじめの段階では，音楽なしで，教師の見本に合わせてなじみのある動きを行い，その際には，その子なりに模倣できるようにゆっくりと言葉を添えて行った。その後，同じ動きで音楽や教師のかけ声やユーモアに合わせながらそれぞれに楽しく踊れるようにしていった。徐々に，各学年で並ぶことや生徒同士でぶつからないように互いに適度な距離感を保って行うなどマナーの確認も，自主的に行うように促していった。

計6時間の単元計画の中盤に位置する第3時の活動では，気持ちや体全体で，誰もが容易に行える表現運動をめざして一人ひとりが怪獣になりきって大きな声で「うぁー」や「がおー」と叫んで「怪獣ルーティン」を行った。当初は，動きが小さかったり，恥ずかしがったりして声をあまり出せない生徒もいたが，MTやSTが堂々と怪獣になりきって，声を出して動く見本を見ることにより，生徒たちの動きもそれぞれの怪獣の表現に変化していった。「歩く」「走る」「はずむ」「跳ぶ」「振る」といったなじみのある動きでリズムに乗って踊り，怪獣ルーティンの連続動作なども入ることによって生徒たちの動きも大きくなり，会場いっぱいに声が響き渡って笑顔で活動する余裕も生まれた。

　単元のまとめとなる最終日は，各グループのステージ発表だからといって過剰な言葉がけをしたり特別なことをしているという雰囲気は出さずに，普段の学習通り行えるように心がけた。また，単元の途中で，学習発表会の特別日課が始まったが，リズムダンスの学習場面を発表会に使用してみてはどうかという教師からの意見が出て，1学年の学習発表会にも一場面として使用した。リズムダンスを披露した生徒たちは自信満々でたくさんの観客や保護者の前でステージ発表をし，自信を深めた様子も見ることができた。

　これからも，生徒たちが今もっている力で楽しみながら，体を動かすことで自信を深め，さまざま場面で積極的な活動ができるような，夢中になれる体育の授業づくりを行っていきたい。

【さらに学習を深めるために】

押領司なおみ，島田左一郎「今もっている力で踊ることから始まるダンスの授業づくりを考える」鈴木秀人ほか編著『第五版　小学校の体育授業づくり入門』学文社，2018年，pp.285-294
　今もっている力で踊るというコンセプトのもと，小学校における模倣表現運動とリズムダンスの実践例が詳しく紹介されている。

島田左一郎「ダンス領域内での選択制の学習（リズムダンスと創作ダンスの選択学習）」全国体育学習研究会編『「楽しい体育」の豊かな可能性を拓く』明和出版，2008年，pp.200-203
　中学生を対象に，リズムダンスと創作ダンスの実践が報告されている。それぞれのダンスの特性のとらえ方について有益な示唆を得ることができる。

11. 保健の授業づくりを考える

保健の実践例

佐見由紀子
（東京学芸大学附属小金井中学校における実践）

■ 生徒にとって学びがいのある保健の授業を

「雨降り保健」と呼ばれるように，十分に保健の授業が実践されていなかったり，教科書に準拠したワークシートの穴埋めに終始するような授業が実践されたりしている現状がいまだにある。保健体育科の教員志望の学生に，過去に受けた保健授業の形態を問うと，9割の学生が「教科書を読み，簡単な説明を受ける」「テストの前だけ，ワークブックの穴埋めを覚える」ものであったと答える。その結果，保健の授業は「つまらない」「保健より体育が好き」「授業で学ばなくても自然に身につく内容である」というイメージが出来上がってしまっている。

しかし，実際に，おもしろい保健の授業実践や考えさせられる授業実践に触れるうちに，学生たちは，「保健の内容は実はおもしろい」「保健の内容は生活に役立つ」「自分もこんな保健の授業を受けたかった」「これからは保健の教材研究をしっかり行いたい」「生徒に考えさせる授業をしたい」と考えるようになる。

生徒たちが「おもしろい」「自分の役に立つ」「もっと学びたい」と思えるような保健の授業をつくっていくためには，教師自身もさまざまなおもしろい素材や過去のすぐれた実践に出会い，教材研究がおもしろいと実感することが大切である。

では，どのように教材研究を行えば，教師自身もおもしろさが実感でき，生徒に役立つ保健の授業をつくっていくことができるのだろうか？

■ おもしろくて役に立つ保健の授業をどのようにつくっていくか？

(1) 1時間の授業で押さえるべきキーワードをひとつに絞り込む

時々，参観する保健の授業の中には，1時間の授業に重要であると思われる項目が数多くでてくるものがある。結果，一つひとつの内容理解が不十分となるばかりか，生徒は最終的に何が一番大事だったのかわからず，印象や記憶に残らずに終わってしまう。そうならないためには，1時間で取り上げる内容を絞り込みたい。絞り込むための作業として，次の3つが考えられる。

① 学習指導要領では，その1時間が全体の中のどのような位置づけにあるのか。あるいは，内容の全体構成を自分はどう考え，その1時間をどう位置づけるか。

② 教科書を読み，太字の部分を知り，その内容を調べてみる。調べる中で，広がりや深まりの期待できるキーワードをひとつ選び出す。

②からスタートするか，あるいは，③からスタートさせてもよい。

③ 現代的なニュースやさまざまな資料からキーワードを引き出し，それを教科書や学習指導要領の内容と結びつけて考えてみる。

このように，キーワードを絞り込んだ後に，そのキーワードがなぜ重要であると思うのか，そのキーワードを学ぶことは生徒にとってどのような価値があるのか，そのキーワードを学ぶことによって生徒にどのような影響を与え，どのような変容が期待できるのかを吟味したい。

キーワードの絞り込みと吟味の後に，いよいよ教材研究をスタートする。

(2) 教材研究～キーワードに関するおもしろい素材，より深く理解できる素材を探す

ひとつの授業を作る際，内容に関連する本を10冊は読みたい。しかし，なかなか時間がとれない場合，10冊とは決めず，「おもしろいと思える素材に出会えるまで読む」と決めてもよい。初めて知る内容や，これはなぜだろう？とか，本当なのか？と思える内容，びっくりする内容，感動する内容などに出会えるまで探したい。

また，本だけでなく，テレビの健康番組や，健康に関わるDVD，映画，健康雑誌，さまざまな健康に関わる展示・資料のある施設，専門家に問い合わせるなど，日ごろからアンテナを張って，さまざまな材料を情報収集しておきたい。

(3) 保健におけるおもしろい教材とは？

私のこれまでの経験から，保健の授業で生徒の興味関心を引き，心を揺さぶることのできる教材としては，次のようなものが考えられる。

① 見えない体の中を見えるようにする教材

・ビデオ，図，写真を活用して，リアルに体のしくみや働きが見えるようにすること。見えることで，体への興味がわき，体の巧みさを知り，感動が得られる。

② 子どもたちの考えや意見のアンケート結果

・生徒は，クラスメートはどう考えているか？どんな生活をしているか？など，仲間の考えにとても興味がある。しかし，授業の中ではなかなか意見を発表できない生徒も多い。そこで，意見を出しやすくするきっかけづくりとしても活用したい。

・結果から，自分だけじゃなかった，自分とは異なるこんな考えもあるのか，などさまざまな考えに触発されることが多い。また，一見，身近ではないテーマについても，アンケート結果を通して，一気に身近なテーマと感じられるようになる。

③ 生きている人の生活，生の声がわかる教材
・さまざまな病気や事故などについて取り上げる際，その病気や事故などの実体験，事例，体験者の手記などを取り上げ，苦しみや困難をどう受け入れたか，どう乗り越えたかを実感してもらうようにする。つまり，病気そのものを教えるのではなく，病気とともに生きるその人の「生き方」を教えるようにする。そのことで，生徒たちは，自分が同じ病気にかかっていなくても，今，自分が抱えている困難や課題に照らし合わせて，共通点を見出したり，これからの解決のヒントを見出したりすることができる。

(4) 指導案の形になった過去の実践例を探そう
・授業の構成を考える時，たくさんの引き出しがあったほうがよい。とくに，ひとつの授業の流れをつくっていくためには，指導案の形式になったものにたくさん触れることが重要である。全体構想が見えてくると授業の流れを作っていきやすい。
・『体育科教育』『学校体育』『健康教室』『健』など，保健学習，保健指導の実践例が紹介されている雑誌のバックナンバーを見て，教材や，発問，全体の流れをつかむようにする。

(5) まず，授業のヤマ場を考えよう
・その授業の一番大事な部分は，どのような発問をして何を考えさせたいのか？また，どのような活動をしてどのようなことを気づかせたいのか？を考える。
・導入から順に授業を考えていく場合もあるが，その場合，導入が一番のヤマ場となり，その後が変化やおもしろみのない授業になってしまうことも多いので，一番中心となる学習活動・場面をまずイメージし，それを中心にすえて，その前後を考えていくことを勧める。

(6) 次に導入を考えよう〜ヤマ場につながるための入り口
・ヤマ場でどのような活動を取り入れるかが決まったら，そのヤマ場につながるための導入を考える。導入は，ヤマ場での活動を学ぶ意義を感じさせるようなものである。インパクトが重要であるが，単なるインパクトのみをねらったものであると，後の内容につながらない。ヤマ場はもちろん，最後のまとめまでつながるように工夫したい。

(7) 最後に，その授業のオチを考えよう
・ヤマ場で気づいたこと，考えたことについて，解説したり，補足したり，あるいは逆に揺るがすことで，さらに考えさせるような「資料」を使って，納得につなげた

い。ヤマ場の活動で，生徒が一生懸命考えたことや気づいたことについて，教師が正解を言うスタイルで進めると，教室はしらけた雰囲気になり，生徒は自ら考えようとすることをやめてしまうことがある。
・最終的に，一番気づいてほしいこと，学んでほしいことを教師が言わずに生徒が発言するように，教材を準備し，授業を組み立てていきたい。

■ 実際の授業実践例
(1) 生徒がイメージする保健の内容といえば…？

保健の授業内容として，生徒が最初に思い浮かべるのは，性の内容であることが多い。中学1年生の最初の授業では，にやにやして「思春期の体の変化」のページを開いている生徒や，「今日はエッチな話をするの？」と聞く生徒，恥ずかしそうに下を向いている生徒，不安そうな表情の生徒など，性の学習を意識した反応が見られる。

そこで，中学校で学ぶ保健の授業の第1回目には，このイメージを変え，「なんだかおもしろそうだ」「役立ちそうだ」「今の自分のことをじっくり考えられそうだ」と思えるようにしたいと考えた。つまり，保健を学ぶ意義のほんの一端でも感じてもらえるようしたいと考えて，さまざまな実践を試みてきた。

保健を学ぶ意義は，次の3つであると考えられる。①今の自分に役立つ〜今の自分自身に気づく，今の自分の生活に気づくことができる。②これからの自分に役立つ〜これから起こりうる健康問題を想定できる，健康問題を解決する方法や解決するための考え方がわかる。③ ①と②を通して，自分を受け入れ，自信をもち，明るい展望がもてる。

これらの3つの意義を感じられるスタートとして考えたのが，以下の「胎児は子宮の主人公」の実践である。

(2) 授業の実際〜「胎児は子宮の主人公」
1) 本時のねらい
①胎児は母親の胎内で，おしっこをして羊水を浄化したり，呼吸の練習をしたり，陣痛を自分で起こしたりしており，自立していることを知る。
②へその緒を流れる血は，胎児の血であることを理解する。また，胎盤の中で母と胎児の血は交じり合うことなく，巧みに栄養や酸素をやりとりしていることを知る。

2) 本時の展開

	学習活動	教師の支援・留意点
導入	1. これはなんだろう？と考える。 針の穴が開いた紙を受け取る。 　⇒命の始まり：受精卵の大きさであることを知る。	・小さな紙片に針で1ミリの穴をあけ，全員に配布する。 ・生徒の反応を見ながら，これはなんだろう？みなさんと関係あります。みなさんのルーツです。などのヒントをだす。
展開	2-1. 胎児はどこから栄養を得ているかを考える。 　⇒へその緒と胎盤 2-2. へその緒と胎盤を通して栄養を得ているが，胎児は母体内でうんちやおしっこをしているのかを考える。 ① どちらもしている ② ウンチだけしている ③ おしっこだけしている ④ どちらもしていない 　⇒議論が落ち着いたら，DVD1を見て，答えを知る。また，胎児が呼吸の練習をしている映像も見る。 3. へその緒を流れる血は誰の血か？ ① お母さんの血 ② 胎児の血 ③ 共有している ④ その他 　⇒議論が一通り集約できたら，DVD2を見て，答えを知る。 4. もう生まれるよの合図(陣痛)は誰が出しているか？ ① お母さん ② 胎児 ③ 二人 　⇒ DVD1を見て答えを知る ＊このように，生まれるためのさまざま準備を自分でしている胎児は，過去の自分たち自身であることに気づく。	＊子宮内の胎盤，へその緒，胎児の図を黒板に貼る。 ・①～④の選択肢のどれだと思うか予想し，そのように予想した理由をノートに記入させる。その後，どれに何人が予想したか，挙手させた後に，そう考えた理由を発表させる。 ・机間指導の際，どの生徒がどのような予想をし，理由を記入しているかをメモし，発表しない場合は，指名する。 ・ここがメインの内容である。 ・2. と同様にノートに記入，予想を挙手，意見を発表の後に，他の意見を聞いての質問や反論の時間をもつ。 ・できるだけ自分から発表できるよう促し，待つ。指名すると，指名されないと発表しない雰囲気になってしまう。 ＊DVDの内容を，胎盤の模式図を使って再度，解説を行う。 ・ここまでくると，ほとんどの生徒が予想として②の胎児を選ぶようになる。意見交換の時間はあまりとらずに，ＤＶＤを視聴する。 ＊胎児の姿と自分たちの姿を照らし合わせられるよう気づきを促す。

	5. 教師の出産・育児の経験から，胎児や乳児の頃の成長について知る。	・みんなの中に，生きようとする強い生命力があること，自分にぴったりな成長の時期も自分で決めてきていることなど，育児中のエピソードをまじえて気づいたことや学んだことを紹介する。 ＊保健の内容には，生徒たちへの励ましのメッセージがこめられていることを伝えたい。
まとめ	6. 授業の感想をまとめる。	・自由に記入してもらうことで，それぞれの生徒が素直に感じたことを把握する。

(3) 本時の評価

① 胎児は母親の胎内で，おしっこをして羊水を浄化したり，呼吸の練習をしたり，陣痛を自分で起こしたりしており，自立していることについて，理解できたか。
　⇒・自分で予想を立て，意見を書いたり発表したりすることができたか。

② へその緒を流れる血は，胎児の血であることを討論を通して理解できたか。また，胎盤の中で母と胎児の血は交じり合うことなく，巧みに栄養や酸素をやりとりしていることを知ることができたか。
　⇒・自分で予想を立て，意見を書いたり発表したりできたか。
　　・他者の意見を聞いて，自分の考えとの共通点や違いに気づいたり，反論したりすることができたか。
　　・DVDを通して，へその緒と胎盤のしくみや問いの答えを理解できたか。

(4) 資料

① DVD1：医学映像教育センター「わたしたちのからだと健康 Vol.4 妊娠・出産と健康生命の誕生からバースコントロールまで」

② DVD2：NHKスペシャル「驚異の小宇宙　人体　1. 生命誕生」
チャプター11.「胎盤」

■ さまざまな角度から自分を見つめるために

(1) 身近ではない内容を通して客観的に見える自分

　この授業を受けた生徒の感想には，次のようなものがある。「胎児はすごい。なんでも自分で考え，自分で実践している。今の自分はどうだろう。なんでも親にやってもらうのが当たり前で，そして親に文句を言っている。生まれ出る前の胎児時代から後

退している。このままではいけないと思った。」「先生は，この自立した胎児は，みなさん自身です，と言っていた。つまり，私にも，こんな風に自分で考え，なんでもやれる力が備わっている気がして，ちょっとやる気がでてきた。」

　今の自分自身に身近である内容は，生徒にとってもちろん興味深い。しかし，自分とは関係がないと思えるような少し遠い存在の人，もの，出来事に触れることによって，客観的に自分自身を見ることができたり，新たな自分自身に出会えたりすることもある。つまり，身近な内容を取り上げることと，身近ではない内容でも自分とのつながりを感じられるように取り上げることの両面が，保健の授業では必要なのではないかと考えている。

(2) 考えに値する発問を準備すること

　この授業のおもしろさは，発問のおもしろさにある。意見が対立し，本当に考えたいと生徒が思えるような発問を提示し，時間をかけて意見交換をし，本気で考えることで，上記のような生徒の気づきが生まれている。これらの発問は，過去に保健の研究者，実践者たちによって作成され，実践され，吟味され，公表されてきたものを参考にしている。

　このような過去のすぐれた実践を参考にして，生徒たちが真剣に考え，議論できるような発問をすることで，生徒は，さまざまな健康課題を自ら解決していく力を身に付けていくことができると考えられる。

【さらに学びを深めるために】
　この授業の発問と授業展開は，多くを(1)から引用している。(2)は(1)の改訂版であるが，新たに書き下ろした内容も含まれているため，また，一つひとつの発問についての詳しい解説は，(3)も参照されたい。
(1) 保健教材研究会編『続「授業書」方式による保健の授業』大修館書店，1991年
(2) 保健教材研究会編『最新「授業書」方式による保健の授業』大修館書店，2004年
(3) 数見隆生・友定保博・住田実『新保健学習のとびら1―授業の役に立つ話』日本書籍，1994年

参考資料

中学校学習指導要領(平成29年告示)(抄)

文部科学省　2017年3月

第1章　総則
第1　中学校教育の基本と教育課程の役割
1，2 (1) (2) (略)
(3) 学校における体育・健康に関する指導を，生徒の発達の段階を考慮して，学校の教育活動全体を通じて適切に行うことにより，健康で安全な生活と豊かなスポーツライフの実現を目指した教育の充実に努めること。特に，学校における食育の推進並びに体力の向上に関する指導，安全に関する指導及び心身の健康の保持増進に関する指導については，保健体育科，技術・家庭科及び特別活動の時間はもとより，各教科，道徳科及び総合的な学習の時間などにおいてもそれぞれの特質に応じて適切に行うよう努めること。また，それらの指導を通して，家庭や地域社会との連携を図りながら，日常生活において適切な体育・健康に関する活動の実践を促し，生涯を通じて健康・安全で活力ある生活を送るための基礎が培われるよう配慮すること。
(以下略)

第2章　各教科　（略）
第7節　保健体育
第1　目　標
　体育や保健の見方・考え方を働かせ，課題を発見し，合理的な解決に向けた学習過程を通して，心と体を一体として捉え，生涯にわたって心身の健康を保持増進し豊かなスポーツライフを実現するための資質・能力を次のとおり育成することを目指す。
(1) 各種の運動の特性に応じた技能等及び個人生活における健康・安全について理解するとともに，基本的な技能を身に付けるようにする。
(2) 運動や健康についての自他の課題を発見し，合理的な解決に向けて思考し判断するとともに，他者に伝える力を養う。
(3) 生涯にわたって運動に親しむとともに健康の保持増進と体力の向上を目指し，明るく豊かな生活を営む態度を養う。

第2　各学年の目標及び内容
〔体育分野　第1学年及び第2学年〕
1　目　標
(1) 運動の合理的な実践を通して，運動の楽しさや喜びを味わい，運動を豊かに実践することができるようにするため，運動，体力の必要性について理解するとともに，基本的な技能を身に付けるようにする。
(2) 運動についての自己の課題を発見し，合理的な解決に向けて思考し判断するとともに，自己や仲間の考えたことを他者に伝える力を養う。
(3) 運動における競争や協働の経験を通して，公正に取り組む，互いに協力する，自己の役割を果たす，一人一人の違いを認めようとするなどの意欲を育てるとともに，健康・安全に留意し，自己の最善を尽くして運動をする態度を養う。

2　内　容
　A　体つくり運動
　体つくり運動について，次の事項を身に付けることができるよう指導する。
(1) 次の運動を通して，体を動かす楽しさや心地よさを味わい，体つくり運動の意義と行い方，体の動きを高める方法などを理解し，目的に適した運動を身に付け，組み合わせること。
　ア　体ほぐしの運動では，手軽な運動を行い，心と体との関係や心身の状態に気付き，仲間と積極的に関わり合うこと。
　イ　体の動きを高める運動では，ねらいに応じて，体の柔らかさ，巧みな動き，力強い動き，動きを持続する能力を高めるための運動を行うとともに，それらを組み合わせること。
(2) 自己の課題を発見し，合理的な解決に向けて運動の取り組み方を工夫するとともに，自己や仲間の考えたことを他者に伝えること。
(3) 体つくり運動に積極的に取り組むとともに，仲間の学習を援助しようとすること，一人一人の違いに応じた動きなどを認めようとすること，話合いに参加しようとすることなどや，健康・安全に気を配ること。

　B　器械運動
　器械運動について，次の事項を身に付けることができるよう指導する。
(1) 次の運動について，技ができる楽しさや喜びを味わい，器械運動の特性や成り立ち，技の名称や行い方，その運動に関連して高まる体力などを理解するとともに，技をよりよく行うこと。
　ア　マット運動では，回転系や巧技系の基本的

な技を滑らかに行うこと，条件を変えた技や発展技を行うこと及びそれらを組み合わせること。
イ　鉄棒運動では，支持系や懸垂系の基本的な技を滑らかに行うこと，条件を変えた技や発展技を行うこと及びそれらを組み合わせること。
ウ　平均台運動では，体操系やバランス系の基本的な技を滑らかに行うこと，条件を変えた技や発展技を行うこと及びそれらを組み合わせること。
エ　跳び箱運動では，切り返し系や回転系の基本的な技を滑らかに行うこと，条件を変えた技や発展技を行うこと。
(2) 技などの自己の課題を発見し，合理的な解決に向けて運動の取り組み方を工夫するとともに，自己の考えたことを他者に伝えること。
(3) 器械運動に積極的に取り組むとともに，よい演技を認めようとすること，仲間の学習を援助しようとすること，一人一人の違いに応じた課題や挑戦を認めようとすることなどや，健康・安全に気を配ること。

C　陸上競技
陸上競技について，次の事項を身に付けることができるよう指導する。
(1) 次の運動について，記録の向上や競争の楽しさや喜びを味わい，陸上競技の特性や成り立ち，技術の名称や行い方，その運動に関連して高まる体力などを理解するとともに，基本的な動きや効率のよい動きを身に付けること。
ア　短距離走・リレーでは，滑らかな動きで速く走ることやバトンの受渡しでタイミングを合わせること，長距離走では，ペースを守って走ること，ハードル走では，リズミカルな走りから滑らかにハードルを越すこと。
イ　走り幅跳びでは，スピードに乗った助走から素早く踏み切って跳ぶこと，走り高跳びでは，リズミカルな助走から力強く踏み切って大きな動作で跳ぶこと。
(2) 動きなどの自己の課題を発見し，合理的な解決に向けて運動の取り組み方を工夫するとともに，自己の考えたことを他者に伝えること。
(3) 陸上競技に積極的に取り組むとともに，勝敗などを認め，ルールやマナーを守ろうとすること，分担した役割を果たそうとすること，一人一人の違いに応じた課題や挑戦を認めようとすることなどや，健康・安全に気を配ること。

D　水泳
水泳について，次の事項を身に付けることができるよう指導する。
(1) 次の運動について，記録の向上や競争の楽しさや喜びを味わい，水泳の特性や成り立ち，技術の名称や行い方，その運動に関連して高まる体力などを理解するとともに，泳法を身に付けること。
ア　クロールでは，手と足の動き，呼吸のバランスをとり速く泳ぐこと。
イ　平泳ぎでは，手と足の動き，呼吸のバランスをとり長く泳ぐこと。
ウ　背泳ぎでは，手と足の動き，呼吸のバランスをとり泳ぐこと。
エ　バタフライでは，手と足の動き，呼吸のバランスをとり泳ぐこと。
(2) 泳法などの自己の課題を発見し，合理的な解決に向けて運動の取り組み方を工夫するとともに，自己の考えたことを他者に伝えること。
(3) 水泳に積極的に取り組むとともに，勝敗などを認め，ルールやマナーを守ろうとすること，分担した役割を果たそうとすること，一人一人の違いに応じた課題や挑戦を認めようとすることなどや，水泳の事故防止に関する心得を遵守するなど健康・安全に気を配ること。

E　球技
球技について，次の事項を身に付けることができるよう指導する。
(1) 次の運動について，勝敗を競う楽しさや喜びを味わい，球技の特性や成り立ち，技術の名称や行い方，その運動に関連して高まる体力などを理解するとともに，基本的な技能や仲間と連携した動きでゲームを展開すること。
ア　ゴール型では，ボール操作と空間に走り込むなどの動きによってゴール前での攻防をすること。
イ　ネット型では，ボールや用具の操作と定位置に戻るなどの動きによって空いた場所をめぐる攻防をすること。
ウ　ベースボール型では，基本的なバット操作と走塁での攻撃，ボール操作と定位置での守備などによって攻防をすること。
(2) 攻防などの自己の課題を発見し，合理的な解決に向けて運動の取り組み方を工夫するとともに，自己や仲間の考えたことを他者に伝えること。
(3) 球技に積極的に取り組むとともに，フェアなプレイを守ろうとすること，作戦などについての話合いに参加しようとすること，一人一人の違いに応じたプレイなどを認めようとすること，仲間の学習を援助しようとすることなどや，健

康・安全に気を配ること。
　F　武道
　　武道について，次の事項を身に付けることができるよう指導する。
(1) 次の運動について，技ができる楽しさや喜びを味わい，武道の特性や成り立ち，伝統的な考え方，技の名称や行い方，その運動に関連して高まる体力などを理解するとともに，基本動作や基本となる技を用いて簡易な攻防を展開すること。
　ア　柔道では，相手の動きに応じた基本動作や基本となる技を用いて，投げたり抑えたりするなどの簡易な攻防をすること。
　イ　剣道では，相手の動きに応じた基本動作や基本となる技を用いて，打ったり受けたりするなどの簡易な攻防をすること。
　ウ　相撲では，相手の動きに応じた基本動作や基本となる技を用いて，押したり寄ったりするなどの簡易な攻防をすること。
(2) 攻防などの自己の課題を発見し，合理的な解決に向けて運動の取り組み方を工夫するとともに，自己の考えたことを他者に伝えること。
(3) 武道に積極的に取り組むとともに，相手を尊重し，伝統的な行動の仕方を守ろうとすること，分担した役割を果たそうとすること，一人一人の違いに応じた課題や挑戦を認めようとすることなどや，禁じ技を用いないなど健康・安全に気を配ること。
　G　ダンス
　　ダンスについて，次の事項を身に付けることができるよう指導する。
(1) 次の運動について，感じを込めて踊ったりみんなで踊ったりする楽しさや喜びを味わい，ダンスの特性や由来，表現の仕方，その運動に関連して高まる体力などを理解するとともに，イメージを捉えた表現や踊りを通した交流をすること。
　ア　創作ダンスでは，多様なテーマから表したいイメージを捉え，動きに変化を付けて即興的に表現したり，変化のあるひとまとまりの表現にしたりして踊ること。
　イ　フォークダンスでは，日本の民踊や外国の踊りから，それらの踊り方の特徴を捉え，音楽に合わせて特徴的なステップや動きで踊ること。
　ウ　現代的なリズムのダンスでは，リズムの特徴を捉え，変化のある動きを組み合わせて，リズムに乗って全身で踊ること。
(2) 表現などの自己の課題を発見し，合理的な解決に向けて運動の取り組み方を工夫するとともに，自己や仲間の考えたことを他者に伝えること。
(3) ダンスに積極的に取り組むとともに，仲間の学習を援助しようとすること，交流などの話合いに参加しようとすること，一人一人の違いに応じた表現や役割を認めようとすることなどや，健康・安全に気を配ること。
　H　体育理論
(1) 運動やスポーツが多様であることについて，課題を発見し，その解決を目指した活動を通して，次の事項を身に付けることができるよう指導する。
　ア　運動やスポーツが多様であることについて理解すること。
　　ア　運動やスポーツは，体を動かしたり健康を維持したりするなどの必要性及び競い合うことや課題を達成することなどの楽しさから生みだされ発展してきたこと。
　　イ　運動やスポーツには，行うこと，見ること，支えること及び知ることなどの多様な関わり方があること。
　　ウ　世代や機会に応じて，生涯にわたって運動やスポーツを楽しむためには，自己に適した多様な楽しみ方を見付けたり，工夫したりすることが大切であること。
　イ　運動やスポーツが多様であることについて，自己の課題を発見し，よりよい解決に向けて思考し判断するとともに，他者に伝えること。
　ウ　運動やスポーツが多様であることについての学習に積極的に取り組むこと。
(2) 運動やスポーツの意義や効果と学び方や安全な行い方について，課題を発見し，その解決を目指した活動を通して，次の事項を身に付けることができるよう指導する。
　ア　運動やスポーツの意義や効果と学び方や安全な行い方について理解すること。
　　ア　運動やスポーツは，身体の発達やその機能の維持，体力の向上などの効果や自信の獲得，ストレスの解消などの心理的効果及びルールやマナーについて合意したり，適切な人間関係を築いたりするなどの社会性を高める効果が期待できること。
　　イ　運動やスポーツには，特有の技術があり，その学び方には，運動の課題を合理的に解決するための一定の方法があること。
　　ウ　運動やスポーツを行う際は，その特性や目的，発達の段階や体調などを踏まえて運

動を選ぶなど，健康・安全に留意する必要があること。
イ 運動やスポーツの意義や効果と学び方や安全な行い方について，自己の課題を発見し，よりよい解決に向けて思考し判断するとともに，他者に伝えること。
ウ 運動やスポーツの意義や効果と学び方や安全な行い方についての学習に積極的に取り組むこと。

〔体育分野 第3学年〕
1 目標
(1) 運動の合理的な実践を通して，運動の楽しさや喜びを味わい，生涯にわたって運動を豊かに実践することができるようにするため，運動，体力の必要性について理解するとともに，基本的な技能を身に付けるようにする。
(2) 運動についての自己や仲間の課題を発見し，合理的な解決に向けて思考し判断するとともに，自己や仲間の考えたことを他者に伝える力を養う。
(3) 運動における競争や協働の経験を通して，公正に取り組む，互いに協力する，自己の責任を果たす，参画する，一人一人の違いを大切にしようとするなどの意欲を育てるとともに，健康・安全を確保して，生涯にわたって運動に親しむ態度を養う。

2 内容
A 体つくり運動
体つくり運動について，次の事項を身に付けることができるよう指導する。
(1) 次の運動を通して，体を動かす楽しさや心地よさを味わい，運動を継続する意義，体の構造，運動の原則などを理解するとともに，健康の保持増進や体力の向上を目指し，目的に適した運動の計画を立て取り組むこと。
ア 体ほぐしの運動では，手軽な運動を行い，心と体は互いに影響し変化することや心身の状態に気付き，仲間と自主的に関わり合うこと。
イ 実生活に生かす運動の計画では，ねらいに応じて，健康の保持増進や調和のとれた体力の向上を図るための運動の計画を立て取り組むこと。
(2) 自己や仲間の課題を発見し，合理的な解決に向けて運動の取り組み方を工夫するとともに，自己や仲間の考えたことを他者に伝えること。
(3) 体つくり運動に自主的に取り組むとともに，互いに助け合い教え合おうとすること，一人一人の違いに応じた動きなどを大切にしようとす

ること，話合いに貢献しようとすることなどや，健康・安全を確保すること。

B 器械運動
器械運動について，次の事項を身に付けることができるよう指導する。
(1) 次の運動について，技ができる楽しさや喜びを味わい，技の名称や行い方，運動観察の方法，体力の高め方などを理解するとともに，自己に適した技で演技すること。
ア マット運動では，回転系や巧技系の基本的な技を滑らかに安定して行うこと，条件を変えた技や発展技を行うこと及びそれらを構成し演技すること。
イ 鉄棒運動では，支持系や懸垂系の基本的な技を滑らかに安定して行うこと，条件を変えた技や発展技を行うこと及びそれらを構成し演技すること。
ウ 平均台運動では，体操系やバランス系の基本的な技を滑らかに安定して行うこと，条件を変えた技や発展技を行うこと及びそれらを構成し演技すること。
エ 跳び箱運動では，切り返し系や回転系の基本的な技を滑らかに安定して行うこと，条件を変えた技や発展技を行うこと。
(2) 技などの自己や仲間の課題を発見し，合理的な解決に向けて運動の取り組み方を工夫するとともに，自己の考えたことを他者に伝えること。
(3) 器械運動に自主的に取り組むとともに，よい演技を讃えようとすること，互いに助け合い教え合おうとすること，一人一人の違いに応じた課題や挑戦を大切にしようとすることなどや，健康・安全を確保すること。

C 陸上競技
陸上競技について，次の事項を身に付けることができるよう指導する。
(1) 次の運動について，記録の向上や競争の楽しさや喜びを味わい，技術の名称や行い方，体力の高め方，運動観察の方法などを理解するとともに，各種目特有の技能を身に付けること。
ア 短距離走・リレーでは，中間走へのつなぎを滑らかにして速く走ることやバトンの受渡しで次走者のスピードを十分高めること，長距離走では，自己に適したペースを維持して走ること，ハードル走では，スピードを維持した走りからハードルを低く越すこと。
イ 走り幅跳びでは，スピードに乗った助走から力強く踏み切って跳ぶこと，走り高跳びでは，リズミカルな助走から力強く踏み切り滑らかな空間動作で跳ぶこと。

(2) 動きなどの自己や仲間の課題を発見し，合理的な解決に向けて運動の取り組み方を工夫するとともに，自己の考えたことを他者に伝えること。
(3) 陸上競技に自主的に取り組むとともに，勝敗などを冷静に受け止め，ルールやマナーを大切にしようとすること，自己の責任を果たそうとすること，一人一人の違いに応じた課題や挑戦を大切にしようとすることなどや，健康・安全を確保すること。

　D　水　泳
　水泳について，次の事項を身に付けることができるよう指導する。
(1) 次の運動について，記録の向上や競争の楽しさや喜びを味わい，技術の名称や行い方，体力の高め方，運動観察の方法などを理解するとともに，効率的に泳ぐこと。
　ア　クロールでは，手と足の動き，呼吸のバランスを保ち，安定したペースで長く泳いだり速く泳いだりすること。
　イ　平泳ぎでは，手と足の動き，呼吸のバランスを保ち，安定したペースで長く泳いだり速く泳いだりすること。
　ウ　背泳ぎでは，手と足の動き，呼吸のバランスを保ち，安定したペースで泳ぐこと。
　エ　バタフライでは，手と足の動き，呼吸のバランスを保ち，安定したペースで泳ぐこと。
　オ　複数の泳法で泳ぐこと，又はリレーをすること。
(2) 泳法などの自己や仲間の課題を発見し，合理的な解決に向けて運動の取り組み方を工夫するとともに，自己の考えたことを他者に伝えること。
(3) 水泳に自主的に取り組むとともに，勝敗などを冷静に受け止め，ルールやマナーを大切にしようとすること，自己の責任を果たそうとすること，一人一人の違いに応じた課題や挑戦を大切にしようとすることなどや，水泳の事故防止に関する心得を遵守するなど健康・安全を確保すること。

　E　球　技
　球技について，次の事項を身に付けることができるよう指導する。
(1) 次の運動について，勝敗を競う楽しさや喜びを味わい，技術の名称や行い方，体力の高め方，運動観察の方法などを理解するとともに，作戦に応じた技能で仲間と連携しゲームを展開すること。
　ア　ゴール型では，安定したボール操作と空間を作りだすなどの動きによってゴール前への侵入などから攻防をすること。
　イ　ネット型では，役割に応じたボール操作や安定した用具の操作と連携した動きによって空いた場所をめぐる攻防をすること。
　ウ　ベースボール型では，安定したバット操作と走塁での攻撃，ボール操作と連携した守備などによって攻防をすること。
(2) 攻防などの自己やチームの課題を発見し，合理的な解決に向けて運動の取り組み方を工夫するとともに，自己や仲間の考えたことを他者に伝えること。
(3) 球技に自主的に取り組むとともに，フェアなプレイを大切にしようとすること，作戦などについての話合いに貢献しようとすること，一人一人の違いに応じたプレイなどを大切にしようとすること，互いに助け合い教え合おうとすることなどや，健康・安全を確保すること。

　F　武　道
　武道について，次の事項を身に付けることができるよう指導する。
(1) 次の運動について，技を高め勝敗を競う楽しさや喜びを味わい，伝統的な考え方，技の名称や見取り稽古の仕方，体力の高め方などを理解するとともに，基本動作や基本となる技を用いて攻防を展開すること。
　ア　柔道では，相手の動きの変化に応じた基本動作や基本となる技，連絡技を用いて，相手を崩して投げたり，抑えたりするなどの攻防をすること。
　イ　剣道では，相手の動きの変化に応じた基本動作や基本となる技を用いて，相手の構えを崩し，しかけたり応じたりするなどの攻防をすること。
　ウ　相撲では，相手の動きの変化に応じた基本動作や基本となる技を用いて，相手を崩し，投げたりいなしたりするなどの攻防をすること。
(2) 攻防などの自己や仲間の課題を発見し，合理的な解決に向けて運動の取り組み方を工夫するとともに，自己の考えたことを他者に伝えること。
(3) 武道に自主的に取り組むとともに，相手を尊重し，伝統的な行動の仕方を大切にしようとすること，自己の責任を果たそうとすること，一人一人の違いに応じた課題や挑戦を大切にしようとすることなどや，健康・安全を確保すること。

　G　ダンス

ダンスについて，次の事項を身に付けることができるよう指導する。
(1) 次の運動について，感じを込めて踊ったり，みんなで自由に踊ったりする楽しさや喜びを味わい，ダンスの名称や用語，踊りの特徴と表現の仕方，交流や発表の仕方，運動観察の方法，体力の高め方などを理解するとともに，イメージを深めた表現や踊りを通した交流や発表をすること。
　ア　創作ダンスでは，表したいテーマにふさわしいイメージを捉え，個や群で，緩急強弱のある動きや空間の使い方で変化を付けて即興的に表現したり，簡単な作品にまとめたりして踊ること。
　イ　フォークダンスでは，日本の民踊や外国の踊りから，それらの踊り方の特徴を捉え，音楽に合わせて特徴的なステップや動きと組み方で踊ること。
　ウ　現代的なリズムのダンスでは，リズムの特徴を捉え，変化とまとまりを付けて，リズムに乗って全身で踊ること。
(2) 表現などの自己や仲間の課題を発見し，合理的な解決に向けて運動の取り組み方を工夫するとともに，自己や仲間の考えたことを他者に伝えること。
(3) ダンスに自主的に取り組むとともに，互いに助け合い教え合おうとすること，作品や発表などの話合いに貢献しようとすること，一人一人の違いに応じた表現や役割を大切にしようとすることなどや，健康・安全を確保すること。

　H　体育理論
(1) 文化としてのスポーツの意義について，課題を発見し，その解決を目指した活動を通して，次の事項を身に付けることができるよう指導する。
　ア　文化としてのスポーツの意義について理解すること。
　　ア　スポーツは，文化的な生活を営みよりよく生きていくために重要であること。
　　イ　オリンピックやパラリンピック及び国際的なスポーツ大会などは，国際親善や世界平和に大きな役割を果たしていること。
　　ウ　スポーツは，民族や国，人種や性，障害の違いなどを超えて人々を結び付けていること。
　イ　文化としてのスポーツの意義について，自己の課題を発見し，よりよい解決に向けて思考し判断するとともに，他者に伝えること。
　ウ　文化としてのスポーツの意義についての学習に自主的に取り組むこと。

〔内容の取扱い〕
(1) 内容の各領域については，次のとおり取り扱うものとする。
　ア　第1学年及び第2学年においては，「A体つくり運動」から「H体育理論」までについては，全ての生徒に履修させること。その際，「A体つくり運動」及び「H体育理論」については，2学年間にわたって履修させること。
　イ　第3学年においては，「A体つくり運動」及び「H体育理論」については，全ての生徒に履修させること。「B器械運動」，「C陸上競技」，「D水泳」及び「Gダンス」についてはいずれかから一以上を，「E球技」及び「F武道」についてはいずれか一以上をそれぞれ選択して履修できるようにすること。
(2) 内容の「A体つくり運動」から「H体育理論」までに示す事項については，次のとおり取り扱うものとする。
　ア　「A体つくり運動」の(1)のアの運動については，「B器械運動」から「Gダンス」までにおいても関連を図って指導することができるとともに，心の健康など保健分野との関連を図って指導すること。また，「A体つくり運動」の(1)のイの運動については，第1学年及び第2学年においては，動きを持続する能力を高めるための運動に重点を置いて指導することができるが，調和のとれた体力を高めることに留意すること。その際，音楽に合わせて運動をするなどの工夫を図ること。第3学年においては，日常的に取り組める運動例を取り上げるなど指導方法の工夫を図ること。
　イ　「B器械運動」の(1)の運動については，第1学年及び第2学年においては，アからエまでの中からアを含む二を選択して履修できるようにすること。第3学年においては，アからエまでの中から選択して履修できるようにすること。
　ウ　「C陸上競技」の(1)の運動については，ア及びイに示すそれぞれの運動の中から選択して履修できるようにすること。
　エ　「D水泳」の(1)の運動については，第1学年及び第2学年においては，アからエまでの中からア又はイのいずれかを含む二を選択して履修できるようにすること。第3学年においては，アからオまでの中から選択して履修できるようにすること。なお，学校や地域の実態に応じて，安全を確保するための泳ぎを加えて履修させることができる

こと。また，泳法との関連において水中からのスタート及びターンを取り上げること。なお，水泳の指導については，適切な水泳場の確保が困難な場合にはこれを扱わないことができるが，水泳の事故防止に関する心得については，必ず取り上げること。また，保健分野の応急手当との関連を図ること。
オ 「E球技」の(1)の運動については，第1学年及び第2学年においては，アからウまでを全ての生徒に履修させること。第3学年においては，アからウまでの中から二を選択して履修できるようにすること。また，アについては，バスケットボール，ハンドボール，サッカーの中から，イについては，バレーボール，卓球，テニス，バドミントンの中から，ウについては，ソフトボールを適宜取り上げることとし，学校や地域の実態に応じて，その他の運動についても履修させることができること。なお，ウの実施に当たり，十分な広さの運動場の確保が難しい場合は指導方法を工夫して行うこと。
カ 「F武道」については，柔道，剣道，相撲，空手道，なぎなた，弓道，合気道，少林寺拳法，銃剣道などを通して，我が国固有の伝統と文化により一層触れることができるようにすること。また，(1)の運動については，アからウまでの中から一を選択して履修できるようにすること。なお，学校や地域の実態に応じて，空手道，なぎなた，弓道，合気道，少林寺拳法，銃剣道などについても履修させることができること。また，武道場などの確保が難しい場合は指導方法を工夫して行うとともに，学習段階や個人差を踏まえ，段階的な指導を行うなど安全を十分に確保すること。
キ 「Gダンス」の(1)の運動については，アからウまでの中から選択して履修できるようにすること。なお，学校や地域の実態に応じて，その他のダンスについても履修させることができること。
ク 第1学年及び第2学年の内容の「H体育理論」については，(1)は第1学年，(2)は第2学年で取り上げること。
(3) 内容の「A体つくり運動」から「Gダンス」までの領域及び運動の選択並びにその指導に当たっては，学校や地域の実態及び生徒の特性等を考慮するものとする。また，第3学年の領域の選択に当たっては，安全を十分に確保した上で，生徒が自由に選択して履修することができるよう配慮すること。その際，指導に当たって

は，内容の「B器械運動」から「Gダンス」までの領域については，それぞれの運動の特性に触れるために必要な体力を生徒自ら高めるように留意するものとする。
(4) 自然との関わりの深いスキー，スケートや水辺活動などの指導については，学校や地域の実態に応じて積極的に行うことに留意するものとする。
(5) 集合，整頓，列の増減，方向変換などの行動の仕方を身に付け，能率的で安全な集団としての行動ができるようにするための指導については，内容の「A体つくり運動」から「Gダンス」までの領域において適切に行うものとする。

〔保健分野〕
1 目 標
(1) 個人生活における健康・安全について理解するとともに，基本的な技能を身に付けるようにする。
(2) 健康についての自他の課題を発見し，よりよい解決に向けて思考し判断するとともに，他者に伝える力を養う。
(3) 生涯を通じて心身の健康の保持増進を目指し，明るく豊かな生活を営む態度を養う。
2 内 容
(1) 健康な生活と疾病の予防について，課題を発見し，その解決を目指した活動を通して，次の事項を身に付けることができるよう指導する。
ア 健康な生活と疾病の予防について理解を深めること。
　ア 健康は，主体と環境の相互作用の下に成り立っていること。また，疾病は，主体の要因と環境の要因が関わり合って発生すること。
　イ 健康の保持増進には，年齢，生活環境等に応じた運動，食事，休養及び睡眠の調和のとれた生活を続ける必要があること。
　ウ 生活習慣病などは，運動不足，食事の量や質の偏り，休養や睡眠の不足などの生活習慣の乱れが主な要因となって起こること。また，生活習慣病などの多くは，適切な運動，食事，休養及び睡眠の調和のとれた生活を実践することによって予防できること。
　エ 喫煙，飲酒，薬物乱用などの行為は，心身に様々な影響を与え，健康を損なう原因となること。また，これらの行為には，個人の心理状態や人間関係，社会環境が影響することから，それぞれの要因に適切に対処する必要があること。

オ 感染症は，病原体が主な要因となって発生すること。また，感染症の多くは，発生源をなくすこと，感染経路を遮断すること，主体の抵抗力を高めることによって予防できること。
カ 健康の保持増進や疾病の予防のためには，個人や社会の取組が重要であり，保健・医療機関を有効に利用することが必要であること。また，医薬品は，正しく使用すること。
イ 健康な生活と疾病の予防について，課題を発見し，その解決に向けて思考し判断するとともに，それらを表現すること。
(2) 心身の機能の発達と心の健康について，課題を発見し，その解決を目指した活動を通して，次の事項を身に付けることができるよう指導する。
ア 心身の機能の発達と心の健康について理解を深めるとともに，ストレスへの対処をすること。
ア 身体には，多くの器官が発育し，それに伴い，様々な機能が発達する時期があること。また，発育・発達の時期やその程度には，個人差があること。
イ 思春期には，内分泌の働きによって生殖に関わる機能が成熟すること。また，成熟に伴う変化に対応した適切な行動が必要となること。
ウ 知的機能，情意機能，社会性などの精神機能は，生活経験などの影響を受けて発達すること。また，思春期においては，自己の認識が深まり，自己形成がなされること。
エ 精神と身体は，相互に影響を与え，関わっていること。欲求やストレスは，心身に影響を与えることがあること。また，心の健康を保つには，欲求やストレスに適切に対処する必要があること。
イ 心身の機能の発達と心の健康について，課題を発見し，その解決に向けて思考し判断するとともに，それらを表現すること。
(3) 傷害の防止について，課題を発見し，その解決を目指した活動を通して，次の事項を身に付けることができるよう指導する。
ア 傷害の防止について理解を深めるとともに，応急手当をすること。
ア 交通事故や自然災害などによる傷害は，人的要因や環境要因などが関わって発生すること。

イ 交通事故などによる傷害の多くは，安全な行動，環境の改善によって防止できること。
ウ 自然災害による傷害は，災害発生時だけでなく，二次災害によっても生じること。また，自然災害による傷害の多くは，災害に備えておくこと，安全に避難することによって防止できること。
エ 応急手当を適切に行うことによって，傷害の悪化を防止することができること。また，心肺蘇生法などを行うこと。
イ 傷害の防止について，危険の予測やその回避の方法を考え，それらを表現すること。
(4) 健康と環境について，課題を発見し，その解決を目指した活動を通して，次の事項を身に付けることができるよう指導する。
ア 健康と環境について理解を深めること。
ア 身体には，環境に対してある程度まで適応能力があること。身体の適応能力を超えた環境は，健康に影響を及ぼすことがあること。また，快適で能率のよい生活を送るための温度，湿度や明るさには一定の範囲があること。
イ 飲料水や空気は，健康と密接な関わりがあること。また，飲料水や空気を衛生的に保つには，基準に適合するよう管理する必要があること。
ウ 人間の生活によって生じた廃棄物は，環境の保全に十分配慮し，環境を汚染しないように衛生的に処理する必要があること。
イ 健康と環境に関する情報から課題を発見し，その解決に向けて思考し判断するとともに，それらを表現すること。

3 内容の取扱い
(1) 内容の(1)のア及びイは第１学年，(1)のアのウ及びエは第２学年，(1)のアのオ及びカは第３学年で取り扱うものとし，(1)のイは全ての学年で取り扱うものとする。内容の(2)は第１学年，(3)は第２学年，(4)は第３学年で取り扱うものとする。
(2) 内容の(1)のアについては，健康の保持増進と疾病の予防に加えて，疾病の回復についても取り扱うものとする。
(3) 内容の(1)のアのイ及びウについては，食育の観点も踏まえつつ健康的な生活習慣の形成に結び付くように配慮するとともに，必要に応じて，コンピュータなどの情報機器の使用と健康との関わりについて取り扱うことにも配慮するもの

とする。また，がんについても取り扱うものとする。
(4) 内容の(1)のアのエについては，心身への急性影響及び依存性について取り扱うこと。また，薬物は，覚醒剤や大麻等を取り扱うものとする。
(5) 内容の(1)のアのオについては，後天性免疫不全症候群（エイズ）及び性感染症についても取り扱うものとする。
(6) 内容の(2)のアのアについては，呼吸器，循環器を中心に取り扱うものとする。
(7) 内容の(2)のアのイについては，妊娠や出産が可能となるような成熟が始まるという観点から，受精・妊娠を取り扱うものとし，妊娠の経過は取り扱わないものとする。また，身体の機能の成熟とともに，性衝動が生じたり，異性への関心が高まったりすることなどから，異性の尊重，情報への適切な対処や行動の選択が必要となることについて取り扱うものとする。
(8) 内容の(2)のアのエについては，体育分野の内容の「A体つくり運動」の(1)のアの指導との関連を図って指導するものとする。
(9) 内容の(3)のアのエについては，包帯法，止血法など傷害時の応急手当も取り扱い，実習を行うものとする。また，効果的な指導を行うため，水泳など体育分野の内容との関連を図るものとする。
(10) 内容の(4)については，地域の実態に即して公害と健康との関係を取り扱うことにも配慮するものとする。また，生態系については，取り扱わないものとする。
(11) 保健分野の指導に際しては，自他の健康に関心をもてるようにし，健康に関する課題を解決する学習活動を取り入れるなどの指導方法の工夫を行うものとする。

第3 指導計画の作成と内容の取扱い

1 指導計画の作成に当たっては，次の事項に配慮するものとする。
(1) 単元など内容や時間のまとまりを見通して，その中で育む資質・能力の育成に向けて，生徒の主体的・対話的で深い学びの実現を図るようにすること。その際，体育や保健の見方・考え方を働かせながら，運動や健康についての自他の課題を発見し，その合理的な解決のための活動の充実を図ること。また，運動の楽しさや喜びを味わったり，健康の大切さを実感したりすることができるよう留意すること。
(2) 授業時数の配当については，次のとおり扱うこと。

ア 保健分野の授業時数は，3学年間で48単位時間程度配当すること。
イ 保健分野の授業時数は，3学年間を通じて適切に配当し，各学年において効果的な学習が行われるよう考慮して配当すること。
ウ 体育分野の授業時数は，各学年にわたって適切に配当すること。その際，体育分野の内容の「A体つくり運動」については，各学年で7単位時間以上を，「H体育理論」については，各学年で3単位時間以上を配当すること。
エ 体育分野の内容の「B器械運動」から「Gダンス」までの領域の授業時数は，それらの内容の習熟を図ることができるよう考慮して配当すること。
(3) 障害のある生徒などについては，学習活動を行う場合に生じる困難さに応じた指導内容や指導方法の工夫を計画的，組織的に行うこと。
(4) 第1章総則の第1の2の(2)に示す道徳教育の目標に基づき，道徳科などとの関連を考慮しながら，第3章特別の教科道徳の第2に示す内容について，保健体育科の特質に応じて適切な指導をすること。

2 第2の内容の取扱いについては，次の事項に配慮するものとする。
(1) 体力や技能の程度，性別や障害の有無等に関わらず，運動の多様な楽しみ方を共有することができるよう留意すること。
(2) 言語能力を育成する言語活動を重視し，筋道を立てて練習や作戦について話し合う活動や，個人生活における健康の保持増進や回復について話し合う活動などを通して，コミュニケーション能力や論理的な思考力の育成を促し，自主的な学習活動の充実を図ること。
(3) 第2の内容の指導に当たっては，コンピュータや情報通信ネットワークなどの情報手段を積極的に活用して，各分野の特質に応じた学習活動を行うよう工夫すること。
(4) 体育分野におけるスポーツとの多様な関わり方や保健分野の指導については，具体的な体験を伴う学習の工夫を行うよう留意すること。
(5) 生徒が学習内容を確実に身に付けることができるよう，学校や生徒の実態に応じ，学習内容の習熟の程度に応じた指導，個別指導との連携を踏まえた教師間の協力的な指導などを工夫改善し，個に応じた指導の充実が図られるよう留意すること。
(6) 第1章総則の第1の2の(3)に示す学校におけ

る体育・健康に関する指導の趣旨を生かし，特別活動，運動部の活動などとの関連を図り，日常生活における体育・健康に関する活動が適切かつ継続的に実践できるよう留意すること。なお，体力の測定については，計画的に実施し，運動の指導及び体力の向上に活用するようにすること。

(7) 体育分野と保健分野で示された内容については，相互の関連が図られるよう留意すること。
（以下略）

高等学校学習指導要領(平成 30 年告示)(抄)

文部科学省　2018 年 3 月

第1章　総　則
第1款　高等学校教育の基本と教育課程の役割
1,2(1)(2)(略)

(3) 学校における体育・健康に関する指導を，生徒の発達の段階を考慮して，学校の教育活動全体を通じて適切に行うことにより，健康で安全な生活と豊かなスポーツライフの実現を目指した教育の充実に努めること。特に，学校における食育の推進並びに体力の向上に関する指導，安全に関する指導及び心身の健康の保持増進に関する指導については，保健体育科，家庭科及び特別活動の時間はもとより，各教科・科目及び総合的な探究の時間などにおいてもそれぞれの特質に応じて適切に行うよう努めること。また，それらの指導を通して，家庭や地域社会との連携を図りながら，日常生活において適切な体育・健康に関する活動の実践を促し，生涯を通じて健康・安全で活力ある生活を送るための基礎が培われるよう配慮すること。

(以下略)

第2章　各学科に共通する各教科
(略)
第6節　保健体育
第1款　目　標
　体育や保健の見方・考え方を働かせ，課題を発見し，合理的，計画的な解決に向けた学習過程を通して，心と体を一体として捉え，生涯にわたって心身の健康を保持増進し豊かなスポーツライフを継続するための資質・能力を次のとおり育成することを目指す。

(1) 各種の運動の特性に応じた技能等及び社会生活における健康・安全について理解するとともに，技能を身に付けるようにする。
(2) 運動や健康についての自他や社会の課題を発見し，合理的，計画的な解決に向けて思考し判断するとともに，他者に伝える力を養う。
(3) 生涯にわたって継続して運動に親しむとともに健康の保持増進と体力の向上を目指し，明るく豊かで活力ある生活を営む態度を養う。

第2款　各科目
第1　体　育

1　目　標
　体育の見方・考え方を働かせ，課題を発見し，合理的，計画的な解決に向けた学習過程を通して，心と体を一体として捉え，生涯にわたって豊かなスポーツライフを継続するとともに，自己の状況に応じて体力の向上を図るための資質・能力を次のとおり育成することを目指す。

(1) 運動の合理的，計画的な実践を通して，運動の楽しさや喜びを深く味わい，生涯にわたって運動を豊かに継続することができるようにするため，運動の多様性や体力の必要性について理解するとともに，それらの技能を身に付けるようにする。
(2) 生涯にわたって運動を豊かに継続するための課題を発見し，合理的，計画的な解決に向けて思考し判断するとともに，自己や仲間の考えたことを他者に伝える力を養う。
(3) 運動における競争や協働の経験を通して，公正に取り組む，互いに協力する，自己の責任を果たす，参画する，一人一人の違いを大切にしようとするなどの意欲を育てるとともに，健康・安全を確保して，生涯にわたって継続して運動に親しむ態度を養う。

2　内　容
A　体つくり運動
　体つくり運動について，次の事項を身に付けることができるよう指導する。

(1) 次の運動を通して，体を動かす楽しさや心地よさを味わい，体つくり運動の行い方，体力の構成要素，実生活への取り入れ方などを理解するとともに，自己の体力や生活に応じた継続的な運動の計画を立て，実生活に役立てること。
　ア　体ほぐしの運動では，手軽な運動を行い，心と体は互いに影響し変化することや心身の状態に気付き，仲間と主体的に関わり合うこと。
　イ　実生活に生かす運動の計画では，自己のねらいに応じて，健康の保持増進や調和のとれた体力の向上を図るための継続的な運動の計画を立て取り組むこと。
(2) 生涯にわたって運動を豊かに継続するための自己や仲間の課題を発見し，合理的，計画的

な解決に向けて取り組み方を工夫するとともに，自己や仲間の考えたことを他者に伝えること。
(3) 体つくり運動に主体的に取り組むとともに，互いに助け合い高め合おうとすること，一人一人の違いに応じた動きなどを大切にしようとすること，合意形成に貢献しようとすることなどや，健康・安全を確保すること。

B 器械運動
器械運動について，次の事項を身に付けることができるよう指導する。
(1) 次の運動について，技がよりよくできたり自己や仲間の課題を解決したりするなどの多様な楽しさや喜びを味わい，技の名称や行い方，体力の高め方，課題解決の方法，発表の仕方などを理解するとともに，自己に適した技で演技すること。
ア マット運動では，回転系や巧技系の基本的な技を滑らかに安定して行うこと，条件を変えた技や発展技を行うこと及びそれらを構成し演技すること。
イ 鉄棒運動では，支持系や懸垂系の基本的な技を滑らかに安定して行うこと，条件を変えた技や発展技を行うこと及びそれらを構成し演技すること。
ウ 平均台運動では，体操系やバランス系の基本的な技を滑らかに安定して行うこと，条件を変えた技や発展技を行うこと及びそれらを構成し演技すること。
エ 跳び箱運動では，切り返し系や回転系の基本的な技を滑らかに安定して行うこと，条件を変えた技や発展技を行うこと。
(2) 生涯にわたって運動を豊かに継続するための自己や仲間の課題を発見し，合理的，計画的な解決に向けて取り組み方を工夫するとともに，自己や仲間の考えたことを他者に伝えること。
(3) 器械運動に主体的に取り組むとともに，よい演技を讃(たた)えようとすること，互いに助け合い高め合おうとすること，一人一人の違いに応じた課題や挑戦を大切にしようとすることなどや，健康・安全を確保すること。

C 陸上競技
陸上競技について，次の事項を身に付けることができるよう指導する。
(1) 次の運動について，記録の向上や競争及び自己や仲間の課題を解決するなどの多様な楽しさや喜びを味わい，技術の名称や行い方，体力の高め方，課題解決の方法，競技会の仕方などを理解するとともに，各種目特有の技能を身に付けること。
ア 短距離走・リレーでは，中間走の高いスピードを維持して速く走ることやバトンの受渡しで次走者と前走者の距離を長くすること，長距離走では，ペースの変化に対応して走ること，ハードル走では，スピードを維持した走りからハードルを低くリズミカルに越すこと。
イ 走り幅跳びでは，スピードに乗った助走と力強い踏み切りから着地までの動きを滑らかにして跳ぶこと，走り高跳びでは，スピードのあるリズミカルな助走から力強く踏み切り，滑らかな空間動作で跳ぶこと，三段跳びでは，短い助走からリズミカルに連続して跳ぶこと。
ウ 砲丸投げでは，立ち投げなどから砲丸を突き出して投げること，やり投げでは，短い助走からやりを前方にまっすぐ投げること。
(2) 生涯にわたって運動を豊かに継続するための自己や仲間の課題を発見し，合理的，計画的な解決に向けて取り組み方を工夫するとともに，自己や仲間の考えたことを他者に伝えること。
(3) 陸上競技に主体的に取り組むとともに，勝敗などを冷静に受け止め，ルールやマナーを大切にしようとすること，役割を積極的に引き受け自己の責任を果たそうとすること，一人一人の違いに応じた課題や挑戦を大切にしようとすることなどや，健康・安全を確保すること。

D 水泳
水泳について，次の事項を身に付けることができるよう指導する。
(1) 次の運動について，記録の向上や競争及び自己や仲間の課題を解決するなどの多様な楽しさや喜びを味わい，技術の名称や行い方，体力の高め方，課題解決の方法，競技会の仕方などを理解するとともに，自己に適した泳法の効率を高めて泳ぐこと。
ア クロールでは，手と足の動き，呼吸のバランスを保ち，伸びのある動作と安定したペースで長く泳いだり速く泳いだりすること。
イ 平泳ぎでは，手と足の動き，呼吸のバランスを保ち，伸びのある動作と安定したペースで長く泳いだり速く泳いだりすること。
ウ 背泳ぎでは，手と足の動き，呼吸のバランスを保ち，安定したペースで長く泳いだり速く泳いだりすること。
エ バタフライでは，手と足の動き，呼吸のバランスを保ち，安定したペースで長く泳いだ

り速く泳いだりすること。
　オ　複数の泳法で長く泳ぐこと又はリレーをすること。
(2) 生涯にわたって運動を豊かに継続するための自己や仲間の課題を発見し，合理的，計画的な解決に向けて取り組み方を工夫するとともに，自己や仲間の考えたことを他者に伝えること。
(3) 水泳に主体的に取り組むとともに，勝敗などを冷静に受け止め，ルールやマナーを大切にしようとすること，役割を積極的に引き受け自己の責任を果たそうとすること，一人一人の違いに応じた課題や挑戦を大切にしようとすることなどや，水泳の事故防止に関する心得を遵守するなど健康・安全を確保すること。

　E　球技
　球技について，次の事項を身に付けることができるよう指導する。
(1) 次の運動について，勝敗を競ったりチームや自己の課題を解決したりするなどの多様な楽しさや喜びを味わい，技術などの名称や行い方，体力の高め方，課題解決の方法，競技会の仕方などを理解するとともに，作戦や状況に応じた技能で仲間と連携しゲームを展開すること。
　ア　ゴール型では，状況に応じたボール操作と空間を埋めるなどの動きによって空間への侵入などから攻防をすること。
　イ　ネット型では，状況に応じたボール操作や安定した用具の操作と連携した動きによって空間を作り出すなどの攻防をすること。
　ウ　ベースボール型では，状況に応じたバット操作と走塁での攻撃，安定したボール操作と状況に応じた守備などによって攻防をすること。
(2) 生涯にわたって運動を豊かに継続するためのチームや自己の課題を発見し，合理的，計画的な解決に向けて取り組み方を工夫するとともに，自己やチームの考えたことを他者に伝えること。
(3) 球技に主体的に取り組むとともに，フェアなプレイを大切にしようとすること，合意形成に貢献しようとすること，一人一人の違いに応じたプレイなどを大切にしようとすること，互いに助け合い高め合おうとすることなどや，健康・安全を確保すること。

　F　武道
　武道について，次の事項を身に付けることができるよう指導する。

(1) 次の運動について，勝敗を競ったり自己や仲間の課題を解決したりするなどの多様な楽しさや喜びを味わい，伝統的な考え方，技の名称や見取り稽古の仕方，体力の高め方，課題解決の方法，試合の仕方などを理解するとともに，得意技などを用いた攻防を展開すること。
　ア　柔道では，相手の動きの変化に応じた基本動作から，得意技や連絡技・変化技を用いて，素早く相手を崩して投げたり，抑えたり，返したりするなどの攻防をすること。
　イ　剣道では，相手の動きの変化に応じた基本動作から，得意技を用いて，相手の構えを崩し，素早くしかけたり応じたりするなどの攻防をすること。
(2) 生涯にわたって運動を豊かに継続するための自己や仲間の課題を発見し，合理的，計画的な解決に向けて取り組み方を工夫するとともに，自己や仲間の考えたことを他者に伝えること。
(3) 武道に主体的に取り組むとともに，相手を尊重し，礼法などの伝統的な行動の仕方を大切にしようとすること，役割を積極的に引き受け自己の責任を果たそうとすること，一人一人の違いに応じた課題や挑戦を大切にしようとすることなどや，健康・安全を確保すること。

　G　ダンス
　ダンスについて，次の事項を身に付けることができるよう指導する。
(1) 次の運動について，感じを込めて踊ったり仲間と自由に踊ったり，自己や仲間の課題を解決したりするなどの多様な楽しさや喜びを味わい，ダンスの名称や用語，文化的背景と表現の仕方，交流や発表の仕方，課題解決の方法，体力の高め方などを理解するとともに，それぞれ特有の表現や踊りを身に付けて交流や発表をすること。
　ア　創作ダンスでは，表したいテーマにふさわしいイメージを捉え，個や群で，対極の動きや空間の使い方で変化を付けて即興的に表現したり，イメージを強調した作品にまとめたりして踊ること。
　イ　フォークダンスでは，日本の民踊や外国の踊りから，それらの踊り方の特徴を強調して，音楽に合わせて多様なステップや動きと組み方で仲間と対応して踊ること。
　ウ　現代的なリズムのダンスでは，リズムの特徴を強調して全身で自由に踊ったり，変化とまとまりを付けて仲間と対応したりして踊ること。

(2) 生涯にわたって運動を豊かに継続するための自己や仲間の課題を発見し，合理的，計画的な解決に向けて取り組み方を工夫するとともに，自己や仲間の考えたことを他者に伝えること。
(3) ダンスに主体的に取り組むとともに，互いに共感し高め合おうとすること，合意形成に貢献しようとすること，一人一人の違いに応じた表現や役割を大切にしようとすることなどや，健康・安全を確保すること。

H 体育理論
(1) スポーツの文化的特性や現代のスポーツの発展について，課題を発見し，その解決を目指した活動を通して，次の事項を身に付けることができるよう指導する。
ア スポーツの文化的特性や現代のスポーツの発展について理解すること。
(ｱ) スポーツは，人類の歴史とともに始まり，その理念が時代に応じて多様に変容してきていること。また，我が国から世界に普及し，発展しているスポーツがあること。
(ｲ) 現代のスポーツは，オリンピックやパラリンピック等の国際大会を通して，国際親善や世界平和に大きな役割を果たし，共生社会の実現にも寄与していること。また，ドーピングは，フェアプレイの精神に反するなど，能力の限界に挑戦するスポーツの文化的価値を失わせること。
(ｳ) 現代のスポーツは，経済的な波及効果があり，スポーツ産業が経済の中で大きな影響を及ぼしていること。また，スポーツの経済的な波及効果が高まるにつれ，スポーツの高潔さなどが一層求められること。
(ｴ) スポーツを行う際は，スポーツが環境や社会にもたらす影響を考慮し，多様性への理解や持続可能な社会の実現に寄与する責任ある行動が求められること。
イ スポーツの文化的特性や現代のスポーツの発展について，課題を発見し，よりよい解決に向けて思考し判断するとともに，他者に伝えること。
ウ スポーツの文化的特性や現代のスポーツの発展についての学習に自主的に取り組むこと。
(2) 運動やスポーツの効果的な学習の仕方について，課題を発見し，その解決を目指した活動を通して，次の事項を身に付けることができるよう指導する。
ア 運動やスポーツの効果的な学習の仕方について理解すること。
(ｱ) 運動やスポーツの技能と体力は，相互に関連していること。また，期待する成果に応じた技能や体力の高め方があること。さらに，過度な負荷や長期的な酷使は，けがや疾病の原因となる可能性があること。
(ｲ) 運動やスポーツの技能は，学習を通して技能として発揮されるようになること。また，技術の種類に応じた学習の仕方があること。現代のスポーツの技術や戦術，ルールは，用具の改良やメディアの発達に伴い変わり続けていること。
(ｳ) 運動やスポーツの技能の上達過程にはいくつかの段階があり，その学習の段階に応じた練習方法や運動観察の方法，課題の設定方法などがあること。また，これらの獲得には，一定の期間がかかること。
(ｴ) 運動やスポーツを行う際は，気象条件の変化など様々な危険を予見し，回避することが求められること。
イ 運動やスポーツの効果的な学習の仕方について，課題を発見し，よりよい解決に向けて思考し判断するとともに，他者に伝えること。
ウ 運動やスポーツの効果的な学習の仕方についての学習に主体的に取り組むこと。
(3) 豊かなスポーツライフの設計の仕方について，課題を発見し，その解決を目指した活動を通して，次の事項を身に付けることができるよう指導する。
ア 豊かなスポーツライフの設計の仕方について理解すること。
(ｱ) スポーツは，各ライフステージにおける身体的，心理的，社会的特徴に応じた多様な楽しみ方があること。また，その楽しみ方は，個人のスポーツに対する欲求などによっても変化すること。
(ｲ) 生涯にわたってスポーツを継続するためには，ライフスタイルに応じたスポーツとの関わり方を見付けること，仕事と生活の調和を図ること，運動の機会を生み出す工夫をすることなどが必要であること。
(ｳ) スポーツの推進は，様々な施策や組織，人々の支援や参画によって支えられていること。
(ｴ) 人生に潤いをもたらす貴重な文化的資源として，スポーツを未来に継承するためには，スポーツの可能性と問題点を踏まえて適切な「する，みる，支える，知る」など

の関わりが求められること。
　イ　豊かなスポーツライフの設計の仕方について，課題を発見し，よりよい解決に向けて思考し判断するとともに，他者に伝えること。
　ウ　豊かなスポーツライフの設計の仕方についての学習に主体的に取り組むこと。
3　内容の取扱い
(1)　内容の「A体つくり運動」から「H体育理論」までの領域については，次のとおり取り扱うものとする。
　ア　「A体つくり運動」及び「H体育理論」については，各年次において全ての生徒に履修させること。
　イ　入学年次においては，「B器械運動」，「C陸上競技」，「D水泳」及び「Gダンス」についてはこれらの中から一つ以上を，「E球技」及び「F武道」についてはこれらの中から一つ以上をそれぞれ選択して履修できるようにすること。その次の年次以降においては，「B器械運動」から「Gダンス」までの中から二つ以上を選択して履修できるようにすること。
(2)　内容の「A体つくり運動」から「H体育理論」までに示す事項については，各年次において次のとおり取り扱うものとする。
　ア　「A体つくり運動」に示す事項については，全ての生徒に履修させること。なお，(1)のアの運動については，「B器械運動」から「Gダンス」までにおいても関連を図って指導することができるとともに，「保健」における精神疾患の予防と回復などの内容との関連を図ること。(1)のイの運動については，日常的に取り組める運動例を組み合わせることに重点を置くなど指導方法の工夫を図ること。
　イ　「B器械運動」の(1)の運動については，アからエまでの中から選択して履修できるようにすること。
　ウ　「C陸上競技」の(1)の運動については，アからウまでの中から選択して履修できるようにすること。
　エ　「D水泳」の(1)の運動については，アからオまでの中から選択して履修できるようにすること。なお，「保健」における応急手当の内容との関連を図ること。
　　　また，泳法との関連において水中からのスタート及びターンを取り上げること。なお，入学年次の次の年次以降は，安全を十分に確保した上で，学校や生徒の実態に応じて段階的な指導を行うことができること。

　オ　「E球技」の(1)の運動については，入学年次においては，アからウまでの中から二つを，その次の年次以降においては，アからウまでの中から一つを選択して履修できるようにすること。また，アについては，バスケットボール，ハンドボール，サッカー，ラグビーの中から，イについては，バレーボール，卓球，テニス，バドミントンの中から，ウについては，ソフトボールを適宜取り上げることとし，学校や地域の実態に応じて，その他の運動についても履修させることができること。
　カ　「F武道」については，柔道，剣道，相撲，空手道，なぎなた，弓道，合気道，少林寺拳法，銃剣道などを通して，我が国固有の伝統と文化により一層触れることができるようにすること。また，(1)の運動については，ア又はイのいずれかを選択して履修できるようにすること。なお，学校や地域の実態に応じて，相撲，空手道，なぎなた，弓道，合気道，少林寺拳法，銃剣道などについても履修させることができること。
　キ　「Gダンス」の(1)の運動については，アからウまでの中から選択して履修できるようにすること。なお，学校や地域の実態に応じて，社交ダンスなどのその他のダンスについても履修させることができること。
　ク　「H体育理論」については，(1)は入学年次，(2)はその次の年次，(3)はそれ以降の年次で取り上げること。その際，各年次で6単位時間以上を配当すること。
(3)　内容の「B器械運動」から「Gダンス」までの領域及び運動については，学校や地域の実態及び生徒の特性や選択履修の状況等を踏まえるとともに，安全を十分に確保した上で，生徒が自由に選択して履修することができるよう配慮するものとする。指導に当たっては，内容の「B器械運動」から「Gダンス」までの領域については，それぞれの運動の特性に触れるために必要な体力を生徒自ら高めるように留意するものとする。また，内容の「B器械運動」から「F武道」までの領域及び運動については，必要に応じて審判の仕方についても指導するものとする。また，「F武道」については，我が国固有の伝統と文化により一層触れさせるため，中学校の学習の基礎の上に，より深められる機会を確保するよう配慮するものとする。
(4)　自然との関わりの深いスキー，スケートや水辺活動などの指導については，学校や地域の

実態に応じて積極的に行うことに留意するものとする。
　また，レスリングについても履修させることができるものとする。
(5) 集合，整頓，列の増減，方向変換などの行動の仕方を身に付け，能率的で安全な集団としての行動ができるようにするための指導については，内容の「A体つくり運動」から「Gダンス」までの領域において適切に行うものとする。
(6) 筋道を立てて練習や作戦について話し合う活動などを通して，コミュニケーション能力や論理的な思考力の育成を促し，主体的な学習活動が充実するよう配慮するものとする。

第2　保　健
1　目標
　保健の見方・考え方を働かせ，合理的，計画的な解決に向けた学習過程を通して，生涯を通じて人々が自らの健康や環境を適切に管理し，改善していくための資質・能力を次のとおり育成する。
(1) 個人及び社会生活における健康・安全について理解を深めるとともに，技能を身に付けるようにする。
(2) 健康についての自他や社会の課題を発見し，合理的，計画的な解決に向けて思考し判断するとともに，目的や状況に応じて他者に伝える力を養う。
(3) 生涯を通じて自他の健康の保持増進やそれを支える環境づくりを目指し，明るく豊かで活力ある生活を営む態度を養う。

2　内容
(1) 現代社会と健康について，自他や社会の課題を発見し，その解決を目指した活動を通して，次の事項を身に付けることができるよう指導する。
ア　現代社会と健康について理解を深めること。
　(ｱ)　健康の考え方
　　　国民の健康課題や健康の考え方は，国民の健康水準の向上や疾病構造の変化に伴って変わってきていること。また，健康は，様々な要因の影響を受けながら，主体と環境の相互作用の下に成り立っていること。
　　　健康の保持増進には，ヘルスプロモーションの考え方を踏まえた個人の適切な意思決定や行動選択及び環境づくりが関わること。
　(ｲ)　現代の感染症とその予防
　　　感染症の発生や流行には，時代や地域によって違いがみられること。
　　　その予防には，個人の取組及び社会的な対策を行う必要があること。
　(ｳ)　生活習慣病などの予防と回復
　　　健康の保持増進と生活習慣病などの予防と回復には，運動，食事，休養及び睡眠の調和のとれた生活の実践や疾病の早期発見，及び社会的な対策が必要であること。
　(ｴ)　喫煙，飲酒，薬物乱用と健康
　　　喫煙と飲酒は，生活習慣病などの要因になること。また，薬物乱用は，心身の健康や社会に深刻な影響を与えることから行ってはならないこと。それらの対策には，個人や社会環境への対策が必要であること。
　(ｵ)　精神疾患の予防と回復
　　　精神疾患の予防と回復には，運動，食事，休養及び睡眠の調和のとれた生活を実践するとともに，心身の不調に気付くことが重要であること。また，疾病の早期発見及び社会的な対策が必要であること。
イ　現代社会と健康について，課題を発見し，健康や安全に関する原則や概念に着目して解決の方法を思考し判断するとともに，それらを表現すること。

(2) 安全な社会生活について，自他や社会の課題を発見し，その解決を目指した活動を通して，次の事項を身に付けることができるよう指導する。
ア　安全な社会生活について理解を深めるとともに，応急手当を適切にすること。
　(ｱ)　安全な社会づくり
　　　安全な社会づくりには，環境の整備とそれに応じた個人の取組が必要であること。また，交通事故を防止するには，車両の特性の理解，安全な運転や歩行など適切な行動，自他の生命を尊重する態度，交通環境の整備が関わること。交通事故には補償をはじめとした責任が生じること。
　(ｲ)　応急手当
　　　適切な応急手当は，傷害や疾病の悪化を軽減できること。応急手当には，正しい手順や方法があること。また，応急手当は，傷害や疾病によって身体が時間の経過とともに損なわれていく場合があることから，速やかに行う必要があること。
　　　心肺蘇生法などの応急手当を適切に行うこと。
イ　安全な社会生活について，安全に関する原

則や概念に着目して危険の予測やその回避の方法を考え，それらを表現すること。
(3) 生涯を通じる健康について，自他や社会の課題を発見し，その解決を目指した活動を通して，次の事項を身に付けることができるよう指導する。
ア 生涯を通じる健康について理解を深めること。
　(ア) 生涯の各段階における健康
　　生涯を通じる健康の保持増進や回復には，生涯の各段階の健康課題に応じた自己の健康管理及び環境づくりが関わっていること。
　(イ) 労働と健康
　　労働災害の防止には，労働環境の変化に起因する傷害や職業病などを踏まえた適切な健康管理及び安全管理をする必要があること。
イ 生涯を通じる健康に関する情報から課題を発見し，健康に関する原則や概念に着目して解決の方法を思考し判断するとともに，それらを表現すること。
(4) 健康を支える環境づくりについて，自他や社会の課題を発見し，その解決を目指した活動を通して，次の事項を身に付けることができるよう指導する。
ア 健康を支える環境づくりについて理解を深めること。
　(ア) 環境と健康
　　人間の生活や産業活動は，自然環境を汚染し健康に影響を及ぼすことがあること。それらを防ぐには，汚染の防止及び改善の対策をとる必要があること。また，環境衛生活動は，学校や地域の環境を健康に適したものとするよう基準が設定され，それに基づき行われていること。
　(イ) 食品と健康
　　食品の安全性を確保することは健康を保持増進する上で重要であること。また，食品衛生活動は，食品の安全性を確保するよう基準が設定され，それに基づき行われていること。
　(ウ) 保健・医療制度及び地域の保健・医療機関
　　生涯を通じて健康を保持増進するには，保健・医療制度や地域の保健所，保健センター，医療機関などを適切に活用することが必要であること。

　　また，医薬品は，有効性や安全性が審査されており，販売には制限があること。疾病からの回復や悪化の防止には，医薬品を正しく使用することが有効であること。
　(エ) 様々な保健活動や社会的対策
　　我が国や世界では，健康課題に対応して様々な保健活動や社会的対策などが行われていること。
　(オ) 健康に関する環境づくりと社会参加
　　自他の健康を保持増進するには，ヘルスプロモーションの考え方を生かした健康に関する環境づくりが重要であり，それに積極的に参加していくことが必要であること。また，それらを実現するには，適切な健康情報の活用が有効であること。
イ 健康を支える環境づくりに関する情報から課題を発見し，健康に関する原則や概念に着目して解決の方法を思考し判断するとともに，それらを表現すること。
3 内容の取扱い
(1) 内容の(1)のアの(ウ)及び(4)のアの(イ)については，食育の観点を踏まえつつ，健康的な生活習慣の形成に結び付くよう配慮するものとする。また，(1)のアの(ウ)については，がんについても取り扱うものとする。
(2) 内容の(1)のアの(ウ)及び(4)のアの(ウ)については，健康とスポーツの関連について取り扱うものとする。
(3) 内容の(1)のアの(エ)については，疾病との関連，社会への影響などについて総合的に取り扱い，薬物については，麻薬，覚醒剤，大麻等を取り扱うものとする。
(4) 内容の(1)のアの(オ)については，大脳の機能，神経系及び内分泌系の機能について必要に応じ関連付けて扱う程度とする。また，「体育」の「A体つくり運動」における体ほぐしの運動との関連を図るよう配慮するものとする。
(5) 内容の(2)のアの(ア)については，犯罪や自然災害などによる傷害の防止についても，必要に応じ関連付けて扱うよう配慮するものとする。また，交通安全については，二輪車や自動車を中心に取り上げるものとする。
(6) 内容の(2)のアの(イ)については，実習を行うものとし，呼吸器系及び循環器系の機能については，必要に応じ関連付けて扱う程度とする。また，効果的な指導を行うため，「体育」の「D水泳」などとの関連を図るよう配慮するものとする。

(7) 内容の(3)のアの(ア)については，思春期と健康，結婚生活及び健康及び加齢と健康を取り扱うものとする。また，生殖に関する機能については，必要に応じ関連付けて扱う程度とする。責任感を涵養することや異性を尊重する態度が必要であること，及び性に関する情報等への適切な対処についても扱うよう配慮するものとする。
(8) 内容の(4)のアの(ア)については，廃棄物の処理と健康についても触れるものとする。
(9) 指導に際しては，自他の健康やそれを支える環境づくりに関心をもてるようにし，健康に関する課題を解決する学習活動を取り入れるなどの指導方法の工夫を行うものとする。

第3款　各科目にわたる指導計画の作成と内容の取扱い

1　指導計画の作成に当たっては，次の事項に配慮するものとする。
(1) 単元など内容や時間のまとまりを見通して，その中で育む資質・能力の育成に向けて，生徒の主体的・対話的で深い学びの実現を図るようにすること。その際，体育や保健の見方・考え方を働かせながら，運動や健康についての自他や社会の課題を発見し，その合理的，計画的な解決のための活動の充実を図ること。また，運動の楽しさや喜びを深く味わったり，健康の大切さを実感したりすることができるよう留意すること。
(2) 第1章第1款の2の(3)に示す学校における体育・健康に関する指導の趣旨を生かし，特別活動，運動部の活動などとの関連を図り，日常生活における体育・健康に関する活動が適切かつ継続的に実践できるよう留意すること。なお，体力の測定については，計画的に実施し，運動の指導及び体力の向上に活用するようにすること。
(3) 「体育」は，各年次継続して履修できるようにし，各年次の単位数はなるべく均分して配当すること。なお，内容の「A体つくり運動」に対する授業時数については，各年次で7〜10単位時間程度を，内容の「H体育理論」に対する授業時数については，各年次で6単位時間以上を配当するとともに，内容の「B器械運動」から「Gダンス」までの領域に対する授業時数の配当については，その内容の習熟を図ることができるよう考慮すること。
(4) 「保健」は，原則として入学年次及びその次の年次の2か年にわたり履修させること。
(5) 義務教育段階との接続を重視し，中学校保健体育科との関連に留意すること。
(6) 障害のある生徒などについては，学習活動を行う場合に生じる困難さに応じた指導内容や指導方法の工夫を計画的，組織的に行うこと。

2　内容の取扱いに当たっては，次の事項に配慮するものとする。
(1) 言語能力を育成する言語活動を重視し，筋道を立てて練習や作戦について話し合ったり身振りや身体を使って動きの修正を図ったりする活動や，個人及び社会生活における健康の保持増進や回復について話し合う活動などを通して，コミュニケーション能力や論理的な思考力の育成を促し，主体的な学習活動の充実を図ること。
(2) 各科目の指導に当たっては，その特質を踏まえ，必要に応じて，コンピュータや情報通信ネットワークなどを適切に活用し，学習の効果を高めるよう配慮すること。
(3) 体力や技能の程度，性別や障害の有無等にかかわらず，運動の多様な楽しみ方を社会で実践することができるよう留意すること。
(4) 「体育」におけるスポーツとの多様な関わり方や「保健」の指導については，具体的な体験を伴う学習の工夫を行うよう留意すること。
(5) 「体育」と「保健」で示された内容については，相互の関連が図られるよう，それぞれの内容を適切に指導した上で，学習成果の関連が実感できるよう留意すること。

中学校における体育分野の領域及び内容の取扱い

中学校学習指導要領解説 保健体育編 平成29年 文部科学省より

領域及び領域の内容	1年	2年	内容の取扱い	領域及び領域の内容	3年	内容の取扱い
【A 体つくり運動】 ア 体ほぐしの運動 イ 体の動きを高める運動	必修	必修	ア、イ必修 (各学年7単位時間以上)	【A 体つくり運動】 ア 体ほぐしの運動 イ 実生活に生かす運動の計画	必修	ア、イ必修 (7単位時間以上)
【B 器械運動】 ア マット運動 イ 鉄棒運動 ウ 平均台運動 エ 跳び箱運動	必修		2年間で、アを含む②選択	【B 器械運動】 ア マット運動 イ 鉄棒運動 ウ 平均台運動 エ 跳び箱運動	B,C,D,Gから①以上選択	ア〜エから選択
【C 陸上競技】 ア 短距離走・リレー、長距離走又はハードル走 イ 走り幅跳び又は走り高跳び	必修		2年間で、ア及びイのそれぞれから選択	【C 陸上競技】 ア 短距離走・リレー、長距離走又はハードル走 イ 走り幅跳び又は走り高跳び		ア及びイのそれぞれから選択
【D 水泳】 ア クロール イ 平泳ぎ ウ 背泳ぎ エ バタフライ	必修		2年間で、ア又はイを含む②選択	【D 水泳】 ア クロール イ 平泳ぎ ウ 背泳ぎ エ バタフライ オ 複数の泳法で泳ぐ又はリレー		ア〜オから選択
【E 球技】 ア ゴール型 イ ネット型 ウ ベースボール型	必修		2年間でア〜ウの全てを選択	【E 球技】 ア ゴール型 イ ネット型 ウ ベースボール型	E,Fから①以上選択	ア〜ウから②選択
【F 武道】 ア 柔道 イ 剣道 ウ 相撲	必修		2年間でア〜ウから①選択	【F 武道】 ア 柔道 イ 剣道 ウ 相撲		ア〜ウから①選択
【G ダンス】 ア 創作ダンス イ フォークダンス ウ 現代的なリズムのダンス	必修		2年間でア〜ウから選択	【G ダンス】 ア 創作ダンス イ フォークダンス ウ 現代的なリズムのダンス	B,C,D,Gから①以上選択	ア〜ウから選択
【H 体育理論】 (1)運動やスポーツの多様性 (2)運動やスポーツの意義や効果と学び方や安全な行い方	必修	必修	(1)第1学年必修 (2)第2学年必修 (各学年3単位時間以上)	【H 体育理論】 (1)文化としてのスポーツの意義	必修	(1)第3学年必修 (3単位時間以上)

保健分野の領域及び内容の取扱い

1年	2年	3年	内容の取扱い
【健康な生活と疾病の予防】			3年間で48時間程度
心身の機能の発達と心の健康	傷害の防止	健康と環境	

高等学校における「体育」の領域及び内容の取扱い

高等学校学習指導要領解説 保健体育編・体育編　平成30年　文部科学省より

領域及び領域の内容	内容の取扱い			各領域の取扱い
	入学年次	その次の年次	それ以降の年次	
【A 体つくり運動】 ア　体ほぐしの運動 イ　実生活に生かす運動の計画	必修	必修	必修	ア，イ必修 （各年次7～10単位時間程度）
【B 器械運動】 ア　マット運動 イ　鉄棒運動 ウ　平均台運動 エ　跳び箱運動	B, C, D, Gから①以上選択	B, C, D, E, F, Gから②以上選択	B, C, D, E, F, Gから②以上選択	ア～エから選択
【C 陸上競技】 ア　短距離・リレー・長距離走・ハードル走 イ　走り幅跳び・走り高跳び・三段跳び ウ　砲丸投げ・やり投げ				ア～ウに示す運動から選択
【D 水泳】 ア　クロール イ　平泳ぎ ウ　背泳ぎ エ　バタフライ オ　複数の泳法で長く泳ぐ又はリレー				ア～オから選択
【E 球技】 ア　ゴール型 イ　ネット型 ウ　ベースボール型	E, Fから①以上選択			入学年次では，ア～ウから②選択その次の年次以降では，ア～ウから選択
【F 武道】 ア　柔道 イ　剣道				ア又はイのいずれか選択
【G ダンス】 ア　創作ダンス イ　フォークダンス ウ　現代的なリズムのダンス	B, C, D, Gから①以上選択			ア～ウから選択
【H 体育理論】 （1）スポーツの文化的特性や現代のスポーツの発展 （2）運動やスポーツの効果的な学習の仕方 （3）豊かなスポーツライフの設計の仕方	必修	必修	必修	（1）は入学年次 （2）はその次の年次， （3）はそれ以降の年次で必修（各年次6単位時間以上）

「保健」の内容及び内容の取扱い

内容	入学年次	その次の年次	それ以降の年次	内容の取扱い
（1）現代社会と健康 （2）安全な社会生活 （3）生涯を通じる健康 （4）健康を支える環境づくり	必修			（1）～（4）を入学年次及びその次の年次

小学校における体育科の領域構成及び内容

小学校学習指導要領解説 体育編 平成29年 文部科学省より

1年	2年	3年	4年	5年	6年
【体つくりの運動遊び】		【体つくり運動】			
体ほぐしの運動遊び	体ほぐしの運動遊び	体ほぐしの運動	体ほぐしの運動	体ほぐしの運動	体ほぐしの運動
多様な動きをつくる運動遊び	多様な動きをつくる運動遊び	多様な動きをつくる運動	多様な動きをつくる運動	体の動きを高める運動	体の動きを高める運動
【器械・器具を使っての運動遊び】		【器械運動】			
固定施設を使った運動遊び					
マットを使った運動遊び		マット運動		マット運動	
鉄棒を使った運動遊び		鉄棒運動		鉄棒運動	
跳び箱を使った運動遊び		跳び箱運動		跳び箱運動	
【走・跳の運動遊び】		【走・跳の運動】		【陸上運動】	
走の運動遊び		かけっこ・リレー		短距離走・リレー	
		小型ハードル走		ハードル走	
跳の運動遊び		幅跳び		走り幅跳び	
		高跳び		走り高跳び	
【水遊び】		【浮く・泳ぐ運動】		【水泳】	
水の中を移動する運動遊び		浮いて進む運動		クロール	
もぐる・浮く運動遊び		もぐる・浮く運動		平泳ぎ	
				安全確保につながる運動	
【ゲーム】				【ボール運動】	
ボールゲーム		ゴール型ゲーム		ゴール型	
鬼遊び		ネット型ゲーム		ネット型	
		ベースボール型ゲーム		ベースボール型	
【表現リズム遊び】		【表現運動】			
表現遊び		表現		表現	
リズム遊び		リズムダンス			
				フォークダンス	
		【保健】			
		健康な生活	体の発育・発達	心の健康 けがの防止	病気の予防

参考資料 323

索　引

【あ行】

アカウンタビリティ　64, 99, 109
アゴーン　94
アダプテッド体育・身体活動　74
アーノルド，P. J.　80
一斉学習　189
インクルーシブ教育　73
インターネット　60-62
インテグレーション（統合）　73
運動技能　157, 158
運動嫌い　27-30
運動手段論　37
運動による教育　21
運動の特性　89
　　機能的特性　89-92
　　効果的特性　89, 91, 174
　　構造的特性　89, 91, 174, 175
運動の分類　93
運動パフォーマンス　157
運動部　3
運動部活動　67
SNS　60
面白さ　56, 92, 98
オリンピック　47, 74

【か行】

外発的動機づけ　149, 150
カイヨワ，R.　55, 93, 94
学習過程　166
学習形態　189
学習指導要領　23, 33, 34, 37, 48, 64, 68, 82, 98, 119, 134, 139, 146, 208, 216, 304, 314
学習資料　199
学習内容　107
学習のねらい　174
学習の場づくり　196
学習評価　213
学校体育指導要綱　22, 212
学校文化　48, 140
体つくり運動　134
体ほぐしの運動　34

カリキュラム　115
間接的指導　186
観点別学習状況　214
観点別評価　214-216
技術　111, 168
技術主義　90
業間体育　25
競技スポーツ　45, 152-153
教材　107-110
グループ学習　22, 191
経験主義教育　22
系統主義教育　24
個人内評価　219
子どもから見た特性　174, 177, 182
ゴール型　98

【さ行】

産業社会　15, 17
ジェンダー　72
シークエンス　117
自己決定理論　149
自己評価　215
シーデントップ，D.　13
指導性　185
自発性　185
集団行動　31
周辺的目標　81
生涯学習　45
生涯教育　45
生涯スポーツ　45
自律性　149
新体育　22
身体の教育　17, 21
スキーマ　159
スコープ　117
スポーツ基本法　48
スポーツ教育モデル　126
スポーツ振興法　48
スポーツ宣言日本　51
スポーツにおける教育　79
スポーツによる教育　79

Sports for All　45
スポーツ文化　43
生活習慣　61
生成　121
潜在的カリキュラム　139
戦術　111
戦術的行動　99
選択制授業　103, 195, 278
選定　129
総合型地域スポーツクラブ　66

【た行】
体育理論　134
体罰　18
体力　62, 157
体力主義　90
竹之下休蔵　15, 26, 90, 93, 174
脱工業社会　17, 42
達成目標理論　154
単元計画　163
男女共習　134-136, 195
地域文化　48
中心的目標　81
直接的指導　186-188
動機づけ　147
動機づけ雰囲気　154

【な行】
内発的動機づけ　149-155
ナショナル・カリキュラム　119
二極化　63, 103, 129, 263, 267, 284
ネット型　98

年間指導計画　128

【は行】
配列　117, 129
発達　121
ハッチンス，R.M.　46
パラリンピック　47, 74
必要充足の運動　96
評価基準　175, 178, 217
評定　214, 215
プレイ　55
プレイ論　54
フロー　112, 153, 157
フローモデル　153
文化的な享受　42, 79, 111-113, 137, 167, 168
――能力　77, 79, 88, 96, 120, 137, 167, 185
ベースボール型　98
ホイジンガ，J.　52, 55, 90
ボールゲーム　97

【ま行】
マッキントッシュ，P. C.　57
ミミクリー　94
モチベーション　148
問題解決学習　189

【や行】
欲求充足の運動　94

【ら行】
領域内選択　135, 177

【編著者紹介】

鈴木秀人（すずき ひでと）
1961年東京都生まれ，1988年東京学芸大学大学院教育学研究科修士課程修了
現在，東京学芸大学教育学部教授
主な著書 『だれでもできるタグラグビー』小学館，2009年（編著），『「楽しい体育」の豊かな可能性を拓く』明和出版，2008年（編著），『変貌する英国パブリック・スクール』世界思想社，2002年（単著）
日本体育学会奨励賞受賞（1996年）

山本理人（やまもと りひと）
1962年東京都生まれ，1989年東京学芸大学大学院教育学研究科修士課程修了
現在，北海道教育大学教育学部岩見沢校教授
主な著書 『障害児者の教育と余暇・スポーツ』明石書店，2012年（共著），『スポーツプロモーション論』明和出版，2006年（共著），『スポーツ指導《新論》』道和書院，2003年（編著）
秩父宮記念スポーツ医・科学賞奨励賞受賞（2004年）

佐藤善人（さとう よしひと）
1972年神奈川県生まれ，2008年東京学芸大学大学院教育学研究科博士課程修了
現在，東京学芸大学教育学部准教授
主な著書 『子どもがやる気になる!!スポーツ指導』学文社，2018年（編著），『子どものプレイフルネスを育てるプレイメーカー』サンライフ企画，2017年（共著），『ACP子どもの心と体を育む楽しいあそび』ベースボール・マガジン社，2015年（編著）
ランニング学会学会賞受賞（2017年）

越川茂樹（こしかわ しげき）
1966年静岡県生まれ，1991年東京学芸大学大学院教育学研究科修士課程修了，2001年東京学芸大学大学院連合学校教育学研究科博士課程単位取得満期退学
現在，北海道教育大学教育学部釧路校准教授
主な著書・訳書 『スポーツと人間─文化的・教育的・倫理的側面』世界思想社，2004年（共訳），『スポーツ指導《新論》』道和書院，2003年（共著），『スポーツと教育─ドイツ・スポーツ教育学への誘い』ベースボール・マガジン社，2000年（共訳）

小出高義（こいで たかよし）
1964年長野県生まれ，1990年東京学芸大学大学院教育学研究科修士課程修了
現在，大東文化大学スポーツ・健康科学部教授
主な著書 『地域連携と学生の学び─北海道教育大学旭川校の取り組み─』協同出版，2013年（共著），『中学校体育男女必修「武道」指導の手引き』学研教育みらい，2010年（共著），『「楽しい体育」の豊かな可能性を拓く』明和出版，2008年（共著）

中学校・高校の体育授業づくり入門　第二版

2015 年 4 月 20 日　第一版第一刷発行
2019 年 3 月 30 日　第二版第一刷発行
2021 年 9 月 30 日　第二版第三刷発行

	鈴　木　秀　人
	山　本　理　人
編著者	佐　藤　善　人
	越　川　茂　樹
	小　出　高　義

発行者　田中　千津子

発行所　㈱学文社

〒153-0064　東京都目黒区下目黒3-6-1
電話 03（3715）1501㈹
FAX 03（3715）2012
https://www.gakubunsha.com

Ⓒ H. Suzuki, R. Yamamoto, Y. Sato, S. Koshikawa, T. Koide, 2019
乱丁・落丁の場合は本社でお取替えします。
定価はカバーに表示。

印刷所　新灯印刷

ISBN978-4-7620-2864-9